ŒUVRES
DE
DENIS DIDEROT.
TOME II.

MÉMOIRE SUR DIFFÉRENS SUJETS DE MATHÉMATIQUES.
LETTRE SUR LES AVEUGLES.
LETTRE A MONSIEUR ***.
LETTRE SUR LES SOURDS ET MUETS.
L'AUTEUR DE LA LETTRE PRÉCÉDENTE A M. B...., son libraire.
AVIS A PLUSIEURS HOMMES.
LETTRE A MADEMOISELLE......
RECHERCHES PHILOSOPHIQUES SUR L'ORIGINE ET LA NATURE DU BEAU.

ŒUVRES

DE

DENIS DIDEROT.

TOME II.

MÉMOIRE SUR DIFFÉRENS SUJETS DE MATHÉMATIQUES.
LETTRE SUR LES AVEUGLES.
LETTRE A MONSIEUR ***.
LETTRE SUR LES SOURDS ET MUETS.
L'AUTEUR DE LA LETTRE PRÉCÉDENTE A M. B...., son libraire.
AVIS A PLUSIEURS HOMMES.
LETTRE A MADEMOISELLE......
RECHERCHES PHILOSOPHIQUES SUR L'ORIGINE ET LA NATURE DU BEAU.

ŒUVRES

DE

DENIS DIDEROT,

publiées sur les manuscrits de l'Auteur,

PAR JACQUES-ANDRÉ NAIGEON,

de l'Institut national des sciences, etc.

TOME DEUXIÈME.

A PARIS,

Chez DETERVILLE, Libraire, rue du Battoir, N.º 16.

AN VIII.

A MADAME DE P***,

Madame,

Je n'opposerai point à vos reproches l'exemple de Rabelais, de Montaigne, de la Motte-le-Vayer, de Swift, et de quelques autres que je pourrois nommer, qui ont attaqué, de la manière la plus cynique, les ridicules de leurs temps, et conservé le titre de sages.

Je veux que le scandale cesse; et sans perdre le temps en apologie, j'abandonne la marotte et les grelots, pour ne les reprendre jamais; et je reviens à Socrate.

Sachez cependant qu'entre tous les avantages qu'il vous a plu d'attacher à ce retour, celui de vous en consacrer les premiers fruits est le seul qui m'ait flatté. J'ai pensé qu'ils ne seroient pas indignes du public, s'ils étoient dignes de vous.

Pussiez-vous donc les agréer, et voir avec indulgence votre nom à la tête d'un ouvrage, triste à-la-vérité, mais où l'on traite des sujets qui vous sont familiers, et d'une façon qui ne vous est pas tout-à-fait étrangère.

Ce n'est, Madame, ni à votre esprit ni à vos charmes ; mais c'est seulement à vos talens et à vos connoissances que je me suis proposé de rendre hommage pour cette fois.

J'ai l'honneur d'être, avec un profond respect,

MADAME,

Votre très-humble et très-
obéissant serviteur,
DUPEROT.

AVERTISSEMENT.

Les Mémoires que je présente au public, en très-petit nombre, sont presque tous sur des sujets intéressans. J'ai desiré les traiter d'une façon qui fût à la portée de la plupart des lecteurs ; mais après quelques efforts inutiles, il en a falu venir aux calculs ; et il ne m'est resté d'autre ressource que de placer mes x et mes y, de manière que ceux qui n'ont aucune connoissance de l'algèbre, pussent les omettre, sans que ni le fil ni la clarté du discours en souffrissent. C'est ce que j'ai exécuté assez heureusement dans le premier mémoire. La chose étoit impossible dans le second. On peut lire, sans presque aucune teinture de mathématiques, le troisième et le quatrième. Le cinquième s'est trouvé dans le cas du second. Je n'aurois point eu cet Avertissement à faire, si les personnes entre les mains de qui ce livre pourra tomber, étoient toutes aussi instruites que celle qui m'a permis de le lui dédier : ses ouvrages prouveront incessamment que l'éloge, que je fais ici de son esprit et de ses connoissances, est dans l'exacte vérité.

TABLE DES MÉMOIRES.

PREMIER MÉMOIRE.

Principes généraux de la science du son, avec une méthode singulière de fixer le son, de manière qu'on puisse jouer en quelque temps et en quelque lieu que ce soit, un morceau de musique exactement sur le même ton. *page 3*

SECOND MÉMOIRE.

Nouveau compas fait du cercle et de sa développante, avec quelques-uns de ses usages. 80

TROISIÈME MÉMOIRE.

Examen d'un paradoxe de mécanique sur la tension des cordes ; ou manière de déterminer par le son si une corde attachée par une de ses extrémités à un point fixe, et tirée de l'autre par un poids, n'est ni plus ni moins tendue, que si l'on substituoit au point fixe un poids égal à celui qui la tend déjà 108

QUATRIÈME MÉMOIRE.

Projet d'un nouvel orgue, sur lequel on peut jouer toute pièce sans savoir de musique, avec quelques observations sur les chronomètres. 112

CINQUIÈME MÉMOIRE.

Lettre sur la résistance de l'air au mouvement des pendules, avec l'examen de la théorie de Newton sur ce sujet. 130

FIN DE LA TABLE DES MÉMOIRES.

MÉMOIRES
SUR DIFFÉRENS SUJETS
DE
MATHÉMATIQUES.

Amoto quæramus seria ludo. HORAT.

Mathématiques.

PREMIER MÉMOIRE.

PRINCIPES GÉNÉRAUX D'ACOUSTIQUE.

I.

A ne considérer que les sons, leur véhicule et la conformation des organes, on croiroit qu'un adagio de Michel, une gigue de Corelli, une ouverture de Rameau, une chacone de Lulli, auroient été, il y a deux mille ans, comme aujourd'hui, et devroient être, au fond de la Tartarie, comme à Paris, des pièces de musique admirables. Cependant, rien de plus contraire à l'expérience. Si nous détestons la musique des Barbares, les Barbares n'ont guère de goût pour la nôtre; et en admettant toutes les merveilles qu'on raconte de la musique des anciens, il est à présumer que nos plus beaux concerts auroient été fort insipides pour eux. Mais, sans exercer la crédulité du lecteur, en sortant de notre âge et de notre voisinage, les Italiens ne font pas grand cas de la musique française; et il n'y a pas long-temps que les Français avoient un mépris souverain pour la musique italienne. Quoi donc! la musique seroit-elle une de ces choses soumises aux caprices des peuples, à la diversité des lieux et à la révolution des temps ?

On s'accorde cependant en un point; c'est que, tout étant égal d'ailleurs, l'octave, la quinte, la quarte, les tierces et les sixtes employées dans l'harmonie, affectent l'oreille plus agréablement que les septièmes, les secondes, le triton et les autres intervalles que nous appelons dissonans. Cela posé, je raisonne ainsi :

Si ce consentement unanime avoit un fondement réel dans la nature; si, en effet, tous les sons n'étoient pas également propres à former des consonnances agréables; pourroit-on regarder la succession des sons et des consonannces comme arbitraire ? Quoi ! les sons plairoient à l'oreille en se succédant indistinctement, tandis qu'il y auroit un choix délicat à faire pour arriver au même but, en les unissant ? Cela n'est pas vraisemblable.

II.

Dans toutes les conjectures où nos sens sont intéressés, il faut avoir égard à l'objet, à l'état du sens; à l'image ou à l'impression transmise à l'esprit; à la condition de l'esprit dans le moment qu'il la reçoit, et au jugement qu'il en porte.

L'état de l'objet est quelquefois indépendant de moi; mais je connoîtrai toujours si cet état est bon ou mauvais, par l'usage auquel l'objet est destiné. L'organe peut être pur ou vicié. L'image ou l'impression suit la condition de l'organe. L'esprit est sujet à des révolutions; et de-là, naît une foule de jugemens divers.

Que prendrai-je pour guide? A qui m'en rapporterai-je? Est-ce à vous? Est-ce à moi? C'est à celui qui, bien instruit de la destination de l'objet, ne risque pas de se tromper sur sa condition; qui a l'organe pur; qui jouit d'un esprit sain; et en qui les images des objets ne sont point défigurées par les sens.

Je ne m'arrêterai point à l'application de ces principes, à la science des sons; elle est trop facile à faire. J'observerai seulement en général qu'un objet est plus ou moins compliqué, selon qu'il offre à l'esprit plus ou moins de rapports à saisir et à combiner en-même-temps, et selon que ces rapports sont plus ou moins éloignés.

Nous démontrerons, dans la suite, que le plaisir musical consiste dans la perception des rapports des sons. D'où il s'ensuit évidemment qu'il sera d'autant plus difficile de juger d'une pièce de musique, qu'elle sera plus chargée de ces rapports, et que ces rapports seront plus éloignés.

Quand on saura comment l'oreille estime les intervalles des sons, on ne balancera point à prononcer qu'elle appercevra plus facilement le rapport des deux sons qui sont l'un à l'autre comme 1 à 2, que s'ils étoient entre eux comme 18 à 19. Cela posé, les rapports d'une suite de tons requerroient plus de talent, d'exercice et d'attention pour être apperçus, et conséquemment écoutés avec plaisir, qu'il n'en faudroit pour chacun de ces rapports pris en particulier. Autre chose est, estimer les rapports des sons qui se succèdent dans une pièce; autre chose, combiner ces rapports entre eux; les comparer; les distinguer tous offerts en-même-temps dans une harmonie; et conférer les parties successives de cette harmonie les unes avec les autres. Tel peut embrasser dans sa tête toutes les parties d'un édifice immense; tel autre saisit à-peine le rapport d'une colonne avec son piédestal.

Si donc la mélodie et l'harmonie multiplient, dans un ouvrage, les rapports, de sorte qu'il n'y ait qu'une oreille des mieux exercées qui puisse les saisir tous; elle ne sera goûtée que d'un petit nombre; de ceux qui auront dans l'organe une aptitude, un discernement proportionné à la multitude de ces rapports: et c'est ainsi qu'il arrivera que le chant des Barbares sera trop simple pour nous, et le nôtre trop composé pour eux.

L'expérience vient à l'appui de mes idées. On nous assure qu'un paysan, doué d'une oreille délicate, ne put supporter l'ensemble d'un excellent duo de flûtes, dont les parties séparées l'avoient enchanté tour-à-tour.

La musique a donc des principes invariables et une théorie: c'est une vérité que les anciens ont connue. Pythagore posa les premiers fondemens de la science des sons. Il ignora comment l'oreille apprécie les rapports; il se trompa même sur leurs limites; mais il découvrit que leur perception étoit la source du plaisir musical.

Aristoxène ne rencontrant point dans la doctrine de Pythagore les vrais principes de l'harmonie, regarda comme fausse une méthode qui n'étoit que défectueuse; et sans s'occuper à la rectifier, bannit de la composition les nombres et le calcul, et s'en remit à l'oreille seule du choix et de la succession des consonnances. En sorte qu'on peut dire que Pythagore se trompa, en donnant trop à ses proportions; et Aristoxène, en les réduisant à rien. Si Pythagore, après avoir compris que le plaisir qui naît de l'harmonie consiste dans la perception des rapports des sons, eût consulté l'expérience pour fixer les limites de ces rapports, Aristoxène eût été satisfait. Celui-ci ne poussa point toute-fois le scepticisme musical, jusqu'à traiter l'harmonie de science arbitraire.

III.

La musique a le son pour objet; et le plaisir de l'oreille est sa fin. Que le son existe dans l'air, c'est un fait constaté par le raisonnement et par l'expérience. Un corps sonore ne communique avec nos oreilles, que par l'air qui les environne : où prendrions-nous donc le véhicule du son, si ce fluide ne l'étoit pas? car il n'en est pas de l'ouïe, comme de l'odorat et de la vue; et ce ne sont pas des molécules échappées du corps sonore qui viennent frapper nos oreilles. Le son d'une cloche renfermée dans la machine pneumatique, s'affoiblit à-mesure qu'on pompe l'air, et s'éteint quand le récipient est vide.

L'air est donc le véhicule du son. Mais quelle est l'altération, qui survient dans ce milieu à l'occasion du corps sonore? C'est ce que nous allons exposer. Si vous pincez une corde d'instrument, vous y remarquerez un mouvement qui la fait aller et venir avec vîtesse en-delà et en-deçà de son état de repos; et ce mouvement sera d'autant plus sensible, que la corde sera plus grosse. Appliquez votre main sur une cloche en volée, et vous la sentirez frémir. La corde vient-elle à se détendre, ou la cloche à se fendre? plus de frémissement, plus de son.

L'air n'agit donc sur nos oreilles, qu'en conséquence de ce frémissement. C'est donc ce frémissement qui le modifie. Mais comment? Le voici. En vertu des vibrations du corps sonore, l'air environnant en prend et exerce de semblables sur ses particules les plus voisines; celles-ci sur d'autres qui lui sont contiguës; et ainsi de suite, avec cette différence seule, que l'action des particules les unes sur les autres est d'autant plus grande, que la distance au corps sonore est plus petite.

L'air, mis en ondulations par le corps sonore, vient frapper le tympan. Le tympan est une membrane tendue au fond de l'oreille, comme la peau sur un tambour; et c'est de là que cette membrane a pris son nom. L'air agit sur elle, et lui communique des pulsations, qu'elle transmet aux nerfs auditifs. C'est ainsi que se produit la sensation, que nous appelons son.

Le son, par rapport à nous, n'est donc autre chose qu'une sensation excitée à l'occasion des pulsations successives, que le tympan reçoit de l'air ondulant qui remplit nos oreilles.

Il suit de là que la propagation du son n'est pas instantanée. Le son ne parcourt un espace déterminé que dans un temps fini. Mais, ce que je regarde comme un des phénomènes de la nature les plus inexplicables, c'est que son mouvement est uniforme. Fort ou foible, grave ou aigu, sa vîtesse est constante. Les vicissitudes que la différence des lieux et des températures peut causer dans la densité de l'air, et la force élastique de ses molécules, augmenteront ou diminueront la vîtesse du son; mais si l'on trouve qu'il parcourt m de pieds dans une seconde, quoique m puisse varier d'un instant à l'autre, il parcourra $2m$ de pieds en deux secondes, $3m$ de pieds en trois secondes; et ainsi de suite, jusqu'à ce qu'il se fasse quelque révolution dans l'air.

Si l'on s'en rapporte à Halley et à Flamstead,

le son parcourt en Angleterre 1070 pieds de France, en une seconde de temps. Sur la parole du père Mersène et de Gassendi, on assuroit, il n'y a pas encore long-temps, que le vent favorable n'accéléroit point le son, et qu'il n'étoit point retardé par un vent contraire. Mais depuis les expériences de Derham, et celles que l'académie a faites, il y a quelques années, cela passe pour une erreur.

IV.

Après avoir parlé du son en général, il est naturel de passer aux espèces de sons. Les causes nous en indiquent une distribution fort simple.

Le son naît ou des vibrations d'un corps, tel que les cordes et les cloches; ou de la dilatation subite d'un air comprimé, tel que le bruit des fusils, des canons, du tonnerre et des corps agités ou lancés dans l'air; ou de l'inspiration dans un instrument à vent, tel qu'une flûte, un basson, un haut-bois, une trompette.

Les cordes tendues, soit de laiton, soit à boyaux, frémissent, oscillent, lorsqu'elles sont frappées. Le coup, qu'on leur donne avec une touche ou un archet, les écarte de l'état de repos; elles passent et repassent en-delà et en-deçà de la ligne droite, d'un mouvement accéléré qui ne leur permet de s'y fixer, que quand il s'éteint par la résistance qui ralentit peu-à-peu les vibrations.

Connoissant la longueur d'une corde, son poids

avec celui qui la tend, on détermine le nombre des vibrations qu'elle fait dans un temps donné. M. Taylor, contemporain de Newton, tenta le premier la solution de ce problême. Ayant à déduire de ces formules tout ce qui concerne les cordes, je ne peux me dispenser d'indiquer la route qu'il faut suivre pour les obtenir, et les raisons qu'on a de les regarder comme exactes, quoique la première de ses propositions soit fausse, comme nous aurons en même-temps l'occasion de l'observer.

La solution de M. Taylor est fondée sur deux faits d'expérience; l'un, que la plus grande excursion de la corde au-delà de la ligne de repos, est fort petite relativement à sa longueur; et l'autre, que tous ses points parviennent en-même-temps à la ligne de repos. On peut s'assurer par ses yeux de la première de ces suppositions, et consulter les Élémens de physique de Gravesande, et l'Harmonie universelle du père Mersène sur la seconde.

LEMME I.

Si les ordonnées S B, S P, (fig. 1.) *de deux courbes* A B, A P, *dont l'abscisse est commune, ont entre elles une raison donnée; les courbures au sommet des ordonnées, seront entre elles comme les ordonnées, lorsque les ordonnées seront infiniment petites, et les courbes sur-le-point de coïncider avec leur axe* A S.

DÉMONSTRATION.

Les ordonnées étant en raison donnée, les tangentes aux points B et P concourront en un même point T de l'axe AS. Car menant Kh infiniment proche de SB, on aura par hypotèse, $ql.rh :: SP.SB$, ou $ql.SP :: rh.SB$; et par la similitude des triangles, $ql.SP :: qP$ ou $SK.ST$, et $rh.SB :: rB$ ou $SK.St$. Donc $SK.ST :: SK.St$. Donc $ST = St$.

On a donc $sC.SB :: sc.SP$. Mais par hypothèse $SB.SP :: sb.sp$. Donc $sC.sc :: sb.sp$, et $sC - sb.sc - sp :: bC.pc :: SB.SP$.

Soient maintenant les ordonnées sb, SB infiniment proches ; bC et pc pourront être regardées comme la mesure des angles de contact, lorsque SB et SP, décroissant à l'infini, les courbes seront sur-le-point de coïncider avec l'axe As. Car dans ce cas, Bb se rectifiant, devient égale à Pp ; de plus, les angles de contact sont entre eux comme $\frac{bC}{Bb}$ à $\frac{pc}{Pp}$.

Car (*fig.* 2.) l'angle APB est à l'angle BPC ou EPF comme AB à BC, ou comme $\frac{AB}{AP}$ à $\frac{BC}{AP}$. Mais $\frac{BC}{AP} = \frac{EF}{EP}$. Donc l'angle APB est à l'angle EPF comme $\frac{AB}{AP}$ à $\frac{EF}{EP}$.

Donc les courbures en B et P (*fig.* 1.) étant

proportionnelles aux angles de contact, seront ici comme $\frac{bC}{Bb}$ à $\frac{pc}{Pp}$. C'est-à-dire, à cause de $Bb = Pp$, comme bC à pc, ou comme SB à SP. Ce qu'il falloit démontrer.

LEMME II.

La force accélératrice d'un point quelconque P, (fig. 3.) *d'un fil élastique tendu et d'une grosseur uniforme, est dans ses petites vibrations comme la courbure du fil en ce point.*

DÉMONSTRATION.

Supposez que le fil élastique AC prenne, dans une de ses vibrations, la figure APC, infiniment proche de l'axe AC, le fil étant également tendu dans toute sa longueur AC par le poids G, la tension sera à-peu-près la même à tous les points de la courbe APC.

Soit p infiniment proche de P. Tirez les tangentes Pt, pt. Achevez le parallélogramme $ptPr$. Abaissez les perpendiculaires PO, pO sur les tangentes. Supposons maintenant que les forces égales, qui tirent en sens contraire le petit arc Pp, soient exprimées par les tangentes tP, tp. Décomposez ces forces en deux autres pz, PZ et tZ, pZ, les forces égales et directement opposées pZ, PZ, se détruisent. Le petit arc Pp n'est donc animé que des deux forces conjointes tZ, c'est-à-dire de la force tr dans la direction tr ou PO. La force motrice de cet arc dans la direction tr est donc à la tension du fil en P comme tr à tP. Mais Pp pouvant passer pour un arc de cercle décrit du centre O, on a, par la nature du cercle, l'angle $tPr =$ l'angle POp. Donc les triangles isocèles tPr et POp sont semblables. Donc $Pp.PO :: tr.tP$. Donc la force motrice qui anime Pp dans la direction tr, est à la tension du fil donnée G, comme Pp à PO. Or G est constante; donc cette force motrice sera comme $\frac{Pp}{PO}$. Mais la force accélératrice est toujours en raison composée de la directe de la force motrice et de l'inverse de la matière à mouvoir. La matière à mouvoir est ici comme Pp, à-cause-de la grosseur uniforme du fil. Donc la force accélératrice est comme $\frac{1}{PO}$, ou en raison inverse du rayon osculateur, ou de la coubure au point P. Ce q. f. d.

Après avoir établi ces lemmes, M. Taylor prétend que, si une corde AC (*fig.* 4.) d'une grosseur uniforme et tendue par le poids G, oscille, de manière que son plus grand écart de la ligne de repos AC, soit presque insensible; et conséquemment que son accroissement en longueur, dans sa plus grande vibration, ne cause aucune inégalité dans la tension, et qu'on puisse négliger sans erreur l'inclination des rayons osculateurs sur l'axe ; il prétend, dis-je, que la nature de la courbe AQ PC sera telle, qu'ayant tiré deux ordonnées quelconques QR, PS, la courbure en R sera à la courbure en P comme QR à PS.

Mais il est constant que la corde peut prendre une infinité d'autres figures, que celle que cet auteur lui assigne; et que tous ces points peuvent arriver à-la fois à la ligne droite dans une infinité d'autre cas où elle n'a point cette figure. On déduit d'un mémoire que M. d'Alembert a envoyé à l'académie de Berlin, sur les cordes vibrantes, qu'en nommant a l'espace qu'un corps pesant parcourt en descendant librement pendant un temps donné θ, m le rapport de la force tendante au poids de la corde, l la longueur de la corde, entendant par ce mot la longueur d'une partie interceptée entre deux chevalets, et supposant que la courbe n'a point de ventres ni de nœuds, on déduit, dis-je, que le temps d'une vibration est $= \dfrac{2 \theta \sqrt{l}}{\sqrt{2 a m}}$, quelque figure que la corde prenne.

Mais la proposition de M. Taylor deviendra vraie, si on la rend conditionnelle, et si on l'énoce de la maniere suivante:

PROPOSITION I.

Si la nature de la courbe $APQL$, (fig. 4.) *est telle qu'ayant tiré deux ordonnées quelconques* QR, PS, *la courbure en* Q *soit à la courbure en*

P, *comme* QP *à* PS, *je dis que tous les points de cette courbe arriveront en-même-temps à la ligne droite.*

DÉMONSTRATION.

Puisque, par hypothèse, la courbure en P est à la courbure en Q comme PS à QR; donc, par le lemme II, la force accélératrice en P est à la force accélératrice en Q, comme PS à QR; donc les espaces parcourus en temps égaux Pp, Qq, sont entre eux comme PS à QR, où *sub-trahendo*, comme pS à qR. Donc pS et qR sont dans la raison donnée de PS à QR; donc, lemme premier, les courbures en pq; et lemme II, les forces accélératrices en ces points, et par conséquent les espaces parcourus pm, qn, sont entre eux comme pS à qR; ou *sub-trahendo*, comme mS à nR; donc, en continuant le même raisonnement, les forces accélératrices sont toujours comme les espaces qui restent à parcourir; donc, page 31, corol. I, liv. I, princip. math. les points P et Q arriveront en-même-temps à la ligne de repos. Ce q. f. d.

PROPOSITION II.

Les axes AC *et* BD *étant donnés, décrire la courbe musicale de Taylor.*

SOLUTION.

Tracez (*fig.* 6.) la développante Eeg du

quart de cercle BNE. Tirez les tangentes Bg, Ne. Prenez $Mh = Ne$ et $hF = Bg$. Faites hi égale et parallèle à DC, c'est-à-dire, à la moitié de la corde. Achevez le triangle Fhi. Je dis que le point P, où la ligne Fi coupe la perpendiculaire MP, appartient à la courbe musicale.

DÉMONSTRATION.

Soit (*fig. 5.*) $BD = a$, $AC = l$, $BM = x$, $PM = y$, l'arc $BP = s$, et le rayon osculateur en $B = r$. En faisant Pp constante, les formules donnent pour le rayon osculateur en P, ou pour PO, $-\dfrac{ds\,dx}{ddy}$.

On a donc, par la nature de la courbe a : $a - x :: -\dfrac{ds\,dx}{ddy} . r$. Donc $r a\,ddy = x\,dx\,ds - a\,dx\,ds$. Intégrant et ajoutant la constante $Q\,ds$, il vient $r a\,dy = \frac{1}{2} x x\,ds - a x\,ds + Q\,ds$. Mais en supposant $x = o$, on voit que $dy = ds$. Donc $Q = ra$. Donc l'équation $r a\,dy = ra + \dfrac{xx}{2} - a x\,ds$ exprime la nature de la courbe.

Soit $ax - \frac{1}{2} xx = zz$, on aura $r a\,dy = ra - zz\,ds$; et $rr a a\,dy^2 = \overline{ra - zz}^2 \times ds^2$.

A

Mais $ds^2 = dx^2 + dy^2$. Ce qui donne $\overline{2razz - z^4}\, dy^2 = \overline{ra - zz}\, dx^2$. Mais la courbe ABC se confondant presque avec l'axe AC par hypothèse, la quantité $zz =$ presque 0 relativement à ra; car r est très-grande par rapport à a et x. L'équation se transforme donc en $2razz\,dy^2 = rraa\,dx^2$. D'où l'on tire

$$dy = \frac{r^{\frac{1}{2}} a^{\frac{1}{2}} dx}{\sqrt{2ax - xx}} = \frac{r^{\frac{1}{2}}}{a^{\frac{1}{2}}} \times \frac{a\,dx}{\sqrt{2ax - xx}}.$$

Soit une ordonnée mn infiniment proche de MN, et Nt parallèle à BD. Par la nature du cercle $MN.ND :: Nt.Nn$, ou $\sqrt{2ax - xx}$. $a :: dx.Nn = \dfrac{a\,dx}{\sqrt{2ax - xx}}$. On a donc $dy = Nn \times \sqrt{\dfrac{r}{a}}$, et intégrant $y = BN \times \sqrt{\dfrac{r}{a}}$, quoi il ne faut ni ajouter ni ôter; car faisant $y = 0$, BN devient aussi 0.

Mais lorsque $PM = CD$, ou $y = \dfrac{l}{2}$; alors $BN = BNE$ et par conséquent $\dfrac{l}{2} = BNE \times \sqrt{\dfrac{r}{a}}$ ou $\sqrt{\dfrac{r}{a}} = \dfrac{\frac{1}{2}l}{BNE}$. Donc en tout point de la courbure, substitution faite, on aura $y = \dfrac{BN \times \frac{1}{2}l}{BNE}$ ou $y.\frac{1}{2}l :: BN.BNE$.

Mais (*fig.* 6.) $Fh = BNE$, $MF = BN$, $hi = DC = \frac{1}{2}l$. Donc $MP = r$. Ce qu'il falloit démontrer.

COROLLAIRE.

PS étant à BD comme r à PO, on aura $PO \times PS = ar$. Soit 1 à c comme le diamètre à la circonférence, et par conséquent $a . BNE :: 1 . \frac{1}{2} c$, ou $BNE = \frac{1}{2} ac$. Et puisque $\sqrt{\dfrac{r}{a}} = \dfrac{\frac{1}{2}l}{BNE}$; $\sqrt{\dfrac{r}{a}} = \dfrac{l}{ac}$, et $\dfrac{r}{a} = \dfrac{l\,l}{a\,a\,c\,c}$ ou $r = \dfrac{ll}{acc}$ et $PO \times PS = \dfrac{ll}{cc}$.

PROPOSITION III.

Soit le rapport du diamètre à la circonférence $= \dfrac{1}{c}$, *la longueur d'une corde d'instrument uniformément épaisse* $= l$, *son poids* $= P$; *le poids qui la tend* $= G$, *et la longueur d'un pendule qui se meut dans une cycloïde* $= D$.

Je dis que le temps d'une vibration de la corde sera au temps d'une oscillation du pendule, en raison sous-doublée de Pl *à* $ccDG$, *et le nombre des vibrations de la corde dans le temps d'une oscillation du pendule* $= \dfrac{c \sqrt{DG}}{Pl}$.

DÉMONSTRATION.

Première partie. Soit la force, dont la particule Pp est pressée au lieu $P = A$; son poids $= B$. On a, lemme II, $A . G :: Pp . PO$, et à cause de l'uniformité d'épaisseur, $P . B :: l . Pp$, et *conjungendo* $P \times A . B \times G :: l . PO$, ou $A . B :: G \times l . PO \times P$.

Maintenant, si la particule Pp oscilloit dans une cycloïde, dont le périmètre entier fût égal à $2PS$, en vertu d'une force motrice ou d'un poids A, le temps d'une de ses oscillations dans la cycloïde seroit égal au temps d'une de ses vibrations sur la corde; car la force accélératrice de la particule dans la cycloïde décroît en raison de la distance au point le plus bas; de même que dans la corde, en raison de la distance au point S; et d'ailleurs, la force motrice de la particule dans la cycloïde seroit à son point le plus haut, A, ou telle qu'on l'a supposée à la même particule sur la corde. *Voy.* le corol. de la propos. 51 du liv. I de Newton.

Mais si l'élément Pp, au-lieu de se mouvoir dans une cycloïde, dont le périmètre seroit égal à $2PS$ et la force motrice seroit A, oscilloit dans une cycloïde, dont le périmètre fût $2D$, en vertu de son poids B; par une propriété de la cycloïde, démontrée, corol. de la propos. 50 du liv. I des Princip. math. de Newton, la longueur de ce second pendule seroit $= D$. Or, par la propos. 24 du même auteur, liv. II, les quantités de matière suspendues étant égales, le temps d'une oscillation d'un pendule, dont la longueur est D et dont la force motrice en commençant est B, est au temps d'une oscillation d'un pendule, dont la longueur est PS et la force motrice A, en raison composée de la sous-doublée de la longueur D à la longueur PS, et de la sous-doublée de la force A au poids B. Mais le temps d'une vibration de l'élément Pp animé sur la corde, d'une force A, est égal au temps d'une oscillation de cet élément dans une cycloïde dont le périmètre seroit 2 PS et partant PS, la longueur du pendule mû en vertu de la même force A, comme nous avons vu.

Donc le temps d'une vibration de la corde ou de la particule Pp animée de la force A, est au temps d'une oscillation d'un pendule, dont la longueur est D, et dont la force motrice en commençant est B, en raison composée de la sous-doublée de la longueur PS à la longueur D, et de la sous-doublée du poids B à la force A; c'est-à-dire, en raison sous-doublée de la quantité $PO \times PS \times P$ à la quantité GlD, et à cause de $PO \times PS = \dfrac{ll}{cc}$ en raison sous-doublée de Pl à $ccDG$.

Il ne me reste plus à trouver que le nombre des vibrations isochrones, que la corde fait pendant une oscillation du pendule. C'est la seconde partie de la démonstration.

Seconde partie. Soit ce nombre $= n$; soit T le temps d'une vibration de la corde; t le temps d'une oscillation du pendule. Le temps d'une vibration de la corde, pris autant de fois qu'elle fait de vibrations pendant une oscillation du pendule, doit être égal au temps d'une seule oscillation du pendule; c'est-à-dire, que $n\,T = t$, ou $n.\,1 :: t.\,T$. Mais $t.\,T :: \sqrt{cc\,D\,G}.\,\sqrt{P\,l}$. Donc $n.\,1 :: \sqrt{cc\,D\,G}.\,\sqrt{P\,l}$. Donc $n = c\sqrt{\dfrac{G\,D}{P\,l}}$. Ce qu'il falloit démontrer.

COROLLAIRE I.

Si l'on compare deux cordes différentes entre elles, C et D étant des quantités constantes, les nombres de vibrations faites dans un temps donné seront comme $\sqrt{\dfrac{G}{P\,l}}$; mais les nombres de vibrations faites dans un temps donné étant d'autant plus grands que le temps d'une seule vibration est petit, on a $\sqrt{\dfrac{G}{P\,L}}.\,\sqrt{\dfrac{g}{p\,l}} :: t.\,T$, ou $T.\,t :: \sqrt{\dfrac{P\,L}{G}}.\,\sqrt{\dfrac{p\,l}{g}}$, ou les temps des vibrations comme $\sqrt{\dfrac{P\,L}{G}}$.

COROLLAIRE II.

Le pendule, dont la longueur D est de trois pieds huit lignes $\frac{1}{2}$, ou de $\frac{881}{24}$ pouces, fait une oscillation à chaque seconde, et 1 est à c comme 113 à 355. Substituant ces valeurs dans la formule $c\sqrt{\frac{GD}{PL}}$, on trouve le nombre des vibrations d'une corde dans une seconde, à-peu-près comme $\frac{355}{113}\sqrt{\frac{881}{24}\frac{G}{PL}} = 19.0341\sqrt{\frac{G}{PL}}$.

REMARQUE I.

On n'entend dans tout ce calcul, par la longueur et le poids de la corde, que la longueur et le poids de la partie interceptée entre deux chevalets, et qu'on fait résonner : c'est à l'aide de ces chevalets qu'on empêche la corde entière de frémir.

REMARQUE II.

Quoique les formules de M. Taylor ne paroissent pas d'abord applicables à tous les cas, mais seulement à celui où la corde vibrante prend une certaine figure; elles sont cependant bonnes pour tous ceux où les points de la corde arrivent en-même-temps à la ligne de repos.

Car, soit (*fig.* 7.) une corde AB, fixe par ses deux extrémités en A et en B : si l'on imprime perpendiculairement à chaque point de cette corde une certaine vîtesse, il est évident que cette corde mise en mouvement fera des vibrations. Si les vîtesses imprimées à chaque point sont telles que tous les points arrivent en-même-temps à la ligne droite AB en faisant leurs vibrations; alors le temps de ces vibrations sera le même, quelle que soit la vîtesse primitive imprimée à chaque point. Ainsi, soit que la corde doive prendre la figure donnée par Taylor, soit qu'elle en doive prendre une autre, le temps de ses vibrations sera toujours le même, et par conséquent elle fera entendre le même son. Nous nous contentons d'énoncer ces propositions, dont la démonstration vigoureuse est difficile, et nous mèneroit trop loin.

Il en seroit de même, si la corde avoit d'abord une figure ABC, qu'elle eût été obligée de prendre par l'action de quelques puissances. Car il est évident que, relâchant subitement cette corde, elle fera des vibrations autour des points A et B; et que, si tous ses points doivent arriver en-même-temps à la ligne droite AB, sa figure ne fait rien à la durée de ses vibrations, ni par conséquent au son qu'elle produit, du-mo... relativement à son dégré du grave à l'aigu : quant à sa véhémence et à son uniformité, ce pourroit être autre chose.

Mais il est d'expérience qu'une corde, qui a été frappée par un archet, prend en assez peu de temps une figure telle, que tous ses points arrivent en-même-temps à la ligne de repos. Ainsi les formules de Taylor peuvent être regardées comme générales, et comme exprimant assez exactement le nombre des vibrations des cordes.

Cependant on trouve que, si l'on éloigne une corde de son point de repos en la touchant par son milieu, et que ses deux parties conservent toujours dans leurs vibrations la figure mixtiligne, ces vibrations seront de plus longue durée que si on frappoit la corde dans un autre point ; ce qui donne lieu de croire que ce n'est qu'après un nombre de vibrations, que la corde acquiert une figure telle que tous ses points arrivent en-même-temps à la ligne droite, et que ses premières vibrations sont d'autant plus courtes, qu'on la frappe plus loin de son milieu. C'est apparemment pour cette raison, qu'une corde de violon, que l'on touche à vide près du chevalet, rend un son plus aigu que si on la touche par son milieu.

Il en est de même, si le coup dont on la frappe n'est pas appliqué avec une certaine modération. Le coup d'archet est-il violent, et l'écart de la ligne de repos devient-il sensible, les vibrations cessent d'être isochrones, et se font en commençant un peu plus vîte que dans la suite. Il en est encore en cela des vibrations des cordes comme des oscillations d'un pendule, qui ne sont isochrones que lorsqu'elles sont fort petites.

Il est inutile d'insister sur les variétés que les

suppositions qu'on peut faire introduisent dans les formules précédentes. Il est évident que, le nombre des vibrations d'une corde étant dans un temps donné, comme la racine quarrée du poids qui la tend, divisé par le produit fait du poids de la corde et de sa longueur, si deux cordes sont de même longueur, les nombres de leurs vibrations dans un temps donné seront comme les racines quarrées des poids qui les tendent divisés par les poids des cordes ; et ainsi des autres hypothèses.

V.

Les vibrations d'une corde produisent des ondulations dans l'air. L'air agite le tympan. Le tympan transmet son frémissement aux nerfs auditifs, et les nerfs auditifs ne font peut-être que répéter les vibrations de la corde. Cela supposé, l'oreille est un vrai tambour-de-basque. Le tympan représente la peau. Les nerfs auditifs répondent à la corde qui traverse la base ; et l'air fait l'office des baguettes ou des doigts.

Quoi qu'il en soit, il est certain que la célérité, plus ou moins grande des vibrations, distingue les sons en graves et en aigus. Un son est d'autant plus grave, que le nombre des vibrations qui frappent l'oreille dans un temps donné est petit. Un son est d'autant plus aigu, que le nombre des vibrations est plus grand dans le même temps. Ceci est d'expérience. Attachez successivement différens poids à la même corde ; vous en tirerez des sons d'autant plus aigus, que les poids seront plus grands. Or, il est évident que, plus les poids sont grands, plus les vibrations sont promptes.

Nous avons donc une façon d'exprimer les rapports des sons du grave à l'aigu. Il ne s'agit que de les considérer comme des quantités, dont les nombres des vibrations produites dans un temps donné sont les mesures ; car la longueur d'une corde, sa grosseur et le poids qui la tend, étant donnés, on a, par les propositions précédentes, l'expression en nombre des vibrations produites dans un temps limité.

Voici donc ce que l'on entend précisément en musique par une octave, une seconde, une tierce, une quarte, etc. Si vous pincez une corde, et qu'elle fasse un certain nombre de vibrations dans un temps donné, quatre vibrations, par exemple; trouvez moyen, soit en la raccourcissant, soit en la tendant d'un plus grand poids, de lui faire produire huit vibrations dans le même temps donné; et vous aurez un son, qui sera ce qu'on appelle à l'octave du premier.

Si vous pincez une corde, et qu'elle fasse deux vibrations dans un temps donné; trouvez moyen, soit en la raccourcissant, soit en la tendant d'un plus grand poids, de lui faire produire trois vibrations dans le même temps ; et vous aurez l'intervalle du grave à l'aigu, que les musiciens appellent une quinte.

Or, les formules précédentes donneront toujours de combien la corde doit être raccourcie ou tendue de plus qu'elle ne l'étoit.

Mais il y a des mesures à garder avec nos sens; un tempérament à observer, dans les choses qu'on leur présente. Ils ne peuvent embrasser un objet trop étendu ; un trop petit leur échappe. Tous les sons sensibles sont renfermés dans des limites, au-delà desquelles, ou trop graves ou trop aigus, ils deviennent inappréciables à l'oreille. Or, on peut, en quelque façon, fixer ces limites. C'est ce que M. Euler a exécuté : et selon ses expériences et son calcul, tous les sons sensibles sont compris en 30 et 7552, intervalle qui renferme huit octaves ; c'est-à-dire que, selon ce savant auteur, le son le plus grave appréciable à notre oreille fait 30 vibrations par seconde, et le plus aigu, 7552 vibrations dans le même temps donné.

Un intervalle en général est la mesure de la différence de deux sons, dont l'un est grave, et l'autre aigu.

Soient trois sons a, b, c; a est le plus grave; c, le plus aigu; b est moyen entre a et c. Il est évident, par la définition précédente, que l'intervalle de a à c est fait des intervalles de a à b, et de b à c. Si l'intervalle de a à b est égal à l'intervalle de b à c, ce qui arrive toutes les fois que $a.b::b.c$, alors l'intervalle de a à c sera double de l'intervalle de a à b.

D'où il s'ensuit que les intervalles doivent être exprimés par les valeurs des rapports que les sons ont entre eux. Ainsi l'intervalle de a à b doit être exprimée par $\frac{b}{a}$; celui de b à c, par $\frac{c}{b}$; ou, ce qui est encore plus commode, on représentera le 1er par log. b — log. a; et le second, par log. c — log. b; et faisant $a = 2$, et $b = 3$, on aura pour l'expression de l'intervalle que les musiciens appellent une quinte, $l\,3 - l\,2$. D'où l'on voit que, l'expression de l'octave étant $l\,2 - l\,1$, l'octave et la quinte sont des intervalles incommensurables entre eux; en sorte qu'il n'y a aucun intervalle, quelque petit qu'il soit, qui les mesure exactement l'un et l'autre, ou aucune aliquote commune entre $l\frac{2}{1}$ et $l\frac{3}{2}$; car il n'y a aucune puissance x entière ou fractionnaire qui soit telle que $\frac{3x}{2} = 2$. En effet, soit $x = \frac{m}{n}$. Donc $\frac{3m}{2} = 2n$. Ce qui est impossible.

Il en sera de même de tous les intervalles qui seront exprimés par des logarithmes qui différeront entre eux comme $l\frac{3}{2}$ et $l\frac{1}{4}$.

Au contraire, on pourra comparer les intervalles qui seront exprimés par des logarithmes de nombres, qui seront des puissances d'une même racine. Ainsi l'intervalle $\frac{27}{8}$ est à l'intervalle $\frac{9}{4}$ comme 3 à 2; car le premier est $3\,l\frac{3}{2}$, et le second est $2\,l\frac{3}{2}$.

On a, par la même voie que nous venons de

suivre, la facilité d'ôter un intervalle d'un autre, et de connoître l'intervalle restant. Si on demande, par exemple, quel est l'intervalle restant, après qu'on a ôté la quinte de l'octave, j'ôte $l3 - l2$ de $l2$, et j'ai $2l2 - l3$. Mais $2l2 = l4$. Donc $2l2 - l3 = l4 - l3$ ou $l\frac{4}{3}$ ou $\frac{4}{3}$, expression de l'intervalle connu sous le nom de quarte.

Lorsque les intervalles sont incommensurables, on peut, à l'aide des logarithmes, avoir en nombres leur rapport approché. Ainsi $l2 = 0.3010300$ et $l3 - l2 = 0.1760913$. L'intervalle de l'octave est donc à l'intervalle de la quinte, comme 3010300 à 1760913.

REMARQUE.

Pour abaisser cette fraction, et avoir des rapports de plus en plus approchés de celui qu'on cherche, il faut diviser 3010300 par 1760913. Il vient pour quotient un entier, plus un reste. Soit cet entier $= q$, et le reste $= \frac{m}{n}$.

Transformez $\frac{m}{n}$ en $\frac{1}{\frac{n}{m}}$; et le quotient trouvé sera $q + \frac{1}{\frac{n}{m}}$. Soit le quotient de $\frac{n}{m} = r + \frac{s}{t}$, le quotient trouvé sera donc transformé de rechef en $q +$

$\frac{1}{r+\frac{s}{t}}$. Changez la fraction $\frac{s}{t}$ en $\frac{1}{\frac{t}{s}}$, et vous transformerez encore le premier quotient en $q+\frac{1}{r+\frac{1}{\frac{t}{s}}}$; et ainsi de suite.

Il est évident qu'à chaque transformation, on aura un nouveau rapport, plus approché du vrai que le rapport qui l'aura précédé.

Voici maintenant la manière de diviser un intervalle quelconque en parties égales. Prenez le logarithme de cet intervalle ; divisez-le en tant de parties que l'on voudra ; cherchez ensuite, dans la table, le nombre qui correspondra à l'une de ces parties. Il est évident que ce nombre aura à l'unité le rapport cherché. Ainsi, soit demandé un intervalle trois fois moindre que l'octave : je cherche le logarithme de 2 ; j'en prends la troisième partie ; je regarde dans la table le nombre correspondant à cette troisième partie ; et il exprime, par son rapport à l'unité, l'intervalle demandé.

REMARQUE.

Mais on pourroit chercher pourquoi j'exprime indifféremment un intervalle par $\frac{b}{a}$ ou par log. b — log. a, ces quantités n'étant pas les mêmes.

En voici la raison. $\frac{b}{a}$ exprime proprement le rapport des nombres de vibrations qui constituent les sons : mais log. b — log. a, peut être regardé comme exprimant les intervalles, puisque si l'on fait glisser un chevalet sous une corde, tandis qu'à l'aide d'un archet on en tirera un son non interrompu, on entendra ce son croissant, pour ainsi dire, uniformément, depuis le degré le plus grave ou le son de la corde entière, jusqu'à son octave et par-delà.

Du reste, il n'y auroit pas d'inconvénient à ne prendre ces expressions logarithmiques que comme une hypothèse. Il n'y a pas même d'apparence que M. Euler, qui nous les propose, prétende les faire valoir davantage; car on ne peut guère calculer ou comparer les sons en tant que sensations. Les longueurs des cordes et les nombres des vibrations qui les constituent, sont les seules choses comparables. Mais, pour représenter les intervalles par des logarithmes, il faudroit, par exemple, qu'en entonnant une tierce majeure, l'excès de la sensation du dernier son sur la sensation du second, fût double de l'excès de la sensation de celui-ci sur le premier. Mais qu'est-ce que cela signifie ? et quand cela auroit un sens bien précis, qui sait s'il est vrai ?

V I.

La distinction des sons en graves et en aigus

n'est pas la seule qu'on puisse faire. On les considère encore comme forts et foibles. La force du son varie, selon la distance au corps sonore. Il en est du son, comme de la lumière; et en général, de tout ce qui émane d'un point considéré comme centre. Plus la distance à laquelle le son est parvenu est grande, plus il s'est affoibli; et cet affoiblissement suit ordinairement la raison des quarrés des distances; c'est-à-dire, qu'à une distance double, il est quatre fois plus foible; neuf fois, à une distance triple; seize fois, à une distance quadruple; et ainsi de suite, en supposant toute-fois que sa propagation est libre : car si le son est dirigé de quelque côté par des causes particulières, à l'orient, par exemple, lorsqu'il tend naturellement à se propager vers le midi, la règle n'a plus lieu.

Si le son se répand et s'affoiblit comme la lumière, il se réfléchit aussi comme elle; et il peut arriver qu'à la rencontre d'une surface dure et polie, plusieurs fibres sonores se réunissent dans un même lieu. Lorsque l'on se trouvera dans quelques-unes de ces chambres artificielles, aux angles desquelles des personnes parlent bas et s'entendent, malgré l'intervalle qui les sépare, on n'aura qu'à lever les yeux au plafond, et l'on appercevra dans sa figure elliptique la raison de ce phénomène.

Il est démontré que, si des foyers d'une ellipse on tire deux lignes qui se coupent en un point quelconque de cette courbe, ces lignes feront sur la tangente en ce point deux angles égaux ; c'est-à-dire, qu'en considérant l'un comme angle d'incidence, l'autre sera l'angle de réflexion. Or les plafonds de ces chambres sont des ellipses, dont les interlocuteurs occupent les foyers, et où les fibres sonores qui partent de leurs bouches achèvent la figure 25, planche 4 des Sections coniques du marquis de l'Hôpital.

Les excursions d'une corde, au-delà de la ligne de repos, peuvent être plus ou moins grandes, sans augmenter ni diminuer en nombre dans un temps donné ; c'est là ce qui rend le son plus ou moins fort, sans changer son rapport à un autre son plus ou moins grave.

Il y a donc trois choses à considérer dans les vibrations; leur étendue, qui fait l'intensité ou la véhémence du son ; leur nombre, qui le rend plus ou moins aigu ; et leur isochronisme, d'où dépend son uniformité.

J'entends, par son uniforme, celui qui est pendant toute sa durée également grave ou aigu. Si l'on veut qu'un son soit uniforme, ou garde, en s'éteignant, le même rapport à un son donné que celui qu'il avoit en commençant, il faut que les vibrations qui fixent son dégré soient isochrones ; et pour cet effet la corde doit être suffisamment tendue, et le coup dont elle est frappée, modéré.

Sans ces deux conditions, elle s'écartera sensiblement de la ligne de repos ; ses premières vibrations seront plus promptes que les suivantes ; aussi-tôt le son ne sera plus uniforme ; et l'oreille se révoltera.

Le chagrin de l'organe naît de ce que, le défaut d'isochronisme dans les vibrations rendant le rapport d'un son variable, il ne sait en quelle raison ce son qui le frappe est à celui qui le précède, l'accompagne ou le suit. Ce qui démontre que le plaisir musical consiste dans la perception des rapports des sons.

REMARQUE.

Mais cette origine n'est pas particulière au plaisir musical. Le plaisir, en général, consiste dans la perception des rapports : ce principe a lieu en poésie, en peinture, en architecture, en morale, dans tous les arts et dans toutes les sciences. Une belle machine, un beau tableau, un beau portique ne nous plaisent que par les rapports que nous y remarquons : ne peut-on pas même dire qu'il en est en cela d'une belle vie comme d'un beau concert ? La perception des rapports est l'unique fondement de notre admiration et de nos plaisirs ; et c'est de là qu'il faut partir, pour expliquer les phénomènes les plus délicats qui nous sont offerts par les sciences et les arts. Les choses, qui nous paroissent les plus arbitraires ont été suggérées par les rapports ; et ce principe doit servir de base à un essai philosophique sur le goût, s'il se trouve jamais quelqu'un assez instruit pour en faire une application générale à tout ce qu'il embrasse.

Mais, si vous admettez une fois que le plaisir consiste dans la perception des rapports, vous serez contraint de faire un pas de plus, et de convenir que le plaisir doit varier avec les rapports, et que les rapports les plus simples se saisissant avec plus de facilité que les autres, doivent aussi plaire plus généralement. Or, de tous les rapports, le plus simple, c'est celui d'égalité : il étoit donc naturel que l'esprit humain cherchât à l'introduire par-tout où il pouvoit avoir lieu. Aussi cela est-il arrivé. C'est par cette raison qu'on fait les ailes d'un bâtiment égales; et les côtés d'une fenêtre, parallèles. Si la raison d'utilité demande qu'on s'en écarte, on lui obéit; mais c'est comme à regret; et l'artiste ne manque jamais de revenir au rapport d'égalité dont il s'étoit écarté. Ce retour, que l'on attribue vulgairement à l'instinct, au caprice, à la fantaisie, n'est autre chose qu'un hommage rendu aux attraits naturels de l'harmonie et des rapports; et c'est à lui que nous sommes redevables d'une infinités de petits ornemens minutieux que l'on traite tous les jours d'arbitraires, et qui ne sont rien moins. La seule architecture m'en fourniroit mille exemples; mais ils seroient ici déplacés.

Je me contenterai d'appliquer mes idées à une observation que ceux qui ont quelque habitude d'entendre ou de lire de la musique auront faite : c'est qu'ordinairement les sons aigus tiennent moins que les graves. Les dessus se précipitent, tandis que les basses vont lentement, à-moins que le sujet n'exige qu'elles doublent le pas. Croit-on que ce soit sans raison que les musiciens aient pratiqué de cette manière, et que leur caprice est la seule règle qu'ils aient suivie ? Si on le croit, on se trompe.

Ils étoient sécrètement guidés par la perception des rapports : s'ils ont permis aux sons aigus de courir, et s'ils ont arrêté les sons graves, c'est que les rapports que ceux-ci ont entre eux sont plus difficiles à saisir que les rapports de ceux-là, tout étant égal d'ailleurs, puisque la corde qui rend des sons aigus fait beaucoup plus de vibrations dans un temps donné, que celle qui rend des sons graves. Voilà pour l'emploi des rapports simples ; et maintenant voici pour le retour des rapports composés aux rapports simples.

Si l'esprit, qui est naturellement paresseux, s'accommode volontiers des rapports simples, comme il n'aime pas moins la variété qu'il craint la fatigue ; on est quelquefois forcé d'user de rapports composés, tantôt pour faire valoir les rapports simples, tantôt pour éviter la monotonie, tantôt pour ajouter à l'expression ; et c'est de-là que naît en musique l'emploi que nous faisons de la dissonnance ; emploi plus ou moins fréquent, mais presque toujours nécessaire : mais la dissonnance, selon les musiciens, veut ordinairement être préparée et sauvée; ce qui, bien entendu, ne signifie rien autre chose, que, si l'on a de bonnes raisons d'abandonner les rapports simples pour en présenter à l'oreille de composés, il faut revenir sur-le-champ à l'emploi des premiers.

OBJECTION.

Mais comment se peut-il faire, dira-t-on, que le plaisir des accords consiste dans la perception des rapports des sons? La connoissance de ces rapports accompagne-t-elle donc toujours la sensation? c'est ce qu'il paroît difficile d'admettre; car, combien de gens, dont l'oreille est très-délicate, ignorent quel est le rapport des vibrations, qui forment la quinte ou l'octave, à celles qui donnent le son fondamental. L'ame a-t-elle ces connoissances sans s'en appercevoir, à-peu-près comme elle estime la grandeur et la distance des objets sans la moindre notion de géométrie, quoiqu'une espèce de trigonométrie naturelle et secrète paroisse entrer pour beaucoup dans le jugement qu'elle en porte?

RÉPONSE.

Nous ne déciderons rien là-dessus; nous nous contenterons d'observer qu'il est d'expérience que les accords les plus parfaits sont formés par les sons qui ont entre eux les rapports les plus simples ; que ces rapports peuvent affecter notre ame de deux manières, par sentiment ou par perception ; et qu'ils n'affectent peut-être la plupart des hommes que de la première manière.

L'expérience apprend à modérer un archet, selon la véhémence qu'on veut donner aux sons. Quant à la tension des cordes, on peut observer la règle suivante :

Il faut tendre les cordes autant qu'il est possible, sans les rompre. Les résistances que des cordes minces d'une même matière font à une puissance qui les tire dans le sens de leur longueur, sont comme leurs épaisseurs; et les épaisseurs, comme les poids divisés par les longueurs. On prendra donc les poids tendans en raison composée de la directe des poids des cordes et de l'inverse de leurs longueurs.

Si le poids de la corde $= q$, sa longueur $= a$, et le poids tendant $= p$: il faut que p soit comme $\frac{q}{a}$, et par conséquent la fraction $\frac{ap}{q}$ est constante.

Car $P.p :: \frac{Q}{A}.\frac{q}{a}$. Donc $\frac{qQ}{A} = \frac{Pq}{a}$ et $\frac{AP}{Q} = \frac{ap}{q}$.

En prenant cette précaution, on pourra se promettre des sons également graves ou aigus pendant toute leur durée. Voyons maintenant ce qu'il y auroit à faire pour les avoir également forts.

VII.

Pour donner à des sons la même véhémence,

outre la longueur et le poids de la corde, il faudroit considérer encore et la force qui la met en mouvement, et le lieu où cette force est appliquée. Mais la plupart des instrumens à cordes sont fabriqués de manière que la force pulsante est la même ; et, pour simplifier le calcul, nous supposerons qu'elle agit sur les cordes en des lieux semblables, c'est-à-dire, ou aux milieux, ou aux tiers, ou aux quarts, etc.

Cela posé, la véhémence du son ne dépendra plus que de la vitesse avec laquelle les particules de l'air viendront frapper l'oreille à chaque vibration de la corde. Or, cette vitesse des molécules de l'air qui constitue la force du son, est proportionnelle à la plus grande vitesse de la corde ; et la plus grande vitesse de la corde est, selon M. Euler, en raison sous-doublée de la directe du poids qui la tend, et de l'inverse de sa longueur ; c'est-à-dire, en conservant les mêmes expressions que ci-devant, comme $\sqrt{\dfrac{G}{L}}$. On lit page 11 de ses *Tentamina musicæ* : « Vehementia soni pendet à cele-
» ritate quâ aeris particulæ, quâvis chordæ vibra-
» tione, in aurem impingunt ; hæcque ex celeritate
» chordæ maximâ est æstimanda. Est verò hæc
» celeritas proportionalis radici quadratæ ex pon-
» dere chordam tendente diviso per longitudinem
» ejus ». D'où il conclut que, pour que la force de deux sons soit la même, il faut que $\sqrt{\dfrac{G}{L}} = \sqrt{\dfrac{g}{l}}$, et

par conséquent que les poids tendans soient comme les longueurs des cordes. « Consequenter, quò soni » fiant æquabiles, necesse est ut pondus tendens » semper sit ut chordæ longitudo ».

Mais j'avouerai que, de quelque façon que je me sois retourné, je n'ai jamais pu trouver la plus grande vîtesse de la corde, comme la racine quarrée du poids qui la tend, divisé par sa longueur, sans supposer la masse de la corde constante. Or cette supposition n'a point été faite; et je doute qu'elle puisse avoir lieu; car dans les instrumens à cordes de laiton, où, l'épaisseur des cordes étant la même, elles ne différent que par leur longueur et leur tension; et dans ceux où les cordes ont différentes longueur, épaisseur et tension, la masse n'est assurément pas la même dans chaque corde.

Si M. Euler entend par la plus grande vîtesse de la corde, celle qu'elle a en achevant sa première demi-vibration, je vais démontrer que $\dfrac{ca\sqrt{G}}{\sqrt{ML}}$ est son expression.

PROBLÉME.

Trouver la plus grande vîtesse de la corde, ou celle qu'elle a en achevant sa première demi-vibration.

SOLUTION.

Soient comme dans la fig. 5, $BD = a$, $AC = L$, $BM = x$, $PM = y$, l'arc $BP = s$; la masse de la corde $= M$. Le rayon osculateur en $B = r$. Le rayon osculateur en $P = -\dfrac{ds\, dx}{d\,dy}$ et le rapport de la circonférence au diamètre $= \dfrac{1}{c}$.

La masse de l'élément pP sera $\dfrac{M.Pp}{L}$. Car à cause de l'uniformité de la corde $L.M :: Pp$. à la masse de l'élément Pp. Donc cette masse $= \dfrac{M.Pp}{L}$.

La force motrice en B est, par le lemme II, $\dfrac{G.Pp}{r}$. Or la force accélératrice étant en raison composée de la directe de la force motrice et de l'inverse de la matière à mouvoir, et la matière à mouvoir étant ici $\dfrac{M.Pp}{L}$, on aura, pour la force accélératrice en B, $\dfrac{G\,L}{M\,r}$.

Mais, corol. 1, propos. 1, $r = \dfrac{L\,L}{a.c^2}$. Donc la force accélératrice en B sera $\dfrac{G.a.c^2}{ML}$.

Soit $DM = z$.

La force accélératrice en M sera $\dfrac{G.a.c^2}{ML} \times \dfrac{DM}{BD} = \dfrac{G.c^2.z}{ML}$. Donc, par le principe $p\,dt$

D'ACOUSTIQUE. 45

$= du$, nommant u la vîtesse en M, on aura l'équation suivante $-\dfrac{G.c^2.zdz}{ML} = u\,du$; car $dt = -\dfrac{dz}{u}$. Donc, intégrant et complétant $\dfrac{u^2}{2} = \dfrac{G.c^2}{ML} \times \dfrac{aa-zz}{2}$. Donc, lorsque $z = 0$, on a $uu = \dfrac{G.c^2.a^2}{ML}$ et $u = \dfrac{ac\sqrt{G}}{\sqrt{ML}}$. Ce que j'avois à démontrer.

REMARQUE.

Mais pour vérifier cette expression de la vîtesse, supposons-la telle que nous venons de la trouver; et cherchons, par son moyen, le rapport des temps d'une vibration de la corde L et d'une oscillation d'un pendule dont la longueur soit D.

Nous avons trouvé $u = \dfrac{c\sqrt{G}}{\sqrt{ML}} \times \overline{aa-zz}$, mais $dt = -\dfrac{dz}{u}$. Donc $dt = -\dfrac{dz\sqrt{ML}}{c.\sqrt{G}.\sqrt{aa-zz}}$ $= \dfrac{\sqrt{ML}}{c.\sqrt{G}} \times \dfrac{dz}{\sqrt{aa-zz}}$ $\dfrac{\sqrt{ML}}{c\sqrt{G}}$ multi-plié par l'élément du quart de cercle BNE; dont $\dfrac{dz}{\sqrt{aa-zz}}$ est l'expression. Donc le temps

d'une demi-vibration $= \dfrac{\sqrt{ML}}{c.\sqrt{G}} \times \dfrac{BNE}{BD} =$
$\dfrac{\sqrt{ML}}{c\sqrt{G}} \times \dfrac{c}{2} = \dfrac{\sqrt{ML}}{2\sqrt{G}}$.

Soit maintenant (*fig. 8.*) le pendule CA dont la longueur $CA = D$. La pésanteur $= p$. L'arc $AB = e$. $AN = x$. L'effort en B est $\dfrac{p \times AB}{CA}$. L'effort en N est $\dfrac{p \times AN}{CA} = \dfrac{px}{D}$.

Donc, par le principe $pdt = du$, on a $-\dfrac{px\,dx}{D} = u\,du$. Donc, intégrant et complétant $u = \dfrac{\sqrt{p}}{\sqrt{D}} \times \sqrt{ee - xx}$. Donc $dt = -\dfrac{dx}{u} = \dfrac{\sqrt{D}}{\sqrt{p}} \times -\dfrac{dx}{\sqrt{ee - xx}}$. Donc le temps d'une demi-oscillation $= \dfrac{\sqrt{D}}{\sqrt{P}} \times \dfrac{c}{2}$. Donc le temps d'une demi-vibration est au temps d'une demi-oscillation, comme $\dfrac{\sqrt{ML}}{2\sqrt{G}}$ à $\dfrac{\sqrt{D}}{\sqrt{P}} \times \dfrac{c}{2}$, ou comme $\sqrt{pML}$ à $\sqrt{ccDG}$.

Mais la masse multipliée par la pésanteur d'une particule, est égale au poids où $pM = P$. Donc $\sqrt{pML} = \sqrt{PL}$. Donc le temps d'une vibration est au temps d'une oscillation, comme $\sqrt{PL}$ à $\sqrt{ccDG}$. Or c'est précisément ce que nous avons démontré ailleurs, et ce que M. Euler suppose dans toutes ses propositions sur les cordes.

Cependant, comme il est beaucoup plus vraisemblable que je n'entends point cet endroit de M. Euler, qu'il ne l'est qu'il se soit trompé ; je supposerai qu'afin que la véhémence de deux sons soit la même, il faut que les poids tendans soient proportionnels aux longueurs des cordes ; d'où nous déduirons avec lui une règle qui peut être d'usage dans la construction des instrumens.

Conservant toujours les mêmes expressions, $\frac{G}{L}, \frac{GL}{P}, \frac{LL}{P}$, quotient de $\frac{GL}{P}$ divisé par $\frac{G}{L}$ et le rapport de $\frac{P}{L}$ à L, sont tous constans : $\frac{G}{L}$, parce que les poids tendans doivent toujours être comme les longueurs, pour que la véhémence des sons soit la même ; $\frac{GL}{P}$, parce que les poids tendans doivent toujours être en raison composée de la directe des poids des cordes et de l'inverse de leurs longueurs, pour que les sons soient uniformes. Et ces deux raisons constantes, divisées l'une par l'autre, donnent le rapport constant de LL à P, ou celui de $\frac{P}{L}$ à L. Mais $\frac{P}{L}$ est l'épaisseur de la corde; l'épaisseur de la corde doit donc être comme sa longueur; et la longueur, comme le poids tendant.

D'ailleurs le son est, ainsi que nous l'avons démontré, comme $\sqrt{\dfrac{G}{PL}}$; et mettant à la place de G et de P leurs proportionnelles L et LL, on trouve le son réciproquement comme la longueur de la corde.

Ainsi, selon le savant auteur que nous avons cité, pour conserver à un son l'uniformité, et l'égalité de force entre plusieurs sons, il faut que le poids tendant, la longueur de la corde, et son propre poids, soient tous réciproquement comme le son ou comme le nombre des vibrations à produire dans un temps donné, la force pulsante étant la même.

REMARQUE.

Mais tout cela n'est vrai que dans la supposition que l'expression de la plus grande vitesse n'est pas telle que nous l'avons trouvée; car si $u = \dfrac{ac\sqrt{G}}{\sqrt{ML}}$, on aura, pour que les véhémences soient égales, $\dfrac{\sqrt{G}}{\sqrt{ML}} = \dfrac{\sqrt{g}}{\sqrt{ml}}$; et par conséquent $\dfrac{\sqrt{G}}{\sqrt{ML}}$ constante. D'ailleurs;

lorsque les cordes sont de même matière, les masses sont comme les poids ; donc, substituant P à M, ou aura $\sqrt{\dfrac{G}{PL}}$ constante.

Or $\sqrt{\dfrac{G}{PL}}$ est l'expression du son. Donc la force pulsante étant la même, il faut que les sons soient les mêmes pour être également forts ; ou des sons différens ne peuvent être également forts, la force pulsante étant la même, résultat bien différent de celui que donne l'expression que M. Euler assigne à u, et cependant assez conforme à l'expérience.

On pourroit se proposer ici un problême, dont je vais donner la solution ; c'est de trouver le plus grand écart de la corde, la force pulsante étant donnée.

PROBLÊME.

La force pulsante étant donnée, trouver le plus grand écart de la corde.

SOLUTION.

Soit (*fig.* 5.) F la force pulsante. Les points S de la corde partiront avec des vîtesses qui seront comme SP ; car je suppose que la corde prend tout en partant la forme de la courbe musicale ; et chaque particule de cette corde étant supposée animée de sa vîtesse initiale, la somme des forces qui en résultera sera égale à F.

Soit u, la vîtesse en D, $\dfrac{u z}{a}$ sera la vîtesse en S, $P p = d y$, et par conséquent la masse $P p = \dfrac{P d y}{L}$, et la quantité du mouvement en $S = \dfrac{u z}{a} \times \dfrac{P d y}{L}$. Substituant à dy et à z leurs valeurs tirées de l'équation de la courbe, l'expression précédente se transformera en $\dfrac{u . P . r^{\frac{1}{2}} . a^{\frac{1}{2}}}{L} \times \dfrac{a - x \, d x}{\sqrt{2 a x - x x}}$ dont l'intégrale est $\dfrac{u . P . r^{\frac{1}{2}} . a^{-\frac{1}{2}}}{L} \times \sqrt{2 a x - x x}$ qu'il faut doubler et compléter ; je dis doubler, parce que l'intégrale prise sans être doublée, ne donneroit que la quantité de mouvement de la partie $C D$.

On a donc $\dfrac{2 u P r^{\frac{1}{2}} a^{-\frac{1}{2}}}{L} \times a = \dfrac{2 u P r^{\frac{1}{2}} a^{\frac{1}{2}}}{L}$

qu'il faut faire égal à F. Mais $r = \dfrac{l l}{a . c^2}$, donc $r^{\frac{1}{2}} = \dfrac{L}{a^{\frac{1}{2}} c}$; donc $F = \dfrac{2 u P}{c}$.

Mais $u = \dfrac{a c \sqrt{G}}{\sqrt{M L}}$. Donc $\dfrac{F . c}{2 P} = \dfrac{a c \sqrt{G}}{\sqrt{M L}}$

Or, les cordes étant supposées de même matière, $M = P$. Donc $a = \dfrac{F\sqrt{L}}{2\sqrt{PG}}$. Ce qu'il falloit trouver.

Cette dernière expression peut encore se simplifier; car nous avons dit que, pour avoir des sons uniformes, il falloit que G fût comme $\dfrac{P}{L}$; substituant donc cette valeur, il vient $a = \dfrac{FL}{2P}$.

Nous allons passer à quelques autres sons de la première espèce, et abandonner les cordes, pour n'y revenir que lorsque l'analogie des corps sonores, dont nous avons encore à parler, nous y ramènera.

VIII.

On peut rapporter à la première espèce de sons, les cloches, les verges de métaux, et même les bâtons durcis au feu; mais on sait peu de chose sur ces corps. Il est presque impossible de déterminer le son d'une cloche par sa forme et son poids. Il faudroit entrer dans des considérations vagues sur l'élasticité et la cohésion des parties de la matière dont on les fond. Ce que l'on peut avancer, c'est que les sons de deux cloches de même matière et de figure semblable seront entre eux réciproquement comme les racines cubiques des poids; c'est-à-dire, que, si l'une pèse huit fois moins que l'autre, elle fera, dans le même temps, un nombre double de vibrations; un nombre triple, si elle pèse vingt-sept fois moins; et ainsi de suite; car en leur appliquant ce que nous avons dit des cordes, et faisant le poids tendant G, comme $\frac{P}{L}$, la formule $\sqrt{\frac{G}{PL}}$ se réduit à $\frac{1}{L}$; mais lorsque des corps homogènes sont semblables, leurs poids sont entre eux comme les cubes de leurs côtés homologues; et par conséquent leurs côtés homologues, comme les racines cubiques de leurs poids; donc les nombres de vibrations produites dans un temps donné étant comme $\frac{1}{L}$, elles seront aussi comme $\frac{1}{\sqrt[3]{P}}$.

Quant aux verges sonores, si, pour estimer le rapport de leurs sons, il ne faut avoir égard qu'à leurs longueurs, comme M. Euler le prétend; s'il faut considérer les fibres qui les composent comme autant de cordes qui font leurs vibrations séparément; s'il faut négliger la force tendante, la formule $\sqrt{\frac{G}{PL}}$ devient alors $\sqrt{\frac{1}{PL}}$. Mais si les verges sont semblables et de même matière, P sera comme L^3. Donc

$\sqrt{\dfrac{1}{PL}}$ se réduit à $\dfrac{1}{L^2}$; c'est-à-dire, que les nombres des vibrations, produites dans un temps donné, seront réciproquement comme les quarrés des longueurs.

REMARQUE.

Mais, dira-t-on, pourquoi négliger, dans le cas des verges, la force tendante que l'on fait entrer en calcul, lorsqu'il est question des cloches ?

C'est que la roideur des verges est si grande, relativement à la force pulsante qui les fait résonner, qu'on peut, sans erreur sensible, traiter comme constante la force qui les tend. Mais il n'en est pas ainsi des cloches. La figure d'une cloche s'altère sensiblement, quand elle est en volée. De ronde qu'elle étoit en repos, le coup du battant la rend ovale; et l'œil apperçoit cet effet, qui sera d'autant moins sensible, que le poids de la cloche sera grand, eu égard à son diamètre; c'est-à-dire, que la force tendante peut être supposée comme $\dfrac{P}{L}$.

La dilatation et la percussion subite de l'air, qui sont les deux causes des sons de la seconde espèce, agissent à-peu-près de la même manière.

L'extrême vîtesse de l'air, dans la dilatation,

ou celle d'un corps nu, dans la percussion, donne lieu à une compression : l'air comprimé tend à se restituer dans son état naturel, mais d'un mouvement accéléré, en vertu duquel il exerce des vibrations semblables à celles d'une corde. Or c'est par ces vibrations, qu'il faut expliquer le bruit ou plutôt le son des vents, du tonnerre, de la poudre à canon, et de tout corps lancé dans l'air avec vîtesse. Mais comme il est impossible d'appliquer à ces phénomènes le calcul, je passe aux sons de la troisième espèce, après avoir observé qu'il y a entre le bruit et le son une grande différence.

Le bruit est un ; le son, au contraire, est composé : un son ne frappe jamais seul nos oreilles ; on entend avec lui d'autres sons concomitans, qu'on appelle ses harmoniques. C'est de-là que M. Rameau est parti, dans sa génération harmonique ; voilà l'expérience qui sert de base à son admirable système de composition, qu'il seroit à souhaiter que quelqu'un tirât des obscurités qui l'enveloppent, et mît à la portée de tout le monde, moins pour la gloire de son inventeur, que pour les progrès de la science des sons.

IX.

Plus la cause d'un phénomène est cachée, moins on fait d'efforts pour la découvrir. Mais cette paresse, ou ce découragement des esprits, n'est ni le seul, ni peut-être le plus grand obstacle à la perfection des arts et des sciences. Il y a une sorte de vanité, qui aime mieux s'attacher à des mots, à des qualités occultes, ou à quelque hypothèse frivole, que d'avouer de l'ignorance ; et cette vanité leur est plus funeste encore. Bien ou mal, on veut tout expliquer : et c'est grace à cette manie, que l'horreur du vide a fait monter l'eau dans les pompes ; que les tourbillons ont été la cause des mouvemens célestes ; que l'attraction sera long-temps encore celle de la pésanteur des corps ; et, pour en revenir à mon sujet, qu'on avoit attribué jusqu'à-présent au frémissement de la surface intérieure du tuyau le son et les autres propriétés des flûtes. Ces instrumens avoient beau rendre le même son, quoique l'épaisseur, la matière et l'ouverture en fussent différentes, on s'en tenoit opiniâtrément à un système, que la diversité seule de la matière étoit capable de renverser.

Enfin M. Euler, après avoir soigneusement examiné la structure des flûtes, trouva une manière d'en expliquer les effets, aussi solide qu'ingénieuse. Ce morceau de physique est peu connu, quoique ce soit un des plus beaux que nous ayons ; ce sont ces deux motifs, réunis au besoin que j'en ai pour les conséquences que j'en tirerai, qui me déterminent à l'insérer ici.

La flûte est composée, ainsi que les tuyaux appelés, dans un buffet d'orgue, tuyaux à bouche ou de mutation, du pied $AABB$ qui est en bec ou en cône ; c'est ce bec, qui introduit le vent qui fait résonner le tuyau. A ce pied est joint le corps $BBDD$ du tuyau. Il y a entre le pied et le corps un diaphragme EEF percé d'une ouverture par où le vent s'échappe. On appelle cette ouverture, lumière. Enfin, au-dessous de cette ouverture est la bouche $BBCC$ du tuyau. C'est une espèce de fenêtre dont la lèvre d'en-bas CC, qui est en biseau, coupe le vent au sortir de la lumière, et n'en admet dans le tuyau qu'une couche légère. Telle est aussi la figure des anches, et celle que prennent les lèvres au défaut d'anches ; ce qui fait rentrer les flûtes traversières, et autres, dans la classe des flûtes à bec ou tuyaux de mutation.

Il faut, observer, de plus, que, dans les instrumens à vent, les parois intérieures sont dures et polies, et que l'air n'y rencontre aucun obstacle.

Il suit de cette construction, que l'air, au sortir de la lumière, rase la surface intérieure du tuyau, et comprime celui dont il étoit rempli. Cet air comprimé se dilate à son tour ; et le son est produit par ces vibrations réciproques qui naissent de l'inspiration, et qui durent autant qu'elle.

Cela supposé, dit M. Euler, cherchons le son d'une flûte, dont la longueur et la capacité soient données; et renonçons à cette explication, si la solution de ce problème ne s'accorde pas avec les expériences.

Le corps sonore, dont les vibrations transmises à l'air viennent frapper notre oreille, c'est l'air même contenu dans le tuyau, dont la quantité se déterminera par la longueur et la capacité de la flûte.

La pésanteur de l'atmosphère, qui contraint l'air, dont la flûte est remplie, d'exercer des vibrations, fait ici la fonction de poids tendant; et ce poids sera connu par la hauteur à laquelle le vif-argent est suspendu dans le tube de Torricelli.

Voilà donc le cas des flûtes réduit à celui des cordes, et soumis à la formule $\sqrt{\dfrac{G}{PL}}$.

Soit a, la longueur d'une flûte; bb, son ouverture; le rapport de la pésanteur de l'air à celle du vif-argent $\dfrac{m}{n}$; la hauteur du mercure dans le baromètre k; c'est-à-dire, que nous avons une corde dont la longueur est a, le poids $mabb$, et la tension égale à la pression de l'atmosphère. Mais les pressions des fluides sont, comme on le démontre en hydrodynamique, comme les bases multipliées par les hauteurs. La base est ici bb, et la hauteur, k; donc le poids tendant est comme $nkbb$; et par conséquent le nombre des oscillations faites dans une

seconde, comme $\frac{355}{113} \sqrt{\frac{881 n k b b}{24 a \times m a b b}}$
$= \frac{355}{113 a} \sqrt{\frac{881 n k}{24 m}} =$ au son qu'il falloit déterminer.

Or, la raison de m à n étant toujours à-peu-près la même, et les différentes températures de l'air n'influant pas considérablement sur la hauteur k, les sons des flûtes cylindriques ou prismatiques seront entre eux réciproquement comme les longueurs; car, effaçant toutes les constantes, l'équation précédente se réduit à $\frac{1}{a}$.

Mais entrons dans le détail des phénomènes; c'est lui qui ruine ou soutient une hypothèse. Cherchons donc, en demeurant dans celle de M. Euler, comment le son d'une flûte dont la longueur est donnée, est au son d'une corde dont la longueur, le poids et la tension sont connus. Si l'expérience et le calcul conservent entre la corde et la flûte l'unisson que nous y supposerons, il en résultera, pour la théorie que nous venons d'exposer, un grand dégré de certitude.

Soit la plus grande valeur de $\frac{n}{m}$ dans les temps chauds 12000. Sa plus petite valeur dans les temps froids 1000. La plus grande hauteur k du mercure dans le baromètre 2460. Sa plus petite hauteur 2260. Donc, le baromètre et le thermomètre étant l'un et l'autre à leurs plus grandes hauteurs, le son d'une flûte quelconque a sera comme $\frac{960771}{a}$; et, lorsqu'ils seront à leurs plus petites hauteurs, comme $\frac{840714}{a}$; et prenant un milieu entre ces deux expressions, on aura $\frac{900000}{a}$ pour le nombre des vibrations, et par conséquent pour le son d'une flûte a, dans les temps ordinaires, lorsqu'il ne fait ni bien froid, ni bien chaud. Donc une flûte, qui fait 100 vibrations par seconde, a 9000 scrupules ou 9 pieds du Rhin de longueur. Donc une flûte, qui feroit 118 vibrations par seconde, et qui résonneroit le c ou le C sol ut, auroit 7627 scrupules ou $7\frac{1}{2}$ pieds du Rhin de longueur. Ce qui s'accorde avec l'expérience ; car c'est en effet cette longueur que l'on donne aux tuyaux que l'on prend pour le C sol ut.

Mais, dira-t-on, ce n'est pas $7\frac{1}{2}$ pieds qu'on leur donne, mais 8 pieds communément.

J'en conviens ; mais il faut négliger cette différence ; car selon la température de l'air, le tuyau rendra des sons qui seront entre eux dans la raison des nombres 840714, 960771, ou dans le rapport de 8 à 9, ce qui prend plus d'un demi-pied sur la longueur entière du tuyau.

Ces altérations successives dans le son d'une même flûte achèvent de confirmer le systême de M. Euler; car les musiciens éprouvent, tous les jours, dans la comparaison qu'ils ont à faire des instrumens à corde avec les instrumens à vent, que, pour les mettre à l'unisson, il faut tantôt diminuer, tantôt augmenter la tension des cordes; et que la plus grande différence est d'un ton majeur entier, intervalle exprimé par le rapport de 8 à 9.

On observe encore que les flûtes ont plus de haut dans un temps serein et chaud, que dans un temps froid et orageux ; et qu'elles deviennent un peu plus aiguës pendant qu'on en joue. Ces deux phénomènes partent de la même cause : c'est que la chaleur naturelle de l'air dans un temps serein, ou celle qu'il reçoit pendant l'inspiration, rend ses vibrations un peu plus promptes ; et par conséquent le son un peu plus aigu : et d'ailleurs le poids de l'air m étant moindre, la fraction $\frac{n}{m}$ est plus grande, et par conséquent le nombre des vibrations plus grand.

La force du son dépend, dans les flûtes, de la violence de l'inspiration, et du rapport de la capacité du tuyau à sa longueur. Il en est encore en cela des instrumens comme des cordes. La longueur et l'épaisseur de celles-ci répondent à la longueur et à la capacité de ceux-là.

Toute corde n'est pas propre à rendre tout son.

Il lui faut quelquefois une certaine grosseur pour un son donné. On ne peut pas non plus augmenter ou diminuer à discrétion la capacité d'une flûte de longueur donnée ; il y a des limites au-delà desquelles elle ne résonne plus ; mais, appliquant aux tuyaux à bouche ce que nous avons dit de la longueur, du poids et de la tension des cordes, pour en tirer des sons uniformes, il faut faire la base ou la capacité proportionnelle à la longueur, et la longueur proportionnelle à la pression de l'atmosphère, qui est toujours proportionnelle à l'ouverture.

Quant à l'inspiration, elle a aussi ses loix. Trop foible, la flûte ne rend point de son ; trop forte, elle fait résonner la flûte une octave au-dessus de son ton. Plus forte encore, elle rendra la douzième, la quinzième ; et ainsi de suite.

Pour découvrir le rapport de ces dégrés successifs, nous serons forcés de revenir aux cordes, et d'en examiner quelques propriétés. En attendant, nous observerons que la force du son dans les flûtes étant proportionnelle à celle de l'inspiration, plus l'inspiration sera violente, le son demeurant le même quant au dégré du grave à l'aigu, plus les vibrations de l'air contenu dans le tuyau seront grandes, sans toute-fois qu'elles en deviennent plus fréquentes. Mais la grandeur ou l'amplitude des vibrations est tellement déterminée par la capacité ou le diamètre de la flûte, que le même son ne peut pas subsister et conserver son dégré dans toutes les variations possibles de l'inspiration. Il faut même qu'après avoir passé successivement par différens dégrés du grave à l'aigu, il s'éteigne entièrement.

X.

Ce paragraphe sera sans-doute un des meilleurs de ce mémoire ; je le dois presque en entier à M. de Fontenelle. Cet auteur dit ingénieusement à son ordinaire, *Hist. de l'acad. ann.* 1700, qu'une recherche ou même une découverte n'est, pour ainsi parler, que l'épisode d'une autre. M. Sauveur, ajoute-t-il, en examinant la théorie de certains instrumens qui vont par *sauts* et passent irrégulièrement d'un ton à un autre, fut obligé, pour en rendre raison, de recourir à des expériences qui lui produisirent un phénomène dont il fut extrêmement surpris ; car quel philosophe auroit cru qu'un corps, mis en mouvement de manière que toutes ses parties y doivent être, en conserve cependant quelques-unes immobiles dans certains intervalles, ou plutôt en rend quelques-unes immobiles par une distribution singulière qu'il semble faire entre elles du mouvement qu'il a reçu.

Si une corde d'instrument est tendue sur une table, et qu'un chevalet mobile qui glisse sous la corde soit arrêté à quelqu'un de ses points, en sorte que, quand on pincera par le milieu l'une des deux parties déterminées par la position du chevalet, l'autre ne participe point du tout à l'ébranlement ;

on sait que le ton de la partie pincée sera au ton de toute la corde, en raison des longueurs de cette partie et de la corde entière. Si cette partie est $\frac{1}{4}$, elle sera à la double octave en haut de toute la corde. Si elle est $\frac{1}{2}$, elle sera à son octave; et si, au lieu de pincer $\frac{1}{4}$ on pinçoit la partie $\frac{3}{4}$, il est encore indubitable que les longueurs de cette partie et de la corde entière étant comme 3 à 4, l'une résonneroit la quarte de l'autre.

Mais, si le chevalet n'empêche pas entièrement la communication des vibrations des deux parties; si ce n'est qu'un obstacle léger, comme le bout d'une plume; si la corde est menue; les deux parties, quoique inégales, rendront le même ton et formeront le même intervalle avec la corde entière.

Il ne seroit pas étonnant qu'elles fussent toutes deux à l'unisson de la corde entière; on concevroit alors que l'obstacle léger ne les empêcheroit pas de faire les mêmes vibrations que la corde entière, et qu'il ne tiendroit lieu de rien. Mais il est effectivement obstacle; il détermine les parties de la corde à être effectivement parties, et à rendre un son différent de la toute; et le merveilleux est qu'il laisse le même ton à des parties inégales. Si, par exemple, l'obstacle est au quart de la corde, non-seulement ce quart étant pincé rend la double octave aiguë de la toute; mais l'autre partie, qui est trois quarts, et qui devroit donner la quarte de la toute, donne la même double octave.

Sur ce phénomène si bizarre, M. Sauveur imagina que, puisque $\frac{3}{4}$ rendoient le même ton que $\frac{1}{4}$, ils ne devoient pas faire des vibrations proportionnées à leurs longueurs ; qu'il falloit qu'ils se partageassent en trois parties égales chacune au premier quart, et qui fissent chacune leurs vibrations séparément. En ce cas, c'eût été la même chose que si l'on eût pincé à-la-fois ces trois parties égales. Elles eussent été toutes à l'unisson entre elles et le premier quart, c'est-à-dire, à la double octave aiguë de la corde entière. Mais, cela supposé comme vrai, il y auroit donc eu nécessairement entre les vibrations de deux parties égales un point immobile qui ne suivoit ni l'une ni l'autre vibration, et par conséquent deux points immobiles sur les $\frac{3}{9}$ de la corde, et 3 dans la corde entière ; en comptant pour un de ces points celui où est posé l'obstacle léger, parce qu'il est effectivement entre deux vibrations. M. Sauveur appelle ces vibrations partielles et séparées, ondulations ; leurs points immobiles, nœuds ; et le point du milieu de chaque vibration, le ventre de l'ondulation.

Lorsque M. Sauveur apporta à l'académie cette expérience de deux tons égaux sur les deux parties inégales d'une corde, elle y fut reçue avec tout le plaisir que font les nouvelles découvertes. Mais quelqu'un de la compagnie se souvint qu'elle étoit déjà dans un ouvrage de M. Wallis. Quant à la pensée des nœuds, qui n'étoit qu'un petit système, on trouva dans l'assemblée le moyen d'éprouver si elle étoit vraie. On mit sur les points de la corde, où, suivant la supposition, se devoient faire les nœuds et les ventres des ondulations, de très-petits morceaux de papier à demi pliés, qui pouvoient tomber sans peine au moindre mouvement. On pinça la corde ; et l'on vit avec contentement et même avec admiration, que les petits papiers des ventres tombèrent aussi-tôt, et que ceux des nœuds demeurèrent en place. Dans la suite, pour les distinguer mieux, on fit les uns rouges et on laissa les autres blancs ; de sorte que les rouges et les blancs étoient disposés alternativement ; et l'on vit toujours qu'il n'y avoit que ceux d'une couleur qui tombassent. Les points, qui d'espace en espace se maintiennent immobiles entre tous les autres points qui se meuvent, et dans un corps qui auroit dû prendre du mouvement selon toute sa longueur, auroient été sans-doute une grande merveille pour un physicien qui n'y auroit pas été préparé et amené par dégrés.

Il paroît par-là que l'obstacle léger, placé, comme nous l'avons supposé jusqu'ici, sur un quart de la corde, n'empêche pas, à-la-vérité, la communication des vibrations de deux parties de la corde, parce qu'il est léger ; mais qu'au-moins il empêche une communication facile, parce qu'il est obstacle. Il détermine d'abord les deux parties à faire séparément et indépendamment l'une de l'autre, leurs vibrations. Mais comme elles sont inégales, la plus petite fait ses vibrations beaucoup plus vîte; et parce qu'elle communique toujours avec l'autre qui est beaucoup plus lente, elle la hâte et la force à suivre son mouvement. Or cette partie plus grande ne peut jamais, à cause de sa longueur, faire ses vibrations en-même-temps que la plus petite, et lui obéir, à-moins qu'elle ne se partage en parties toutes égales à cette partie qui domine à cause de sa vîtesse.

Si, au-lieu de mettre l'obstacle sur $\frac{1}{4}$, on le met sur $\frac{1}{3}$, $\frac{1}{5}$, $\frac{1}{6}$, etc., ce sera toujours la même chose; et le ton des $\frac{2}{3}$, $\frac{3}{4}$, $\frac{4}{5}$, etc., ne sera que celui de $\frac{1}{3}$, $\frac{1}{5}$, etc.; en un mot, l'obstacle léger étant posé sur une partie aliquote quelconque de la toute, c'est elle seule qui donne le ton à la partie la plus grande qui est de l'autre côté.

Mais si l'obstacle n'est point sur une partie aliquote; par exemple, si la corde ayant cinq parties, il est sur les $\frac{2}{5}$, ces $\frac{2}{5}$ forçant d'abord les $\frac{3}{5}$ qui sont de l'autre côté à prendre une vîtesse égale à la la leur, ces $\frac{3}{5}$ ne la peuvent prendre qu'en s'accourcissant et en s'égalant aux $\frac{2}{5}$. Il reste donc $\frac{1}{5}$ qui est la plus petite partie, et dont les vibrations sont les plus promptes. Cette partie, qui n'a point été déterminée d'abord par la position de l'obstacle, et qui ne se forme dans la suite et par une conséquence de la formation des autres, ne laisse pas de donner la loi à tout le reste; et les $\frac{2}{5}$, et les $\frac{3}{5}$, ne rendront le ton que de $\frac{1}{7}$. Si l'obstacle étoit mis sur $\frac{4}{7}$, il est évident, par la même raison, qu'elle se partageroit aussi en 7 parties ; c'est la même chose pour tous les autres cas semblables.

En appliquant cette hypothèse sur trois-vingtièmes, il semble que ces $\frac{3}{20}$, partageant d'abord la corde en parties égales à elles, il resteroit pour petite partie qui devroit dominer le reste $\frac{2}{20}$ ou $\frac{1}{10}$, et qu'ainsi la corde se partageroit en dixièmes. Mais il faut remarquer que l'obstacle doit toujours former un nœud à l'endroit où il est, parce qu'effectivement il arrête en partie les vibrations, et qu'il est le premier principe qui les change. Or, dans l'hypothèse présente, si la corde se partageoit en dixièmes, l'obstacle se trouveroit sur un ventre, et non sur un nœud ; ce qui est impossible ; et par conséquent il faut que la corde se partage en vingtièmes.

Donc, que l'obstacle soit mis sur une partie aliquote ou non, la corde se partagera toujours dans le nombre de parties marqué par le dénominateur de la fraction.

Il s'ensuit de-là que quelque différentes que soient les parties où l'on met l'obstacle, le ton est le même toutes les fois que le dénominateur de la fraction est nécessairement le même. Par exemple, la corde étant de 20 parties, il sera indifférent de mettre l'obstacle sur $\frac{1}{20}$, $\frac{3}{20}$, $\frac{7}{20}$, $\frac{9}{20}$, $\frac{11}{20}$, $\frac{13}{20}$, $\frac{17}{20}$, $\frac{19}{20}$. Mais non pas sur $\frac{2}{20}$, $\frac{4}{20}$, $\frac{5}{20}$, etc., parce que

C *

ces fractions pouvant se réduire, le dénominateur n'est pas nécessairement le même.

En faisant couler l'obstacle sous 20 divisions de la corde, il est aisé de voir quels sont les nœuds ou intervalles des sons des différentes parties de la corde, comparés au son de la corde entière. En voici une petite Table tirée de l'Hist. de l'Acad.

TABLE.

Parties de la corde divisée en vingtièmes.   Intervalles rendus par les différentes parties relativement à la corde entière.

$\frac{1}{20}, \frac{3}{20}, \frac{7}{20}, \frac{9}{20}, \frac{11}{20}, \frac{13}{20}, \frac{17}{20}, \frac{19}{20}$ $\frac{1}{16}$ est la quatrième octave de 1.

$\frac{1}{16}$ et $\frac{1}{20}$ sont entre eux comme 4 à 5, expression de la tierce majeure. C'est-à-dire que si l'on divise une corde 1 en vingtièmes, et que si l'on met d'un côté un obstacle léger $\frac{1}{20}$, et de l'autre $\frac{19}{20}$, ou $\frac{3}{20}$ et $\frac{17}{20}$, ou $\frac{7}{20}$ et $\frac{13}{20}$, etc., les sons rendus par les deux parties de la corde, feront une tierce majeure avec la quatrième octave de la corde entière.

Ou $\frac{2}{20}$ $\frac{1}{8}$ est la troisième octave de 1. Or
$\frac{1}{10}$ les sons rendus par $\frac{1}{8}$ et $\frac{1}{10}$, sont entre eux réciproquement comme ces longueurs, c'est-à-dire, comme 8 à 10, ou 4 à 5, tierce majeure. Donc les parties de la corde entière $\frac{2}{10}$ et $\frac{18}{10}$, et $\frac{1}{10}$, et $\frac{9}{10}$ divisée par un obstacle

léger, donneront des sons qui seront à la tierce majeure de la troisième octave aiguë de la corde entière.

Ou $\frac{\frac{4}{20}}{\frac{1}{5}}$ $\frac{1}{4}$ est la seconde octave de 1. Mais les sons rendus par $\frac{1}{4}$ et $\frac{1}{5}$, sont entre eux réciproquement comme ces longueurs, ou comme 4 à 5, c'est-à-dire, qu'ils seront à la tierce majeure de la seconde octave de 1 ou de la corde entière.

REMARQUE.

Une expérience qui mériteroit bien d'être faite, et qu'il ne paroît pas qu'on ait tentée, c'eût été de diviser la corde entière en parties égales, et une de ces parties égales en deux autres qui eussent un rapport incommensurable entre elles, comme celui de 1 à $\sqrt{2}$, ou $\sqrt{3}$, ou $\sqrt{5}$; et de laisser l'incommensurable du côté de l'obstacle léger; et le reste de la corde, de l'autre.

QUESTIONS.

Si les deux parties, dans lesquelles la corde entière est divisée par l'obstacle léger, sont incommensurables entre elles;

1.º Quel sera le son rendu par les deux parties ?

2.º Quel rapport aura ce son avec celui de la corde entière ?

3.º Y aura-t-il sur la corde pincée, après avoir

ainsi placé l'obstacle léger, des ondulations, des nœuds, des ventres, et des points immobiles ?

4.° Dans la supposition qu'il y ait des nœuds, où seront-ils placés ?

RÉPONSE.

Lorsque les parties de la corde sont incommensurables, n'arrivera-t-il pas un phénomène analogue à celui que rapportent quelques auteurs d'optique, qu'il a si fort embarrassés. C'est la vision confuse de l'objet, lorsque les rayons réfléchis ou rompus entrent dans l'œil convergens; c'est-à-dire, comme s'ils venoient d'un point placé derrière l'œil. Si cela est, voilà des choses communes entre deux sensations d'une espèce bien différente.

Il est évident qu'en continuant la Table précédente, le mouvement de l'obstacle léger, toujours promené de l'une de ces parties à l'autre, produiroit une suite irrégulière de tons, tantôt les mêmes, tantôt différens; et qu'un instrument de musique, en qui il se trouveroit quelque chose de pareil, feroit ce qu'on appelle des sauts, et passeroit d'un ton à l'autre, ou reviendroit au même, sans aucune proportion sensible, sans dégrés successifs, et contre toutes les règles connues. Aussi la trompette marine qui n'est qu'un monocorde, où le doigt tient lieu de l'obstacle léger, a-t-elle de ces bizarreries qui avoient été inexplicables jusqu'à M. Sauveur, et qui deviennent fort claires par le système des ondulations. La trompette ordinaire, le cor de chasse, les grands instrumens à vent, sont pareillement sujets à ces irrégularités ; elles naissent de la violence de l'inspiration. Si les deux moitiés de l'instrument font séparément leurs oscillations, le son monte à l'octave. Si, la force de l'inspiration étant augmentée, les tiers de l'instrument, ou plutôt de l'air qu'il contient, font séparément leurs oscillations, on aura la douzième. Si on augmente successivement l'inspiration, et qu'on fasse osciller les $\frac{1}{4}$, les $\frac{1}{5}$, et les $\frac{1}{6}$, etc., l'instrument fera des sauts, et rendra des sons dont il est facile de connoître le rapport au son le plus grave.

La division de l'air, contenu dans les tuyaux des flûtes, suit cette progression 1, $\frac{1}{2}$, $\frac{1}{3}$, $\frac{1}{4}$, $\frac{1}{5}$, $\frac{1}{6}$, $\frac{1}{7}$, $\frac{1}{8}$, etc. ; et quoique la nature des cors de chasse, des clairons et des trompettes ne soit pas tout-à-fait la même que celle de ces instrumens, l'inspiration produit en eux les mêmes divisions. D'où il est aisé de conclure qu'ils n'ont aucun son moyen entre la première octave et la seconde ; qu'un seul son moyen, entre la seconde octave et la troisième ; que trois sons moyens, entre la troisième octave et la quatrième, etc.

On peut proposer ici un problème. La longueur de la flûte et son ouverture étant données, trouver la force de l'inspiration, pour que l'instrument fasse des sauts ; passe, par exemple, de la première octave 1 à la seconde $\frac{1}{2}$.

Voici comment je le résous. Il est à présumer

que les deux parties de l'air contenu dans l'instrument, ne commencent à osciller séparément que lorsque l'inspiration a été assez forte, pour donner à l'air entier la plus grande vibration qu'il peut exercer, et le couper, pour ainsi dire, en deux parties égales. Mais, en considérant, comme nous avons fait jusqu'à-présent, et comme le calcul et l'expérience nous y autorisent, l'air contenu dans la flûte comme une corde dont le poids de l'atmosphère étoit le poids tendant, il est évident que la plus grande oscillation de l'air contenu dans la flûte répondra au plus grand écart de la corde. Or nous avons trouvé le plus grand écart de la corde, la force pulsante étant donnée; nous trouverons donc ici, par la même voie et par la même formule, la force pulsante ou la violence de l'inspiration, si le plus grand écart est donné. Mais le plus grand écart est donné, c'est le diamètre de l'ouverture de la flûte; donc nous aurons la violence de l'inspiration ou la force pulsante $F = \dfrac{2a\sqrt{PG}}{\sqrt{L}}$.

La même formule aura lieu pour tous les autres sauts, en supposant la flûte raccourcie : ainsi veut-on avoir la violence de l'inspiration, pour que l'air contenu se divise en trois parties, et par conséquent pour que la flûte fasse le saut $\frac{1}{3}$; on n'a qu'à employer dans la formule au-lieu de L, $\dfrac{2L}{3}$; et ainsi des autres sauts.

On observera que tout ce que j'ai dit jusqu'à-présent, concerne les tuyaux prismatiques et cylindriques. Il seroit peut-être plus difficile de déterminer leurs sons, s'ils étoient supposés de quelque figure, dont les côtés fussent convergens ou divergens. Mais on pourroit toujours rapporter l'air qu'ils contiendroient à une corde, le poids de l'atmosphère au poids tendant, et résoudre les problèmes par les formules que nous avons données.

On peut tirer, de ce que nous avons dit sur les flûtes, une manière de fixer le son. Ce sera le sujet de ce dernier paragraphe.

X I.

Avant qu'une corde, dont la longueur est 2, soit accourcie jusqu'à n'être plus que 1, c'est-à-dire, à l'octave en haut du son qu'elle rendoit auparavant, elle peut passer par autant de divisions que l'on voudra. M. Sauveur, dans son nouveau systême de Musique, fixe ce nombre de division à 43 ; et ces 43 parties, qu'il appelle *mérides* et qui remplissent toute l'étendue de l'octave, donnent les tons les plus sensibles, et les plus ordinaires qui y soient compris. Mais si l'on veut aller à des divisions de sons plus délicates, il faut encore diviser chaque méride en 7 parties, qui s'appelleront *eptamérides ;* et l'on aura par conséquent dans une octave, 301 eptamérides.

Les vibrations de deux cordes égales doivent toujours aller ensemble, commencer, finir, recommencer dans le même instant. Mais celles de deux cordes inégales doivent être tantôt séparées et tantôt réunies ; et d'autant plus long-temps séparées, que les nombres, qui expriment l'inégalité de ces cordes, seront plus grands. Car, que deux cordes soient entre elles comme 1 à 2, et qu'elles commencent en-même-temps leurs vibrations, il est évident, par tout ce que nous avons dit jusqu'à-présent, qu'après deux vibrations de la plus courte et de la plus aiguë, et une vibration de l'autre, elles recommenceront à partir ensemble ; et qu'ainsi, sur deux vibrations de la plus courte, il y aura toujours une réunion de vibrations de toutes les deux. Si elles étoient comme 24 à 25, il n'y auroit une réunion de leurs vibrations qu'à chaque vingt-cinquième vibration ; et il est clair, que pour de plus grands nombres, les réunions sont encore plus rares.

Voilà bien des rapports, mais rien d'absolu. Pour s'entendre, il faudroit fixer un terme au-dessus duquel on prît les tons aigus, et au-dessous, les tons graves. A cet effet, on s'est servi, et on se sert encore d'un petit tuyau de bois ou de métal, ajusté à l'extrémité d'un soufflet chargé d'un poids qui en chasse l'air et qui fait résonner le tuyau. Cet instrument s'appelle un ton. Ce nom lui vient de son usage ; car c'est par son moyen que l'on détermine le ton sur lequel les voix et les instrumens doivent s'accorder dans un concert. Et comme les musiciens souhaitent que ce ton soit toujours le même, ils supposent que l'instrument dont ils usent pour le retrouver d'un jour à l'autre, le rend exactement. Supposition qui n'est pas vraie à la rigueur ; car 1.° un tuyau d'orgue de quatre pieds, qui, par sa nature, est beaucoup plus juste qu'un petit instrument de bois ou de métal, ne donne pas toujours le même son ; 2.° la matière du petit tuyau étant susceptible d'altération, le seul usage qu'on en fait, le temps, cent autres accidens, doivent en changer sensiblement le son au bout de quelques années ; 3.° il est constant que l'inspiration, plus ou moins forte, hausse ou baisse le son dans un tuyau ; 4.° les changemens qui se font dans les poids et la chaleur de l'atmosphère, etc.

Ce sont ces raisons et d'autres qui déterminèrent M. Sauveur à chercher par une autre méthode à fixer le son. On peut voir de quelle manière il s'y prit, dans *l'Hist. de l'acad. ann. 1700, pag.* 157, et quel fut son succès. Lorsque M. Sauveur communiqua ses vues à l'académie, on pensa d'abord, dit M. de Fontenelle, à s'assurer des expériences sur lesquelles il fondoit la détermination du son fixe ; et des commissaires furent nommés à cet effet. M. Sauveur en rendit compte lui-même, et avoua que, pour cette fois, elles n'avoient pas réussi. La difficulté de les recommencer, l'appareil qu'il faut pour cela, furent cause qu'on en demeura là. Soit donc qu'il y eût de l'incertitude dans la méthode de M. Sauveur, ou beaucoup de difficulté à s'en servir, le petit tuyau prévalut, et continua de donner le ton dans la chapelle et dans l'opéra.

Cependant les objections qu'on peut faire contre cet instrument, sont solides ; et je ne doute nullement qu'en l'employant sans précaution, il ne donne en différentes contrées et dans un même lieu, sous différentes températures de l'air, le ton ou un peu plus haut, ou un peu plus bas. Mais n'y auroit-il pas moyen d'obvier aux altérations qui surviennent, soit dans la matière de l'instrument, soit dans le poids tendant, ou dans l'atmosphère. C'est sur quoi je vais communiquer mes conjectures.

J'ai décrit plus haut la construction du ton tel que nous l'employons aujourd'hui ; voici comment je désirerois qu'on le corrigeât.

Je voudrois qu'il fût composé de deux parties mobiles, en vertu desquelles il put s'alonger ou s'accourcir. Car après cela, il ne s'agiroit plus que de savoir quand et de combien précisément il faudroit l'alonger ou l'accourcir, pour lui conserver le même son.

Pour parvenir à cette connoissance, revoyons les causes qui produisent de l'altération dans le ton, tel que nous l'avons. S'il n'y en a que trois, et que nous puissions prévenir l'une et calculer les effets des deux autres ; il ne sera pas difficile de conserver le même son au ton composé de deux parties mobiles.

L'altération de l'atmosphère, quant au poids ; son altération, quant à la chaleur ; et les changemens que ces deux causes occasionnent dans la matière de l'instrument, sont les trois inconvéniens auxquels il faut remédier.

On remédiera au dernier, en donnant au ton une extrême épaisseur relativement à sa longueur, et en le construisant du métal sur lequel le froid et le chaud font le moins d'impression. Cette précaution est d'autant plus sûre, qu'il n'y a que le changement dans la longueur d'un tuyau qui en rende le son plus ou moins aigu ; ainsi que l'expérience nous l'apprend, et que nous l'avons trouvé par le calcul.

Pour ce qui regarde la température de l'air, le thermomètre indiquera les vicissitudes de l'état de l'atmosphère, quant à la chaleur ; et le baromètre, ses altérations, quant à sa pesanteur. Il ne seroit plus question que de graduer le tuyau mobile, eu égard aux effets de ces deux causes, pour le même lieu ; et eu égard aux mêmes effets et au poids du mercure, pour deux différens lieux de la terre.

Des expériences réitérées apprendroient ce que la première, ou les vicissitudes de l'état de l'atmosphère, quant à la chaleur, produisent sur le son ; et le moyen de faire ces expériences, ce seroit d'avoir deux monocordes à l'unisson, et de les placer en deux endroits où la chaleur de l'air fût fort différente, et assez voisins pour qu'on pût les entendre en-même-temps et comparer les sons qu'ils rendroient.

Le calcul donneroit exactement les effets de l'altération de l'atmosphère, quant à son poids. Car, connoissant la plus grande et la plus petite hauteur du vif-argent dans le baromètre, on trouveroit aisément le ton pour ces grande et petite hauteurs et pour toutes les intermédiaires, et par conséquent la quantité précise dont il faudroit alonger ou raccourcir l'instrument d'un moment à l'autre, pour lui conserver le même son.

Quand, à l'aide de l'expérience et du calcul, on auroit gradué un tel instrument, je crois qu'on pourroit se promettre d'exécuter un concert dans dix ans et à mille lieues, sur le même ton qu'on l'auroit exécuté aujourd'hui à Paris. On n'auroit pour cela qu'à savoir quelles étoient les hauteurs du baromètre et du thermomètre à Paris, et consulter ailleurs, ou dans un autre temps, les mêmes machines, pour en apprendre de combien il seroit à-propos d'alonger ou d'accourcir le ton gradué ; à-moins qu'il ne fallût le laisser au même dégré ; ce qu'elles diroient aussi. Si le thermomètre demandoit qu'on l'alongeât d'une partie, et le baromètre d'une autre, on l'alongeroit de deux ; et ainsi pour toute autre supposition.

Il n'y a plus que l'inspiration plus ou moins

forte, qui pût tromper l'attente. Mais quiconque sait emboucher un instrument, ménagera son haleine de manière à ne pas faire sauter le ton; ce qui suffira: car il n'importe aucunement, qu'il soit plus ou moins fort. Il ne s'agit que de ne point occasionner de sauts à l'instrument; ce qui est toujours facile.

RÉSULTAT.

Pour avoir le son fixe, il faut donc construire un instrument de deux parties mobiles, d'un métal sur lequel le froid et le chaud fassent le moins d'impression.

Anéantir cette impression, par l'épaisseur considérable que l'on donnera au tuyau, relativement à sa longueur.

Graduer ce tuyau sur les altérations qui surviennent dans le poids tendant, ou dans la pesanteur de l'atmosphère, à l'aide du calcul et du baromètre.

Corriger cette première graduation par les expériences que nous avons indiquées sur les effets de la chaleur, dont le thermomètre indiquera la quantité.

Cette préparation suffit pour un même lieu de la terre; mais il faudra encore avoir égard à la pesanteur du mercure pour deux lieux différens.

OBJECTION.

Ce système de la graduation d'un tuyau, composé de deux parties mobiles, suppose, me dira-t-on, que la différence qui survient sur le poids tendant, à l'occasion des vicissitudes de l'atmosphère, influe sensiblement sur la longueur du tuyau. Car, si la quantité, dont il faudroit l'alonger ou le raccourcir pour le conserver au même ton, étoit peu considérable, la graduation pourroit devenir impraticable; et l'expédient, proposé pour la fixation du son, ne serviroit à rien.

RÉPONSE.

Ce raisonnement est juste; et je conviens que la graduation du tuyau est impossible, si la différence, qui survient dans le poids tendant ou dans la pesanteur de l'atmosphère, n'influe pas sensiblement sur la longueur du tuyau. Mais l'effet de cette différence est considérable; car, selon la température de l'air, il y a tel tuyau qui rend des sons qui sont entre eux dans la raison des nombres 840714, 960771, ou dans le rapport de 8 à 9, ainsi qu'on l'a vu ci-dessus; ce qui prend plus d'un demi-pied sur la longueur entière d'un tuyau de 8 pieds.

Or, quel inconvénient y auroit-il à se servir d'un tuyau de cette longueur, pour fixer le son?

On auroit donc alors l'espace de plus d'un demi-pied à graduer : or, cet espace est assez considérable pour admettre un très-grand nombre de divisions, et promettre, dans la fixation du son, toute l'exactitude qu'on peut desirer.

FIN DU PREMIER MÉMOIRE.

SECOND MÉMOIRE.

EXAMEN DE LA DÉVELOPPANTE DU CERCLE.

Les géomètres ont distingué des courbes de deux espèces ; des courbes géométriques, et des courbes mécaniques.

Ils entendent, par une courbe géométrique, celle dont la nature est exprimée par une équation qui ne contient que des quantités finies ; et par une courbe mécanique, celle dont la nature ne peut s'exprimer que par une équation qui contienne des différences.

Ils ont ensuite considéré les courbes géométriques relativement au plus grand exposant de l'abscisse ou de l'ordonnée : ou plus généralement, relativement à la dimension du produit le plus grand que forment les variables, soit séparées, soit mêlées ensemble, dans les équations qui expriment la nature de ces courbes ; et ils en ont fait différens genres, selon ce plus haut exposant de l'abscisse et de l'ordonnée, ou selon cette dimension du plus grand produit que forment les variables, soit séparées, soit mêlées.

Ainsi, ils ont appelé courbes du second genre,

celles dont la nature est exprimée par des équations, où 2 est le plus haut exposant de l'abscisse x, ou de l'ordonnée y; ou par des équations, dans lesquelles xy, produit de deux dimensions, est le plus haut qui s'y rencontre. De même que, selon eux, les courbes du troisième genre sont celles dont la nature est exprimée par des équations, où 3 est le plus haut exposant de l'abscisse x, ou de l'ordonnée y; ou par des équations, dans lesquelles il ne se rencontre point de plus haut produit que xyy ou xxy de trois dimensions; et ainsi de suite.

Je n'ai garde de traiter ces distinctions d'arbitraires; elles sont fondées dans la nature des choses. Il y a en effet des courbes, dont l'équation contient nécessairement des différences; et d'autres, dont l'équation n'en contient point; des courbes, dont la nature s'exprime par une équation où le plus haut produit des variables n'est que de deux dimensions; et d'autres, dont la nature s'exprime par une équation où ce produit est de trois, quatre, cinq, etc. dimensions.

Mais je crains bien qu'on n'ait eu trop d'égard à ces distinctions; et que, par je ne sais quelle délicatesse, on n'ait pas fait des courbes mécaniques autant d'usage qu'on auroit pu, et qu'on n'ait attaché une élégance imaginaire à n'employer dans la construction des équations qu'une courbe d'un certain genre, dans des cas où une courbe d'un genre supérieur satisfaisoit également, et se traçoit avec plus de facilité.

Cependant Newton et Leibnitz, dont l'autorité étoit assez grande en mathématiques pour entraîner le reste des géomètres, ont reconnu, il y a long-temps, que les courbes géométriques d'une construction simple devoient être préférées, dans la solution des problèmes, à des courbes d'une équation moins compliquée, mais d'une construction plus difficile; et c'est par cette seule raison que tous les géomètres abandonnent unanimement la parabole pour le cercle, sans en excepter Descartes, qui, perdant ailleurs de vue la facilité de la description, prononce généralement que, dans les constructions des équations, il faut bien se garder d'employer une courbe d'un genre supérieur, quand celle d'un genre inférieur suffit.

Mais pourquoi n'en seroit-il pas des courbes mécaniques, lorsqu'elles sont faciles à décrire, ainsi que des courbes géométriques qui ont cet avantage ? Cette question est d'autant plus fondée, que la description d'une ligne géométrique quelconque, même du cercle et de la ligne droite, est une opération mécanique et toujours sujette à erreur, mais que la géométrie suppose exacte.

Cette science n'auroit-elle de l'indulgence que dans ces deux occasions ? Si l'on augmentoit le nombre de ses instrumens d'un nouveau compas, qui fût d'un usage aussi sûr et aussi exact que celui dont on se sert pour tracer le cercle, et qui facilitât un grand nombre d'opérations; seroit-elle bien fondée à le rejeter ?

Si deux branches de cuivre ou d'acier sont assemblées fixement en un point, et que l'extrémité de l'une tourne autour de l'extrémité de l'autre, la première tracera sur un plan une courbe fort connue.

Si vous enveloppez un cercle de cuivre ou d'acier d'une chaîne fort mince, l'extrémité de cette chaîne tracera, soit en s'enveloppant, soit en se développant, une courbe dont personne, à ce que je crois, n'a encore recherché les propriétés.

Le premier de ces instrumens est un compas ordinaire; et la courbe tracée est un cercle : le second est le compas que je propose ; et la courbe tracée sera la développante du cercle.

Or, conçoit-on que l'un soit plus simple que l'autre, et que la description du cercle puisse être plus facile et plus rigoureuse que celle de sa développante.

C'est la facilité qu'on a de tracer cette développante, et la multitude des cas où sa description peut avoir lieu, qui m'ont déterminé à en examiner les propriétés. Je souhaite que le peu que j'en ai découvert, engage, si-non les géomètres, du-moins les faiseurs d'instrumens de mathématiques à s'en servir. C'est en leur faveur que j'ai laissé dans ce mémoire quelques problêmes que j'en aurois bannis, si je n'avois écrit que pour les savans.

PROBLÉME I.

Diviser un arc de cercle AFB (fig. 1.) *en une raison quelconque, commensurable ou incommensurable. Soit, par exemple, proposé de trouver le point* F, *tel que* AF *soit à* FB *comme* 1 *à* $\sqrt{5}$.

SOLUTION.

Tracez la développante ADE; tirez de l'extrémité B de l'arc donné, la tangente BGE; divisez cette tangente au point G en deux parties qui soient entre elles dans la raison donnée de 1 à $\sqrt{5}$. Décrivez du rayon CG, l'arc GD qui rencontre la développante en D. Achevez sur CD, qui est égale à CG, le triangle CDF entièrement égal au triangle CBG. Je dis que le point F est le point cherché.

DÉMONSTRATION.

Le triangle DFC étant tout-à-fait égal au triangle CBG, le côté DF touche le cercle en F; donc, par la nature de la développante, il est égal à l'arc AF; il est de plus égal au côté BG du triangle CBG. Mais la ligne entière BGE est égale à l'arc entier AFB. Donc la partie BF de cet arc est égale à GE.

$DF = BG = AF$ et $BF = GE$. Mais BG. $GE :: 1. \sqrt{5}$. Donc $AF. FB :: 1. \sqrt{5}$. Ce q. f. d.

COROLLAIRE.

On a donc, par le moyen de cette développante, celui d'inscrire dans un cercle, tel polygone régulier ou irrégulier qu'on désirera.

PROBLÊME II.

Trouver un secteur de cercle A C D *égal à un espace quelconque donné* a b, fig. 2.

SOLUTION.

Je fais $a . CD :: x . b$, et j'ai $x = \dfrac{ab}{CD}$. Je tire ensuite une tangente indéterminée au cercle donné. Je prends sur cette tangente la partie $DE = \dfrac{ab}{CD}$. Je décris avec l'instrument que j'ai proposé, la développante AE qui passe par le point E. Je dis que le double du secteur ACD est égal à l'espace donné ab.

DÉMONSTRATION.

Le secteur $ACD = \dfrac{AD \times CD}{2}$. Mais DE

$= AD$. Donc le secteur $= \dfrac{DE \times CD}{2}$. Substituez à DE sa valeur $\dfrac{ab}{CD}$, et il vous viendra le secteur $= \dfrac{ab}{2}$. Donc le double du secteur $= ab$. Ce qu'il falloit démontrer.

PROBLÊME III.

Trouver un espace rectiligne égal au secteur extérieur quelconque AHB, fig. 3.

SOLUTION.

Prolongez le côté HA en F, où ce côté soit rencontré par la ligne BCF qui part du point B et qui passe par le centre C du cercle. Prolongez cette ligne BCF en I. Tirez les perpendiculaires HI et AL. Tracez du point A la développante AE, et tirez la tangente BE. Je dis que l'espace $ABH = \dfrac{FB \times HI}{2} = \dfrac{FC \times FA \times HI}{2FH} - \dfrac{BC \times BE}{2}$.

DÉMONSTRATION.

La surface du triangle $FBH = \dfrac{FB \times HI}{2}$.

Mais $FH.HI::FA.AL = \dfrac{FA \times HI}{FH}$. Donc la surface du triangle $FAC = \dfrac{FC \times FA \times HI}{2FH}$.

Donc l'espace $ACBH = \dfrac{FB \times HI}{2} - \dfrac{FC \times FA \times HI}{2FH}$. Mais l'espace $ACB = \dfrac{BC \times BE}{2}$. Donc l'espace $ABH = \dfrac{FB \times HI}{2} - \dfrac{FC \times FA \times HI}{2FH} - \dfrac{BC \times BE}{2}$. Ce q. f. d.

PROBLÊME IV.

Trouver, par le moyen de la développante AE, *un espace rectiligne égal au segment* AQF. Voy. fig. 4.

SOLUTION.

Prenez sur la tangente EF la ligne $EK =$ au sinus AB. Je dis que le triangle CFK est égal au segment AQF.

DÉMONSTRATION.

Le triangle $CFK = \dfrac{CF \times FK}{2} = CF \times \dfrac{FE - EK}{2} = \dfrac{CF \times \text{arc } AQF}{2} - \dfrac{CF \times AB}{2}$

= au secteur $ACFQ$ — le triangle ACF = au segment AQF. C. q. f. d.

PROBLÉME V.

Trouver un espace rectiligne égal à une portion quelconque AFB *du segment circulaire,* AB *étant perpendiculaire ou non à* FC. Voy. fig. 4.

SOLUTION.

Ayant mené du point B la perpendiculaire BD sur AC, on prendra sur la tangente EF, la partie $EV = BD$; et ayant joint VC, on aura le triangle $CFV = $ à l'espace $AQFB$.

DÉMONSTRATION.

$$CFV = \frac{CF \times FV}{2} = CF \times \frac{FE - EV}{2}$$
$$= CF \times \text{l'arc } AQF - CF \times BD =$$
$$\frac{CF \times \text{l'arc } AQF}{2} - \frac{CA \times BD}{2} = \text{au secteur}$$

$AQFC$ — le triangle ABC = l'espace curviligne $AQFB$. Ce q. f. d.

PROBLÉME VI.

Trouver une ligne droite égale à une portion quelconque AEG *de la développante du cercle.*

SOLUTION.

Soient (*fig.* 5.) du point E la tangente EF et la perpendiculaire EO à CE; que cette perpendiculaire soit rencontrée en O par la ligne CF prolongée et qui passe par le point de contangente F. Je dis que l'arc AEG est égal à la moitié de la ligne FO.

DÉMONSTRATION.

Ayant tiré la tangente ef infiniment proche de EF et nommé CA ou CF, a; l'arc AF, x; l'élément Ff, dx. Les secteurs semblables CFf, Eef donneront $CF, a.fF, dx :: EF, x . Ee = \frac{xdx}{a}$ et intégrant on aura $AE = \frac{xx}{2a}$. Mais à cause des triangles rectangles semblables CFE, FEO; on a $CF, a. FE, x :: FE, x. FO = \frac{xx}{a}$. Donc $FO = 2AE$ ou $AE = \frac{FO}{2}$. Ce q. f. d.

PROBLÈME VII.

Trouver un espace rectiligne égal à l'espace $AFEG$. Voy. fig. 5.

SOLUTION.

Je dis que l'espace $AFEG$ est égal au tiers du triangle EFO.

DÉMONSTRATION.

Le secteur élémentaire $Efe = \dfrac{Ee \times EF}{2} = \dfrac{xx\,dx}{2a}$, par la proposition précédente, dont l'intégrale donne l'espace $AFEG = \dfrac{x^3}{2.3a}$.

Mais le triangle $EFO = \dfrac{EF \times FO}{2} = \dfrac{x^3}{2a}$.

Donc l'espace $AFEG = \frac{1}{3}$ du triangle EFO. Ce qu'il falloit démontrer.

COROLLAIRE I.

Si l'on prend $FK = \frac{1}{3} FO$ et qu'on tire EK. Je dis que le triangle CEK sera égal à l'espace mixtiligne $CAGEF$.

Car $EFK = AGEF$ et $CFE = CABF$. Donc $CABF + AGEF$ ou l'espace mixtiligne $CAGEF = CFE + EFK$ ou CEK.

COROLLAIRE II.

Si on retranche des espaces CEK, $CAGEF$, la partie commune CEF, on aura $CAGE = EKF = \frac{1}{3} FEO = AGEF$.

Ce que l'on peut démontrer encore en cette sorte. $CEF = CABF$. Donc, en ôtant la partie commune CBF, reste $BEF = CBA$, et ajoutant de part et d'autre $BAGE$, on a $CAGE = AGEF$.

COROLLAIRE III.

Si l'on avoit la rectification d'un arc de cercle quelconque, la développante donneroit la quadrature du cercle. Parce que, faisant de la ligne droite une tangente au cercle, à l'extrémité de l'arc auquel elle seroit égale, l'autre extrémité de cet arc seroit l'origine de la développante. Or on va voir qu'un point de la courbe étant donné avec son origine, on a la quadrature du cercle.

COROLLAIRE IV.

Si, le point E de la développante, la rectification de la partie AE, la quadrature de l'espace CAE, étant donnés, on peut trouver l'origine A de la courbe, on aura la quadrature du cercle; car FA sera toujours égale à FE.

COROLLAIRE V.

Si l'on peut trouver la quadrature du segment AGE; la rectification de la partie de la courbe AGE; le point E de la courbe, la quadrature de l'espace $CAGE$, étant donnés, sans supposer l'origine de la courbe donnée, on aura bientôt cette origine; car ôtant de l'espace quarrable $CAGE$, l'espace AGE, il restera la surface du triangle CAE dont les deux côtés

CA, CE sont donnés de longueur, le côté CE de position, et le lieu du sommet A dans la circonférence du cercle. Mais par le corollaire précédent, si l'on a l'origine de la courbe A et le point E, on a la quadrature du cercle.

PROBLÉME VIII.

L'origine de la développante AE *étant donnée avec un de ses points* E*, trouver ses autres points.*
Fig. 6.

SOLUTION.

Tirez du point E, la tangente FE. Divisez l'arc AF en un certain nombre de parties égales Aa, aa, aa, etc. Divisez la tangente FE en un même nombre de parties égales. Prenez l'arc Ff = une des parties égales de l'arc AF. Tirez la tangente fe. Prenez $fe = FE +$ une des parties égales de FE. Je dis que l'extrémité de la ligne fe appartiendra à la développante.

DÉMONSTRATION.

Il est évident que chaque partie de la tangente FE est égale à chaque partie Aa, de l'arc AF; donc si l'on augmente l'arc AF d'une partie égale aux précédentes, il faudra pareillement augmenter la tangente FE d'une partie égale à une de celles dans lesquelles on l'a divisée, pour avoir une ligne

fe qui soit toujours égale à l'arc Af, et qui, étant supposée tangente en f, ait son extrémité dans la développante.

PROBLÊME IX.

Deux points E, E, (fig. 6.) *de la développante étant donnés, trouver les autres.*

SOLUTION.

Tirez les tangentes EF, fe; prenez l'arc $Fa = Ff$; tirez la tengente aE, il est évident qu'il doit y avoir la même différence de aE à FE, que de FE à fe.

On peut encore diviser l'arc Ff en un certain nombre de parties égales, et partager la différence de fe à FE en un même nombre de parties égales. On voit, sans qu'il soit besoin de le démontrer, qu'en faisant Fa égale à une des parties de l'arc Ff, et aE égale à FE moins une des parties de la différence de fe à FE, l'extrémité de aE appartiendra à la développante.

PROBLÊME X.

Trouver le centre de gravité d'un arc circulaire A F. Voy. fig. 7.

SOLUTION.

Tirez la ligne CP qui divise l'arc AF par la

moitié. La tangente PO et le sinus AV. Joignez CO, et menez AI parallèle à CP et IG parallèle à OP. Je dis que le point G sera le centre de gravité de l'arc.

DÉMONSTRATION.

Les géomètres savent que le centre de gravité G d'un arc APF doit être sur la ligne CP, à une distance du centre C, telle que $CP \times AV = CG \times AP$; c'est-à-dire, que CG soit à CP comme AV à l'arc AP ou à la tangente PO. Or, c'est ce que donne la construction précédente; car on a les triangles semblables CPO, CGI, et par-conséquent $CG.CP :: GI. PO :: AV.PO$. Donc, etc. C. q. f. d.

COROLLAIRE.

Soit M le centre de gravité du secteur CAF. On sait que $CM = \frac{2}{3} CG$. Ainsi, ayant le centre de gravité G de l'arc, par le moyen de la développante AO, on aura facilement celui du secteur.

PROBLÈME XI.

Construire une équation cubique de cette forme $x^3 - px = \pm q$, où le cube de $\frac{p}{3}$ est supposé plus grand ou non moindre que le quarré de $\frac{q}{2}$. Cette construction demande quelques préparations par lesquelles nous allons commencer.

LEMME I.

Dans tout quadrilatère inscrit, le rectangle fait des diagonales est égal à la somme des deux rectangles faits des deux côtés opposés. Ainsi (fig. 8.) je dis que dans le quadrilatère ABCD, $AC \times BD = AB \times CD + AD \times BC$.

DÉMONSTRATION.

Tirez la ligne AE de manière que l'angle BAE soit égal à l'angle CAD, et que vous ayez par conséquent l'angle $CAB = EAD$. Mais les angles ABE et ACD sont égaux, de même que les angles ADE et ACB, parce que les deux premiers, de même que les deux seconds, sont appuyés sur le même arc. Donc les triangles ABE et ACD, et les triangles ADE et ACB sont semblables.

Les deux premiers donnent $AB . BE :: AC . CD$.

Les deux seconds donnent $AD . DE :: AC . CB$.

Donc $AB \times CD = AC \times BE$, et $AD \times CB = AC \times DE$. Et $AC \times DE + AC \times BE = AB \times CD + AD \times CB$. Ou AC

$\times BE + DE = AB \times CD + AD \times CB$.
Ce q. f. d.

LEMME II.

Si l'on inscrit dans un cercle (fig. 9.) *un triangle équilatéral* A C B, *et que l'on tire d'un de ses angles* A *la ligne* AE, *et du point* E *les cordes* CE, EB, *je dis que la corde* AE *sera égale à la somme des deux cordes* CE, BE.

DÉMONSTRATION.

Par le lemme précédent, $AE \times BC = EC \times AB + AC \times EB$. Mais par supposition, les côtés du triangle sont égaux ; donc, en les ôtant des deux membres de l'équation, on aura $AE = BE + EC$. Ce q. f. d.

LEMME III.

Soit ABCD, (fig. 10.) *un arc d'un cercle donné, dont le diamètre est* AF, AB *le tiers de cet arc,* AD *la corde donnée de l'arc entier ; trouver la valeur de la corde de l'arc* AB.

Prenez l'arc $BC = BA$; faites de l'extrémité F du diamètre les arcs $FE, FG =$ l'arc AB ; tirez les cordes AB, BC, CD, AC, AD, BD et AE, EF, FG, EG ; nommez le diamètre AF, $2a$, la corde donnée AD, $2b$, la corde AB et ses égales x, la corde AC et ses égales y.

À cause du triangle rectangle AEF, on a $\overline{AE}^2 = 4aa - xx$, et AE ou $AG = \sqrt{4aa - xx}$.

Mais les deux figures à quatre côtés $ABCD$ et $AEFG$, donneront par le lemme 1, $yy - xx + 2bx$ et $2ay = \sqrt{4a^2 - x^2} \times 2x$; d'où l'on tire $yy = \dfrac{4aaxx - x^4}{aa}$. Donc $\dfrac{4aaxx - x^4}{aa} = xx + 2bx$, ou $x^3 - 3aax = -2aab$.

COROLLAIRE.

La corde AB est donc une des racines affirmatives de l'équation $x^3 - 3aax = -2aab$, et la corde de la troisième partie de l'arc qui est de l'autre côté de AD, l'autre racine positive de l'équation; car on trouve la même chose, soit que x signifie le tiers de l'un de ces arcs ou le tiers de l'autre; ce qui paroîtra, en appliquant le même raisonnement à l'autre arc.

Il faut seulement remarquer que la quantité positive b ne peut surpasser a; car si $2b > 2a$, alors la corde AD sera plus grande que le diamètre.

Cela posé, je passe à la solution du problème que je me suis proposé, savoir, de construire l'équation $x^3 - px = \pm q$.

SOLUTION.

Je commence par transformer la proposée en $x^3 - 3aax = \pm 2aab$, en substituant a à

$\frac{p}{3}$ et $2a^2 b$ à q. J'observe, après la transformation, que $\frac{p3}{27}$ étant plus grand par supposition que $\frac{qq}{4}$, a^6 sera plus grand $a^4 bb$, aa que bb et a que b.

Je décris ensuite (fig. 11) un cercle du rayon, a. Je tire la corde $AD = 2b$. Je trace la développante AE. Je mène la tangente DE que je partage en trois parties égales; du centre O et du rayon OG, je décris l'arc de cercle GF; je construis sur $OG = OF$ le triangle OBF tout-à-fait égal au triangle ODG. Donc $BF =$ l'arc AB et $AB = \frac{1}{3} AD$.

Je prends $BC = AB$; CD sera donc égale à AB: du point B et du côté BH, j'inscris le triangle équilatéral BHK, et je tire les cordes AB, HA, AK. Je dis qu'elles seront les trois racines de l'équation $x^3 - 3aax = \pm 2aab$.

DÉMONSTRATION.

Il est évident, par le dernier lemme, que si AB est la corde du tiers de l'arc AD, elle sera une des racines positives de l'équation $x^3 - 3aax = -2aab$. Et que la corde de la troisième partie de l'arc $AKHD$ sera l'autre racine positive de la même équation. Mais il n'est pas moins évident, par la nature de la développante, que l'arc AB est le tiers de l'arc AD.

Et voici comment je démontre que AK est le tiers de l'arc $AKHD$.

L'arc $ABCD$ + l'arc $AKHD$ = la circonférence. Mais l'arc AB + l'arc AK sont égaux pris ensemble au tiers de la circonférence. D'ailleurs, l'arc AB est égal au tiers de l'arc $ABCD$. Donc l'arc AK est égal au tiers de l'arc $AKHD$.

Donc ces deux cordes sont les racines positives de l'équation proposée ; et leur somme, la troisième racine, en changeant le signe, parce que le second terme de l'équation manque. Mais lemme 2, $AH = AB + AK$. Donc AH est la troisième racine.

Donc AB, AK, $-AH$, sont les trois racines de $x^3 - 3aax = -2aab$. Et AB, $-AK$, $-AH$ les trois racines de $x^3 - 3aax = +2aab$.

Donc j'ai trouvé les trois racines de l'équation $x^3 - 3aax = \pm 2aab$. Donc j'ai construit l'équation proposée $x^3 - px = \pm q$.

REMARQUE.

Nous avons trouvé pour l'expression de la corde du tiers d'un arc une équation du troisième dégré. Il paroît cependant, au premier coup-d'œil, que le problême ne devroit avoir qu'une solution ; car il n'y a certainement qu'une seule et unique valeur possible de la corde AC qui soutient le tiers de l'arc AB. Mais on remarquera que l'équation algébrique à laquelle nous sommes parvenus, ne renferme point les arcs AB, AC, mais seulement leurs cordes ; et que, par conséquent, x n'est pas simplement la corde du tiers de l'arc ACB, mais la corde du tiers de tout arc qui a AB pour corde. Or tous les arcs qui ont AB pour corde sont, en nommant c la circonférence, les arcs ACB, $ACB + c$, $ACB + 2c$, $ACB + 3c$, $ACB + 4c$, $ACB + 5c$, etc. et $c - ACB$ ou ADB, $2c - ACB$, $3c - ACB$, $4c - ACB$, etc. *fig.* 12.

Or je dis que la division de tous ces arcs en 3 fournit 3 cordes différentes ; et jamais plus de 3.

Car, 1.° soit le tiers de l'arc $ACB = z$, le tiers de l'arc $ACB + c = y$, le tiers de l'arc $ACB + 2c, = u$. Cela donnera 3 arcs différens qui auront chacun leurs cordes. Voilà donc trois cordes différentes, et par conséquent les 3 racines de l'équation.

2.° Il sembleroit d'abord que le tiers des autres arcs doit avoir aussi chacun sa corde, et que, par conséquent, le problème a une infinité de solutions différentes. Mais on observera que l'arc $ACB + 3c$, a pour tiers $c + z$, dont la corde est la même que celle de z ; que l'arc $ACB + AC$ a pour tiers $c + y$, dont la corde est la même que celle de y, que l'arc $ACB + 5c$ a pour tiers $c + u$, dont la corde est la même que celle de u ; et ainsi de suite.

De même, on trouvera que ADB ou $c-ACB$ a pour tiers $c-u$, parce que $3c-3u = 3c-2c-ABC$. Or la corde de $c-u$ est la même que celle de u. Par la même raison, la corde du tiers de $2c-ACB$ sera la même que celle de y, et celle de $3c-ACB$ la même que celle de z; et ainsi de suite.

Donc la division à l'infini de tous ces arcs en 3 donne 3 cordes différentes, et n'en donne pas plus de trois. Voilà pourquoi le problème est du troisième degré.

Si on divisoit un arc en 4 parties, on trouveroit une équation du quatrième degré; et on pourroit prouver, de la même manière, qu'en effet cette division donne 4 cordes différentes, et jamais davantage; et en général, que, si l'on divise l'arc ACB en n parties, la corde de la n partie de $nc + ACB$ sera la même que la corde de la n partie de ACB, et que, par conséquent, le problème aura n solutions, et jamais plus. Voyez, à ce sujet, le *Dict. univ. des scien. et des arts*, d'où j'ai tiré cet article par anticipation, art. *Trissection*.

PROBLÈME XII.

Une développante quelconque AE *étant donnée, trouver, par plusieurs points, une autre développante* a e, fig 13.

SOLUTION.

Soit CA, le rayon de la développante donnée; Ca, celui de la développante qu'on veut tracer. On fera $Ce.CE :: Ca.CA$, et le point e sera à la développante cherchée.

DÉMONSTRATION.

Décrivant les cercles AF, af, et tirant la tangente EF, et la ligne CEf, puis joignant les points C, f, on aura, par la construction, $CF.Cf :: CE.Ce$. Donc FE et fe sont parallèles. Donc ef touche le cercle en f. De plus $CF.Cf :: EF.ef$. Donc $ef = \dfrac{Cf \times EF}{CF} = Cf \times \dfrac{arc \times AF}{CF} =$ arc af. Donc, etc. Ce qu'il falloit démontrer.

PROBLÈME XIII.

Ayant les deux tangentes AG, GE *de la portion* AE *dont l'extrémité* A *est l'origine de la courbe, trouver le cercle générateur.* Fig. 14.

SOLUTION.

En menant les perpendiculaires AN, EN sur les deux tangentes, et prolongeant AG vers M, il est clair que le centre du cercle cherché sera sur *A M*, et que ce cercle doit toucher les deux lignes *A N, E N* en quelque point. C'est pourquoi, divisant l'angle *A N O* en deux parties égales par la ligne *NC*, le point *C* sera le centre, et *CA* le rayon.

PROBLÉME XIV.

Ayant les trois tangentes G V, V P, P F *d'une portion quelconque* G E F *de la courbe, on demande le cercle générateur.* Fig. 15.

SOLUTION.

Ayant mené les perpendiculaires G L, E N, F M, sur chaque tangente, la question se réduit à trouver un cercle qui touche ces trois lignes, ou en général, à trouver un cercle qui touche les trois lignes données de position (*fig.* 16.) *M V N, V D L, M L O*. Or on trouvera le centre *C* de ce cercle, en divisant en deux parties égales les angles *V, L,* par les lignes *V C, L C*. Le centre *C* étant trouvé, la perpendiculaire *C D* sera le rayon.

THEORÉME I.

Soient décrits deux cercles concentriques à discrétion F A B, H I (*fig.* 17, 18, 19.), *soient tirées la tangente* F E *et la ligne* G I. *Soit pris l'arc* F A *à l'arc* A D, *comme* $FI^2 - GF^2 . GF^2$. *Soit regardé le point* D *comme l'origine de la* développante du cercle F A B, *il arrivera de trois choses l'une; ou que cette développante passera au-dessus du point* I, *comme dans la fig.* 18, *ou qu'elle passera au-dessous, comme dans la fig.* 19; *ou qu'elle passera par ce point, comme fig.* 17.

Je dis que si elle passe au-dessus du point I, *on aura la quadrature de la différence des espaces* C *et* I; *que si elle passe au-dessous, on aura la quadrature de la somme de ces espaces; et que, si elle passe par le point* I, *on aura la quadrature de l'espace* C.

DÉMONSTRATION.

Premier cas, fig. 18, où la développante passe au-dessus du point *I,* par une proposition démontrée dans les Mémoires de l'académie, ann. 1703, l'espace $A + B + C$ est quarrable. Par la nature de la développante, l'espace $A + B + I$ est quarrable. Donc l'espace $A + B + C - A, - B, - I,$ ou $C - I$ est quarrable.

Second cas, fig. 19, où la développante passe au-dessous du point *I,* par la proposition que j'ai citée, $A + B + C + I$ est quarrable. Par la nature de la développante $A + B$ est quarrable. Donc $A + B + C + I, - A, - B$ est quarrable, ou $C + I$ est quarrable.

Troisième cas, fig. 17. $A + B + C$ est quarrable par la proposition citée. $A + B$ l'est par la nature de la développante. Donc C est quarrable.

COROLLAIRE I.

C est quarrable dans le troisième cas, fig. 17; $B + D$ l'est aussi; mais $C + B + D$ est égal au secteur GHI. Donc ce secteur est quarrable.

COROLLAIRE II.

$C - I$ est quarrable dans le premier cas, fig. 18. Mais $A + B + D + L + I$ est aussi quarrable. Donc $A + B + D + L + I + C, - I$, ou $A + B + D + C + L$ est quarrable. Mais $A + B + C$ est quarrable. Donc $D + L$ l'est aussi.

COROLLAIRE III.

$C + I$ est quarrable, second cas, fig. 19. $A + B + D + L$ l'est aussi. Donc $A + B + D + L + C + I$ est quarrable. Donc $A + B + C + I$ l'est. Donc $D + L$ est quarrable.

COROLLAIRE IV.

Donc dans les cas où la développante, dont on suppose l'origine en D, passe au-dessus ou au-dessous du point I, on a la quadrature du secteur circulaire $D + L$. Or, dans le cas où elle passe par le point I, on a la quadrature du secteur BDC.

THÉORÊME II.

Si l'on trace un cercle AFG *avec la développante* AE, *et un autre cercle* Afg *dont le centre* c *soit sur une ligne qui parte du centre* G, *et qui passe par le point* A, *avec sa développante* Ae; *je dis que l'espace* AEe *fait des deux développantes et d'une partie de la ligne* CEe *prolongée est quarrable.*

DÉMONSTRATION.

L'espace ACE est quarrable. L'espace Ace est quarrable. Otant le premier du second, le reste $AEe + ACc$ sera quarrable. Mais ACc est un espace rectiligne; donc l'espace AEe est quarrable. Ce que j'avois à démontrer.

REMARQUE.

Puisque l'on peut considérer une courbe quelconque comme composée d'une infinité de très-petits arcs circulaires; il s'ensuit que tout ce que nous avons démontré du cercle et de sa développante l'est aussi de ces petits arcs et de leurs développantes.

Soient donc l'arc infiniment petit abe d'une courbe quelconque, ag sa développante, ca son rayon osculateur, eg sa tangente, et cg une ligne tirée du centre c au point g où la développante du petit arc est rencontrée par la tangente. Planche dernière de l'ouvrage, fig. 1.

Il est constant, par une des propositions que nous avons démontrée ci-dessus, que l'espace $abeg =$ l'espace $acbg$. Otant donc de part et d'autre l'espace commun abg, restera l'espace $abc =$ l'espace gbe. Donc $ac = \dfrac{gb \times be}{ab} = \dfrac{gb \times ae}{ab}$; car l'angle aeg étant infiniment petit, on peut substituer ae à be. Or gb est le sinus de l'angle de contingence aeg, et ab son sinus verse.

Donc le rayon de la développée est toujours comme l'arc infiniment petit, multiplié par le rapport du sinus de l'angle de contingence au sinus versé du même angle.

FIN DU SECOND MÉMOIRE.

TROISIÈME MÉMOIRE.

EXAMEN D'UN PRINCIPE DE MÉCANIQUE SUR LA TENSION DES CORDES.

Si une corde AB est attachée à un point fixe B, et tirée, suivant sa longueur, par une force ou puissance quelconque A, il est certain que cette corde souffrira une tension plus ou moins grande, selon que la puissance A, qui la tire, sera plus ou moins grande. Figure 10, planc. dern.

Il en sera de même si l'on substitue au point fixe B une puissance égale et contraire à la puissance A; il est constant que la corde sera d'autant plus tendue que les puissances qui la tirent seront plus grandes.

Mais voici une question qui a jusqu'ici fort embarrassé les mécaniciens. On demande si une corde AB, attachée fixement en B, et tendue par une puissance quelconque A, est tendue de la même manière qu'elle le seroit, si, au-lieu du point fixe B, on substituoit une puissance égale et contraire à la puissance A.

Plusieurs auteurs ont écrit sur cette question, que Borelli a le premier proposée. Voici comment on peut la résoudre, en regardant la corde tendue comme un ressort dilaté, dont les extrémités AB font également effort pour se rapprocher l'une de l'autre.

Je suppose d'abord que la corde soit fixe en B et tendue par une puissance appliquée en A, dont l'effort soit équivalent à un poids de 10 livres : il est certain que le point A sera tiré suivant AD avec un effort de 10 livres ; et comme ce point A, par hypothèse, est en repos, il s'ensuit que, par la résistance de la corde, il est tiré suivant AB avec une force de 10 livres, et qu'il fait par conséquent un effort de 10 livres pour se rapprocher du point B.

Mais par la nature du ressort, le point B fait le même effort de 10 livres, suivant BA pour se rapprocher du point A ; et cet effort est soutenu et anéanti par la résistance du point fixe B.

Qu'on ôte maintenant le point fixe B, et qu'on y substitue une puissance égale et contraire à A. Je dis que la corde demeurera tendue de même ; car l'effort de 10 livres que fait le point B suivant BA, sera soutenu par un effort contraire de la puissance B suivant BC. La corde restera donc comme elle étoit auparavant.

Donc une corde AB fixe en B est tendue par une puissance A appliquée à l'autre extrémité, comme elle le seroit si, au-lieu du point *B*, on substituoit une puissance égale et contraire à la puissance *A*.

Tel est le principe de mécanique que je me propose d'examiner. La démonstration que je viens d'en apporter est tirée du Dictionnaire universel des sciences et des arts. *Voyez*, lorsque cet ouvrage paroîtra, les articles *corde* ou *tension*.

Si l'on veut s'assurer, par expérience, de la vérité de ce principe, il faut attacher une corde de laiton à un point fixe, suspendre à son autre extrémité un poids quelconque, et faire glisser un chevalet sous sa longueur, jusqu'à ce qu'elle soit à l'unisson avec une des touches d'un clavecin. Cela fait, on laissera le chevalet où il est ; et l'on substituera au point fixe un poids égal au premier.

Il arrivera de deux choses l'une, ou que la corde continuera d'être à l'unisson avec la touche du clavecin, ou qu'elle rendra un son plus aigu. Si elle rend un son plus aigu, la tension est plus grande avec deux poids égaux et agissans en sens contraire, qu'avec un seul poids et un point fixe.

Le rapport des deux sons donnera même la différence des tensions.

Un des avantages de cette expérience, c'est qu'elle fournit un moyen d'apprécier les tensions des cordes selon les poids qu'elles soutiennent ; ce que l'on auroit peut-être bien de la peine à obtenir par une autre voie.

J'envoyois, dans un des mémoires précédens, au thermomètre et au baromètre, pour avoir un son fixe; et j'envoie maintenant au clavecin, pour avoir la tension des cordes et la vérification d'un principe de mécanique.

FIN DU TROISIÈME MÉMOIRE.

QUATRIÈME MÉMOIRE.

Projet d'un nouvel orgue, sur lequel on pourra exécuter toute pièce de musique à deux, trois, quatre, etc. parties; instrument également à l'usage de ceux qui savent assez de musique pour composer, et de ceux qui n'en savent point du tout.

E<small>NTRE</small> tous les instrumens de musique, il n'y en a peut-être aucun qui soit plus méprisé que l'orgue d'Allemagne : et c'est à juste titre ; car il rassemble les défauts principaux des autres. Il a peu d'étendue ; il est borné à un certain nombre d'airs; et l'on ne peut l'employer à l'accompagnement. Mais, en revanche, il ne suppose aucun talent dans celui qui en joue : et l'on ne disconviendra pas qu'il n'y ait quelque mérite à l'avoir inventé ; que le mécanisme n'en soit assez délicat ; et que, s'il n'exécute qu'un très-petit nombre de pièces, c'est avec tant de précision que les premiers organistes de l'Europe, les Calviere et les Daquin en approchent à-peine. Aussi les personnes sensibles à l'harmonie ne peuvent-elles quelquefois se défendre de lui prêter l'oreille, la douceur des sons et l'exactitude de l'exécution suspendant en elles le dédain qu'elles ont de l'instrument.

Mais c'est peut-être moins encore les imperfections de cet orgue, l'usage qu'on en fait, et le peu de mérite qu'il y a à en jouer, qui l'ont avili, que les mains entre lesquelles il se trouve ordinairement. Le premier qui parut fut admiré; il n'en faut point douter. Aujourd'hui, que cet instrument est commun, les boîtes qui le renferment ne s'ouvrent guère, que pour satisfaire la curiosité des enfans émerveillés d'entendre sortir des sons d'un corps, qui, par sa ressemblance extérieure à un morceau cubique de bois, ne leur paroît point fait pour cela.

Pour moi, qui ne suis guère plus honteux et guère moins curieux qu'un enfant, je n'eus ni cesse ni repos, que je n'eusse examiné le premier orgue d'Allemagne que j'entendis : et comme je ne suis point musicien, que j'aime beaucoup la musique, et que je voudrois bien la savoir et ne la point apprendre; à l'inspection de cet instrument, il me vint en pensée qu'il seroit bien commode pour moi et pour mes semblables, qui ne sont pas en petit nombre, qu'il y eût un pareil orgue ou quelqu'autre instrument qui n'exigeât ni plus d'aptitude naturelle, ni plus de connoissances acquises, et sur lequel on pût exécuter toute pièce de musique.

En appuyant sur cette idée, je ne la trouvai point aussi creuse que l'imaginèrent d'abord quelques personnes à qui je la communiquai. Il est vrai qu'elles avoient leur talent à défendre ; et qu'au fond de l'âme elles auroient été fâchées qu'on découvrît un moyen de faire, à peu de frais, et dans un moment, ce qui leur avoit coûté beaucoup de temps, d'étude et d'exercice. « Eh ! oui, me di-
» rent-elles, monsieur le paresseux, on vous en
» fera des orgues d'Allemagne, qui joueront tout
» sans que vous vous en mêliez ! Ne faudroit-il
» pas encore vous dispenser de tourner la mani-
» velle » ? Je répondis qu'assurément cela n'en seroit que mieux ; mais que j'aimois tant la musique, que je me résoudrois à prendre cette peine, pourvu qu'on m'épargnât celle d'avoir pendant quinze ans, les doigts sur un clavecin, avant que d'exécuter passablement une pièce. Si le célèbre Vaucanson, ajoutai-je, qui a fait manger et vivre un canard de bois, et jouer de la flûte à des statues, se proposoit cette autre machine, je ne doute point qu'il n'en vînt à bout, et qu'on ne nous annonçât incessamment un organiste automate. Et pourquoi non ? Seroit-ce le premier qu'on auroit vu ?

De réflexions en réflexions, moitié sérieuses, moitié folâtres, car je n'en fais guère d'autres, je parvins à me demander pourquoi le carillon de la Samaritaine changeoit d'airs ; et pourquoi l'orgue d'Allemagne jouoit toujours les mêmes. Je me répondis, par rapport à celui-ci, que c'est parce que les petites pointes, que les artistes appellent notes, qui agissent sur les touches, sont immobiles sur le cylindre; et je conçus aussi-tôt un autre cylindre criblé de trous artistement disposés, dans lesquels des pointes mobiles pourroient s'insérer, frapper les touches des tuyaux qu'on voudroit faire parler, et produire ensemble et successivement toutes sortes de sons à discrétion.

Le mécanisme de ce cylindre, quoique de la dernière simplicité, ne fut d'abord que très-embrouillé dans ma tête; mais, en attendant que mes premières idées se nétoyassent, je fus si aise de les avoir eues, que j'en tressaillis; et qu'il me sembla que j'exécutois déjà tout seul, et sans savoir presque un mot de musique, un concert à quatre ou cinq parties. On va juger si je présumois trop de ma découverte.

Mais, pour bien entendre le reste de ce projet, il faudroit tâcher de vaincre sa honte; appeler la première marmotte qu'on entendra jouer de l'orgue d'Allemagne; se faire ouvrir la boîte, et achever de lire, en donnant de-temps-en-temps un coup-d'œil sur la pièce de cette machine, dont on voit ici le développement.

Imaginez d'abord un cylindre creux de quelque matière solide, et auquel on donnera une épaisseur que l'usage qu'on en veut faire déterminera.

Que ce cylindre creux ait pour noyau un morceau de bois rond, ou un autre cylindre de bois, couvert de plusieurs doubles d'une étoffe compacte, qui forment sur lui une espèce de pelotte.

Que cette pelotte dure remplisse exactement toute la cavité du cylindre creux.

Que ce cylindre creux soit percé de trous disposés de la manière que je vais dire. Voy. à la fin de ce mém. la fig.

Les lignes verticales sol, 1, 2, 3, etc. sol ✳, 1, 2, 3, etc. la, 1, 2, 3, etc. sont des projections de plusieurs circonférences du cylindre : c'est sur ces circonférences qu'on placera des notes ou pointes mobiles, ce qui suppose qu'elles seront percées de trous dans toute leur longueur.

Si ces petits trous n'étoient éloignés les uns des autres que d'une demi-ligne, on pourroit placer seize pointes dans un espace de huit lignes; et chaque pointe exprimant par sa distance à celle qui la suit, la valeur d'une double croche, on auroit, pour l'intervalle d'une mesure à quatre temps, huit lignes; pour l'intervalle d'une mesure à trois temps, six lignes, etc.

D'où il s'ensuit, 1.° que, si le cylindre, tourne sur lui-même d'une vîtesse uniforme, de la quantité 1, 8, et qu'il y ait une note ou pointe fichée dans le premier trou de la ligne verticale *sol*, une autre dans le second trou de la verticale *D*, une autre dans le troisième trou de la verticale *la*, une autre dans le quatrième trou de la verticale *D*, et ainsi de suite, jusqu'au seizième trou de la seizième verticale; on entendra successivement, dans un temps donné, les seize sons *sol*, *sol D*, *la*, *la D*, *si*, *ut*, *ut D*, etc. dans les trois quarts de ce temps donné, les douze sons *sol*, *sol D*, *la*, *la D*, *si*, *ut*, etc, dans la moitié du même temps, les huit sons *sol*, *sol D*, *la*, *la D*, etc. Donc, tous ces sons auront été parfaitement rendus en mesure.

2.° Que si la pointe, que j'ai placée dans le premier trou de la verticale *sol*, avoit eu de la continuité; que si, par exemple, elle eût couvert les huit premiers trous de cette ligne, elle eût représenté une blanche; et que si j'avois placé dans le neuvième trou de la verticale *ut*, une autre pointe qui eût couvert les huit autres trous de la mesure, laissant à vide les trous des autres verticales *D*, *la*, *D*, *si*, *D*, *re*, *D*, etc; au-lieu d'entendre, dans le temps donné, pendant lequel le cylindre a tourné sur lui-même de la quantité 1, 8, *sol*, *D*, *la*, *D*, *si*, *ut*, etc, doubles croches, on auroit seulement entendu *sol* blanche suivi de *ut* blanche.

3.° Qu'ayant des pointes de différentes longueurs, depuis la triple ou double croche jusqu'à la ronde; et par-delà, pour les tenues de plusieurs mesures, des pointes pour la triple croche pointée, la double croche, la double croche pointée, la noire, la noire pointée, la blanche, la blanche pointée, la ronde ou la mesure, etc.; et jouissant en-même-temps de la commodité de les placer sous toute verticale *sol*, *D*, *la*, *D*, *si*, *ut*, etc. et dans quelque endroit de ces lignes qu'on desirera, on pourra faire résonner à l'orgue tel son et de telle durée qu'on voudra ; et qu'en laissant des trous à vide sur toutes les verticales en-même-temps, et autant de trous qu'il sera besoin, on pratiquera tous les silences possibles, depuis le plus long jusqu'au plus court. Or, ces deux points comprennent toute la mélodie.

Il faut observer seulement que, si l'on veut que l'orgue rende les triples croches, quelque soit l'intervalle sur une verticale, ou quelque soit la partie d'une circonférence du cylindre dont la verticale est une projection, que l'on prenne pour une mesure ; il faudra percer cette partie, cet intervalle, ou cet arc, de trente-deux trous.

4.° Que, tandis qu'une pointe ou note placée sur telle verticale, et couvrant autant de trous qu'on le désirera, fera entendre tel son et de telle durée qu'on voudra ; d'autres pointes ou notes placées sur d'autres verticales pourront faire entendre la même quantité de sons ; et que chaque partie de cette quantité de sons sera plus ou moins longue, plus ou moins aiguë à discrétion. Deux points qui comprennent toute l'harmonie.

Or la mesure, la mélodie et l'harmonie constituent tout ce que nous entendons par musique, et tout ce qui caractérise et différencie les pièces.

Il n'y a donc point de pièces, qu'on ne pût jouer

sur un instrument tel que celui que je viens de décrire.

5.º Que plus il y aura de verticales 1, 2, 3, etc. entre *sol* et *D*, entre *la* et *D*, entre *si* et *ut*, etc.; plus le cylindre pourra contenir de morceaux de musique différens à-la-fois.

6.º Que plus il y aura de verticales *sol*, *D*, *la*, *D*, *si*, *ut*, etc.; plus l'instrument aura d'étendue; et on pourra lui en donner autant et plus qu'au clavecin.

7.º Que plus les verticales *sol*, 1, 2, 3, etc., *la*, 1, 2, 3, etc., seront longues, plus elles contiendront de mesures, plus les pièces qu'on jouera pourront être longues. On peut donner à ces lignes ou à celles qu'elles représentent, ou au diamètre du cylindre, assez de longueur, pour qu'on y puisse noter toute sortes de pièces. Je tiens de M. Richard, le plus habile constructeur d'orgue d'Allemagne qu'il y ait à Paris, qu'on peut noter sur la circonférence d'un cylindre de deux pieds de diamètre plus de 120 mesures à quatre temps d'une *Allemanda largo* : or ces 120 mesures équivalent à plus de 160 d'un *Allegro*.

8.º Qu'à l'aide des lignes 1, 2, 3, 4, 5, etc., horisontales qui passent sur une rangée de trous, et qui en contiennent entre elles une autre rangée, on connoîtra toujours facilement les endroits des verticales, où les notes ou pointes qui agissent sur les touches se placeront.

9.° Que, si l'on donne au cylindre la facilité de se mouvoir de droite à gauche, ou de gauche à droite, on pourra faire en sorte que les pointes placées sur les verticales *sol*, *D*, *la*, *D*, *si*, *ut*, etc., ne portent plus sur ces touches, mais tombent dans l'intervalle que ces touches laissent entre elles ; et que ces touches soient frappées des pointes placées sur d'autres verticales, d'où il s'en suit qu'on aura sur le cylindre plusieurs pièces à-la-fois ; et que le nombre en sera d'autant plus grand que l'intervalle laissé entre les touches permettra de laisser entre les verticales *sol*, *D*, *la*, *D*, *si*, *ut*, etc., plus d'autres verticales 1, 2, 3, etc.

10.° Qu'en notant la même pièce sur les verticales *sol*, *D*, *la*, *D*, *si*, *ut*, *D*, *re*, *D*, *mi*, *fa*, *D*, on l'essaieroit dans tous les tons possibles.

Il faut pratiquer à chaque petite pointe ou note un arrêt, afin qu'en agissant sur les touches, elles ne s'enfoncent pas plus qu'il ne faut.

Il n'y a pas à craindre qu'elles se détachent, si l'étoffe, dont on aura couvert le cylindre intérieur, et dans laquelle elles sont fichées par leur extrémité faite en épingles, est suffisamment compacte ; et si l'on observe, quand on rechange d'airs, de faire un peu tourner la pelotte, afin que les trous faits dans l'étoffe par les épingles, pointes ou notes qu'on vient de retirer, ne correspondent plus aux trous du cylindre de cuivre.

Elles se détacheront d'autant moins que l'action

des touches sur elles est très-foible ; et que, d'ailleurs, elle est oblique à leur enfoncement.

Il faut observer, en perçant les trous, de ne laisser entre eux que l'intervalle qui convient au mouvement le plus prompt, parce que, 1.º on placera sur une même circonférence un plus grand nombre de mesures ; 2.º qu'il vaut mieux avoir à ralentir le mouvement de la manivelle, qu'à l'augmenter. On va toujours aussi lentement, mais non pas aussi vîte qu'on veut.

Avantages de l'instrument proposé.

1.º Un enfant de l'âge de cinq ans pourroit savoir noter sur le cylindre le morceau le plus difficile, et l'exécuter. Cela lui coûteroit moins que d'apprendre à lire par le bureau typographique ; car les caractères et leurs combinaisons sont ici beaucoup moins nombreux que les lettres. Il y a vingt-quatre lettres ; et il ne me faut que onze caractères.

2.º Tout musicien, au-lieu de composer sur le papier, pourroit composer sur le cylindre même, éprouver à chaque instant ses accords, et répéter, sans aucun secours, toute sa pièce.

3.º Cet exercice faciliteroit extrêmement aux enfans l'étude de la musique, soit vocale, soit instrumentale ; car lorsqu'ils se trouveroient vis-à-vis d'un maître, ils auroient déjà fait pendant long-temps la comparaison des notes sur le papier, et de leur effet sur le cylindre.

Mathématiques.

4°. Ils seroient plus avancés du côté de la composition; et ils auroient l'oreille plus faite à huit ans, qu'ils ne l'ont aujourd'hui communément à vingt, après avoir passé par les mains des plus habiles maîtres.

5.° On auroit certainement plus de plaisir à entendre cet instrument, qu'un organiste médiocre, comme la plupart le sont, qui ne fait que balbutier sur son orgue, ne marche jamais en mesure, pratique à chaque instant des accords déplacés, se répète sans fin, et ne répète jamais que de mauvaises choses, etc.

6.° On ne seroit plus exposé aux boutades d'un musicien, habile à-la-vérité, dans son art, mais souvent plus habile que dévot, à qui il prendra envie de jouer, à la consécration, l'*allegro* le plus badin, ou la *gigue* la plus folâtre, et d'inspirer à tout un peuple de fidèles la démangeaison de danser devant l'arche, au moment où c'est la coutume de s'incliner.

7.° Beaucoup de personnes qui n'ont point de voix, qui manquent d'aptitude pour un instrument, qui n'ont point appris la musique, qui l'aiment, et qui n'ont ni les moyens, ni le temps, ni la commodité de l'apprendre, pourroient toute-fois s'amuser à jouer toutes les pièces dont ils s'aviseroient.

8.° Cet exercice contribueroit nécessairement aux progrès de la musique.

9.° On n'employeroit à noter et à exécuter sur le

nouvel orgue guère plus de temps qu'il n'en faut pour noter sur le papier telle pièce dont l'exécution sur le clavecin demanderoit, des habiles, plus de temps qu'on n'en mettroit à en ranger et jouer sur le nouvel orgue une douzaine d'autres.

10.° La difficulté de l'exécution n'empêcheroit plus de pratiquer certains tons peu usités, avec lesquels cet orgue familiariseroit, comme le *sol D*, le *la D*, etc. On pourroit composer dans tous ces tons ; ce qui fourniroit peut-être, si-non des chants, du-moins des traits d'harmonie et des expressions qui nous sont inconnues.

11.° D'un moment à l'autre, on pourroit hausser ou baisser une pièce d'un ton, d'un demi-ton, ou de tout autre intervalle.

12.° Les expériences sur les sons se multipliant facilement de jour en jour, et cela, par des gens exercés à penser, on pourroit, à la longue, en amasser un assez grand nombre, pour fonder une bonne théorie, et donner des règles sûres de pratique ; ce qui n'arrivera pas tant que les phénomènes demeureront ensevelis dans les oreilles des artistes.

13.° Un bon orgue de cette espèce ramèneroit peut-être à l'église de leur paroisse un grand nombre d'honnêtes gens qui ont de l'oreille, et qui en ont été chassés par un mauvais organiste.

14.° Peut-être que la facilité qu'on auroit à exécuter les pièces les plus difficiles, empêcheroit que dans la suite on ne continuât à les prendre pour les plus belles.

Je vais maintenant passer aux inconvéniens de cet instrument ; car il en a.

Inconvéniens de l'orgue proposé.

1.° C'est un ignorant en musique qui le propose.

2.° Il ne seroit plus permis aux organistes d'être médiocres.

3.° On n'auroit plus besoin de ces maîtres d'accompagnement et de composition, qui ne nous prescrivent que des règles vagues, dont un long usage peut seul déterminer l'emploi.

4.° Les maîtres à chanter garderoient la moitié moins de temps leurs écoliers.

5.° Ils seroient contraints d'être la moitié plus habiles, ayant à montrer à des écoliers dont l'oreille seroit déjà faite, qui mépriseroient la règle de transposition, et qui demanderoient à chanter leur leçon comme ils la joueroient sur leur orgue.

6.° On joueroit en quatre heures, et cela avec la dernière précision, toutes les pièces de M. Rameau, qu'on n'apprend en plusieurs années que très-imparfaitement.

7.° Beaucoup de gens, qui sont bien aise de s'amuser avec un instrument, abandonneroient le clavecin, la basse-de-viole, le violon, etc. ; et négligeroient l'honneur d'apprendre mal en cinq ou six années de temps, ce qu'ils pourroient exécuter parfaitement en dix jours.

8.º Nous deviendrions extrêmement difficiles sur l'exécution de la musique instrumentale ; d'où il arriveroit que la plupart de ceux qui s'en mêlent en seroient réduits à se perfectionner ou à brûler leurs instrumens.

9.º Comme une pièce ne me plaît pas davantage, à moi qui l'entends, soit qu'on ait employé beaucoup de temps à l'apprendre, soit qu'on l'ait aussibien apprise en un moment, l'oreille ne faisant point cette distinction, nous parviendrions peut-être à nous défaire d'un préjugé favorable à plusieurs choses fort estimées qui n'ont que le mérite de la difficulté.

Je sens toute l'importance de ces inconvéniens. J'en suis frappé; et je prévois que beaucoup de gens ne manqueront pas d'en imaginer une infinité d'autres de la même force, et de me traiter moi et mon orgue d'impertinens. Mais le désir de servir en quelque chose au progrès des beaux-arts, autant que je le pourrai, sans nuire aux intérêts des artistes auxquels je n'ai garde de le préférer, suffira pour me consoler des épithètes injurieuses que j'encourrai.

Observations sur le chronomètre.

On entend par un chronomètre un instrument

propre à mesurer le temps. On prétend qu'il seroit fort à souhaiter qu'on eût un bon instrument de cette espèce, afin de conserver, par ce moyen, le vrai mouvement d'un air ; car les mots *allegro*, *vivace*, *presto*, *affectuoso*, *soavemente*, *piano*, etc., dont se servent les musiciens, seront toujours vagues, tant qu'on ne les rapportera point à un terme fixe de vîtesse ou de lenteur, dont on sera convenu. Aussi voit-on aujourd'hui des personnes se plaindre que le mouvement de plusieurs airs de Lully est perdu. Si l'on eût eu l'attention, disent-ils, de se servir d'un pendule pour déterminer le temps de la mesure dans un air, et d'écrire à la tête des pièces de musique, au-lieu des *presto*, *prestissimo*, *andante*, etc., qu'on y lit, 1, 2 ou 3 secondes par mesure, ou 5 secondes pour 1, 2, 3 ou 4 mesures, ou m de secondes pour n de mesures, on auroit évité cet inconvénient, et l'on auroit, dans mille ans, le plaisir d'entendre les airs admirables de M. Rameau, tels que l'auteur les fait exécuter aujourd'hui.

Ceux qui s'en tiennent à l'écorce des choses, trouveront peut-être ces observations solides ; mais il n'en sera pas de même des connoisseurs en musique.

Ils objecteront contre tout chronomètre en général, qu'il n'y a peut-être pas, dans un air, quatre mesures qui soient exactement de la même durée, deux choses contribuant nécessairement à ralentir les unes et à précipiter les autres, le goût et l'harmonie dans les pièces à plusieurs parties, le goût et le pressentiment de l'harmonie dans les *solo*. Un musicien qui sait son art, n'a pas joué quatre mesures d'un air, qu'il en saisit le caractère, et qu'il s'y abandonne : il n'y a que le plaisir de l'harmonie qui le suspende ; il veut ici que les accords soient frappés ; là, qu'ils soient dérobés ; c'est-à-dire, qu'il chante ou joue plus ou moins lentement d'une mesure à une autre, et même d'un temps et d'un quart de temps à celui qui le suit.

Le seul bon chronomètre que l'on puisse avoir, c'est un habile musicien qui ait du goût, qui ait bien lu la musique qu'il doit faire exécuter, et qui sache en battre la mesure.

Si l'on ne joue pas aujourd'hui certains airs de Lully dans le mouvement qu'il prétendoit qu'on leur donnât, peut-être n'y perdent-ils rien. Un auteur n'est pas toujours celui qui déclame le mieux son ouvrage.

Mais si l'on ne trouve pas ces observations assez solides, et qu'on persiste à désirer un instrument qui mette des bornes au caprice des musiciens, je commencerai par rejeter tous ceux qu'on a proposés jusqu'à-présent, parce qu'on y a fait du musicien et du chronomètre deux machines distinctes, dont l'une ne peut jamais bien assujettir l'autre. Cela n'a presque pas besoin d'être démontré.

Il n'est pas possible que le musicien ait, pendant toute sa pièce, l'œil au mouvement, ou l'oreille au bruit du pendule; et s'il s'oublie un moment, adieu le frein qu'on a prétendu lui donner.

Mais comment, me demandera-t-on, faire du musicien et du chronomètre une seule et même machine ? Il paroît que cela est impossible.

Je réponds qu'il y a tout au plus quelque difficulté. Mais voici comment j'estime qu'on viendroit à bout de la surmonter : Il faudroit d'abord que les musiciens renonçassent aux signes dont ils se sont servis jusqu'à-présent; et qu'ils substituassent aux *piano*, *presto*, *vivace*, *allegro*, etc., qu'on trouve à la tête de leurs pièces, les temps employés à les jouer en entier; et qu'au-lieu d'écrire *gigua*, *allegro*, ils écrivissent *gigua*, 12, 13, 14, etc., secondes.

On noteroit ensuite cette gigue sur le cylindre de l'orgue que je propose ; et l'on appliqueroit le pendule à secondes au cylindre, de manière que l'aiguille parcourroit 12, 13 ou 14, etc., secondes, tandis que le cylindre tourneroit sur lui-même par le mécanisme même du pendule qui lui seroit appliqué, de l'arc sur lequel la gigue entière seroit notée.

Je n'entrerai point dans la manière dont cette application du pendule au cylindre peut se faire ; c'est un bon horloger qu'il faut consulter là-dessus.

Voici seulement l'énoncé du problême qu'il faut lui proposer à résoudre.

Trouver le moyen de faire tourner un cylindre sur lui-même, d'une quantité donnée dans un temps donné.

FIN DU QUATRIÈME MÉMOIRE.

CINQUIÈME MÉMOIRE.

LETTRE

sur la résistance de l'air au mouvement des pendules.

M***

Si l'endroit où Newton calcule la résistance que l'air fait au mouvement d'un pendule vous embarrasse, que votre amour-propre n'en soit point affligé. Il y a, vous diront les plus grands géomètres, dans la profondeur et la laconicité des *principes de mathématiques*, de quoi consoler par-tout un homme pénétrant qui auroit quelque peine à entendre; et vous verrez bientôt que vous avez ici pour vous une autre raison qui me paroît encore meilleure; c'est que l'hypothèse d'où cet auteur est parti n'est peut-être pas exacte. Mais une chose me surprend; c'est que vous vous soyez avisé de vous adresser à moi, pour vous tirer d'embarras. Il est vrai que j'ai étudié Newton, dans le dessein de l'éclaircir ; je vous avouerai même que ce travail avoit été poussé, si-non avec beaucoup de succès, du-moins avec assez de vivacité ; mais je n'y pensois plus dès le temps que les RR. Pères le Sueur et Jacquier donnèrent leur Commentaire ; et je n'ai point été tenté de reprendre. Il y auroit eu, dans mon ouvrage, fort peu de choses qui ne soient dans celui des savans géomètres ; et il y en a tant dans le leur, qu'assurément on n'eût pas rencontrées dans le mien ! Qu'exigez-vous donc de moi ? Quand les sujets mathématiques m'auroient été jadis très-familiers, m'interroger aujourd'hui sur Newton, c'est me parler d'un rêve de l'an passé. Cependant, pour persévérer dans l'habitude de vous satisfaire, je vais, à tout hazard, feuilleter mes paperasses abandonnées, consulter les lumières de mes amis, vous communiquer ce que j'en pourrai tirer, et vous dire, avec Horace : *Si quid novisti rectius istis, candidus imperti ; si non, his utere mecum.*

PROPOSITION I.

PROBLÉME.

Soit (fig. 2.) *un pendule* M *qui décrit dans l'air l'arc* B A, *étant attaché à la verge* G M *fixe en* G. *On demande la vîtesse de ce pendule en un point quelconque* M, *en supposant qu'il commence à tomber du point* B.

Soient $GM = a$. $NA = b$. $AP = x$, la pesanteur $= p$. la résistance que l'air feroit au corpuscule M, s'il étoit mu avec une vîtesse g, $= f$. La vîtesse du pendule au point $M = v$.

SOLUTION.

Si on suppose, avec tous les physiciens, que la résistance de l'air et des autres fluides est comme le quarré de la vîtesse, on aura la résistance au point $M = \dfrac{fvv}{gg}$; et cette résistance agissant suivant mM, tend à diminuer la vîtesse v. De plus, la pesanteur p tirant suivant MQ, on voit facilement qu'elle se décompose en deux autres forces, dont l'une, qui agit suivant MR, est arrêtée et anéantie par la résistance du fil ou de la verge GM, et dont l'autre a son effet suivant Mm perpendiculairement à GM, et est égale à $\dfrac{p \times MP}{GM} = \dfrac{p\sqrt{2ax - xx}}{a}$.

Donc la force accélératrice totale qui agit au point M pour mouvoir le corps suivant $Mm =$ $\dfrac{p\sqrt{2ax-xx}}{a} - \dfrac{fvv}{gg}$.

Mais le temps employé à parcourir Mm, $= \dfrac{Mm}{v}$, et l'élément ou l'accroissement de la vîtesse est égal à la force accélératrice multipliée par le temps. Donc $\left(\dfrac{p\sqrt{2ax-xx}}{a} - \dfrac{fvv}{gg}\right) \times \dfrac{Mm}{v} = dv$. Dans cette équation, je mets, au-lieu du petit arc Mm, sa valeur $-\dfrac{a\,dx}{\sqrt{2ax-xx}}$, avec le signe $-$, parce que v croissant à-mesure que le pendule descend, x diminue au contraire. J'ai $-p\,dx + \dfrac{fvv \times a\,dx}{gg\sqrt{2ax-xx}} = v\,dv$, dont l'intégrale est $\dfrac{vv}{2} = pb - px + \displaystyle\int \dfrac{fvv \times a\,dx}{gg\sqrt{2ax-xx}}$.

J'ai ajouté la constante pb, afin que v fût $= 0$, lorsque $x = b$, c'est-à-dire, lorsque le pendule est au point B, d'où on suppose qu'il commence à descendre par sa seule pesanteur.

On remarquera d'abord, dans cette équation, que si $f = 0$, c'est-à-dire, si le pendule se mouvoit dans le vide ou dans un milieu non résistant, on auroit $vv = 2pb - 2px$; mais comme la résistance de l'air est fort petite par rapport à la pesanteur p, la valeur réelle de vv différera très-peu de $2pb - 2px$; et l'on pourra substituer $f(2pb - 2px)$ à fvv; ce qui ne produira qu'une très-petite erreur.

Ainsi on aura $vv = 2pb - 2px + 2$

$$\int \frac{f(2pb-2px)\times a\,dx}{gg\sqrt{2ax-xx}}$$ pour la valeur approchée de vv.

Il s'agit, à-présent, de trouver l'intégrale du terme qui est sous le signe $\int$, et la difficulté est réduite à intégrer $\dfrac{b\,a\,dx - a\,x\,dx}{\sqrt{2ax-xx}}$.

On remarquera que cette intégrale doit être prise de telle manière qu'elle soit $= 0$, quand $x = b$. Or l'intégrale du premier terme $\displaystyle\int \frac{b\,a\,dx}{\sqrt{2ax-xx}}$ est $b \times (\text{arc } AM - \text{arc } AB)$. Dans laquelle j'ai ajouté la constante $-b \times \text{arc } AB$, afin que $\displaystyle\int \frac{b\,a\,dx}{\sqrt{2ax-xx}}$ fût $= 0$, lorsque x seroit $= b$; on aura donc $\displaystyle\int \frac{b\,a\,dx}{\sqrt{2ax-xx}} = -b \times \text{arc } BM$.

Maintenant, pour avoir l'intégrale de $\displaystyle\int \frac{-a x\,dx}{\sqrt{2ax-xx}}$, je l'écris ainsi $\displaystyle\int \frac{-a x\,dx}{\sqrt{2ax-xx}}$ $= \displaystyle\int \frac{aa\,dx - a x\,dx}{\sqrt{2ax-xx}} - \displaystyle\int \frac{aa\,dx}{\sqrt{2ax-xx}}$, dont l'intégrale est $a\sqrt{2ax-xx} - a \times AM = a \times (MP - AM)$, à laquelle il faut ajouter la constante $- a\,(BN - AB)$, pour la raison que nous avons dite ci-dessus; on aura donc

$$\int \frac{-ax\,dx}{\sqrt{2ax-xx}} = -a \times (BO - BM).$$

Donc $vv = 2pb - 2px - \dfrac{2f \times 2pb \times BM}{gg}$

$- 2f \times 2pa \times (BO - BM).$

COROLLAIRE I.

Donc, lorsque le pendule est arrivé en A, on a $vv = 2pb - \dfrac{2f \times 2pb \times BA}{gg} - \dfrac{2f \times 2pa \times (AB - BA)}{gg}$.

COROLLAIRE II.

Donc, (*fig.* 3.) si l'on fait $An = b - \dfrac{2fb \times BA}{gg} - \dfrac{2fa \times (BN - BA)}{gg}$, on aura $vv = 2p \times An$; c'est-à-dire que la vitesse au point A seroit la même que celle que le pendule auroit acquise en tombant dans le vide du point b jusqu'en A.

COROLLAIRE III.

Si l'arc AB ne contient que peu de dégrés, BN sera presque égale à BA; et l'on pourra supposer $vv = 2pb - \dfrac{2f.2pb.BA}{gg}$.

PROPOSITION II.

PROBLÉME.

Supposons (fig. 4.) *qu'un pendule* A *placé dans la situation verticale* G A, *reçoive une impulsion ou vitesse* h *suivant l'horisontale* A R. *On demande sa vitesse en un point quelconque* M.

SOLUTION.

Les mêmes noms étant supposés que ci-dessus, la force retardatrice sera ici $\dfrac{p\sqrt{2ax-xx}}{a}$ $+\dfrac{fvv}{gg}$, parce que la résistance s'ajoute à la pesanteur, pour diminuer continuellement la vîtesse du pendule; et on aura $-du = \dfrac{adx}{v\sqrt{2ax-xx}} \times \left(\dfrac{p\sqrt{2ax-xx}}{a} + \dfrac{fvv}{gg} \right)$.

Je mets $-du$, parce que x croissant, v diminue; donc $-vdv = pdx + \dfrac{fvv \times adx}{gg\sqrt{2ax-xx}}$, et ajoutant les constantes $\dfrac{hh-vv}{2} = px + \int \dfrac{fvv \times adx}{gg\sqrt{2ax-xv}}$. Donc si $f=0$, on aura vv

$= hh - 2px$; or, l'on pourra, comme dans le problême précédent, mettre, au-lieu de vv, sa valeur approchée $hh - 2px$ dans le terme

$\int \dfrac{fvvadx}{gg\sqrt{2ax-xx}}$; ce qui donnera $vv = hh -$

$2px - 2\int \dfrac{fhhadx}{gg\sqrt{2ax-xx}} + 2\int \dfrac{f \times 2paxdx}{gg\sqrt{2ax-xx}}$

$= hh - 2px - \dfrac{2fhh}{gg} \times AM + \dfrac{2f \times 2pa}{gg} \times$

$(+AM - MP)$.

Soit AN, la hauteur à laquelle le pendule auroit remonté dans le vide, on aura $hh = 2p \times AN$, et $vv = 2p \times PN - \dfrac{2f \times 2p \times AN \times AM}{gg}$

$+ \dfrac{2f \times 2pa}{gg} \times (-MP + AM)$.

COROLLAIRE I.

Donc, (*fig.* 5.) lorsque le corps est arrivé au point c, tel que $Nn = \dfrac{2f \times AN \times Ac}{gg} +$

$\dfrac{2f \times a \times (nc - Ac)}{gg}$, la vîtesse v sera $= 0$.

COROLLAIRE II.

Comme nc et Ac diffèrent très-peu de NC et de AC, il s'ensuit que, pour trouver le point

c où le corps s'arrête, ou la hauteur n à laquelle il remonte, il faut prendre $Nn = \dfrac{2f \times AN \times AC}{gg} + \dfrac{2fa \times (NC - AC)}{gg}$.

COROLLAIRE III.

Si l'arc AC ne contient que peu de dégrés, AC sera presque égale à AN; et l'on aura à-peu-près $Nn = \dfrac{2f \times AN \times AC}{gg}$.

COROLLAIRE IV.

Si un pendule (*fig.* 6.) descend du point B, sa vitesse en A, que je nomme h, sera égale, corol. 2, prop. 1, à celle qu'il auroit acquise en tombant dans le vide de la hauteur $An = b - \dfrac{2fb \times BA}{gg} - \dfrac{2fa \times (BN - BA)}{gg}$; et il remontera jusqu'à la hauteur $A\nu$ (corollaire 2. propos. 2.) $= An - \dfrac{2f \times An \times Ac}{gg} + \dfrac{2fa \times (nc - Ac)}{gg}$. Et comme nc et Ac diffèrent peu de BN et de BA, on aura $A\nu = b - \dfrac{4fb \times BA}{gg} + \dfrac{4fa \times (BN - BA)}{gg}$.

COROLLAIRE V.

Donc, si l'arc BA contient peu de dégrés,

on aura $Av = b - \dfrac{4fb \times BA}{gg} = AN \times \dfrac{(1 - 4f \times BA)}{gg}$. Or, dans cette même supposition, les arcs AC, Ak sont entre eux, à très-peu près, comme les racines des abcisses AN, Av ; car, dans le cercle, les cordes sont entre elles comme les racines des abscisses ; or les arcs peuvent être pris ici pour les cordes. Donc $Ck = \dfrac{AC \times (\sqrt{AN} - \sqrt{Av})}{\sqrt{AN}}$.

Or $\sqrt{An} = \sqrt{AN\dfrac{(1 - 4f \times BA)}{gg}} = \sqrt{AN} \times \sqrt{1 - \dfrac{4f \times BA}{gg}}$; et comme $\dfrac{4f . BA}{gg}$ est fort petite par rapport à 1, on peut, au-lieu de $\sqrt{1 - \dfrac{4f \times BA}{gg}}$, mettre $1 - \dfrac{2f \times BA}{gg}$ qui lui est à-peu-près égale ; car on sait que $\sqrt{1 - \alpha}$, α étant une très-petite fraction, est $1 - \dfrac{\alpha}{2}$ à très-peu près. Donc $Ck = AC \times \dfrac{2fBA}{gg} = \dfrac{2fAB^2}{gg}$. Donc la différence Ck entre l'arc descendu AB et l'arc remonté Ak, est comme le quarré de l'arc AB.

COROLLAIRE VI.

Donc, (*fig. 7.*) si on a l'arc BAC, qu'un pendule décrit dans l'air, en tombant du point B, on aura facilement l'arc bAk, qu'il doit décrire en tombant du point b; car il ne faut que trouver Ak qu'on aura en faisant $BA - AC . bA - Ak :: BA^2 . bA^2$.

COROLLAIRE VII.

Donc, (*fig. 6.*) si un pendule décrit l'arc BA dans l'air, on aura sa vitesse au point A, en divisant la ligne Nv en deux parties égales au point n; car cette vitesse, corol. 3, prop 1, est à très-peu près égale à celle qu'il auroit acquise en tombant dans le vide de la hauteur
$$b - \frac{2f \times BA}{gg} = b - \frac{Nv}{2}.$$

COROLLAIRE VIII.

On a $AC^2 . Ac^2 :: AN . An$; c'est-à-dire, $AC . AC^2 - 2Cc \times AC :: AN . AN - Nn$. Donc
$$Nn = \frac{2Cc \times AC \times AN}{AC_2} = \frac{2Cc \times AN}{AC}.$$

Par le même raisonnement, on aura $Nv = \frac{2Ck \times AN}{AC}$. Donc $Ck . Cc :: Nv . Nn$. Donc c est le point de milieu de l'arc Ck. Donc, au-lieu de diviser Nv en deux parties égales, on pourra diviser Ck en deux parties égales, pour avoir l'arc Ac que le corps A, en remontant, auroit parcouru dans le vide.

COROLLAIRE IX.

Si le pendule A est un petit globe, la résistance f, toutes choses d'ailleurs égales, est en raison inverse du diamètre de ce globe et de sa densité; car la résistance de l'air à deux globes de différens diamètres est comme la surface ou le quarré des diamètres; et cette résistance doit être divisée par la masse, laquelle est comme la densité multipliée par le cube du diamètre. Donc l'arc Ck, toutes choses d'ailleurs égales, est comme AB^2 divisé par le produit du diamètre du globe et de sa densité.

C'est à vous, M***, à voir maintenant l'usage qu'on peut faire de ces propositions, lorsqu'on veut avoir égard à l'altération du mouvement que cause la résistance de l'air dans les expériences par lesquelles on cherche avec des pendules les loix du choc des corps. Vous appercevrez sans peine que les corollaires 6, 7, 8 donneront les vîtesses que les deux pendules ont ou reçoivent au point le plus bas où ils sont supposés se choquer.

M. Newton, qui, comme vous savez, n'a pas cru devoir négliger cette résistance, lorsqu'il a parlé des loix du choc des corps dans le premier livre de ses principes, paroît avoir fait Ck proportionnelle, non au quarré de l'arc parcouru, comme nous l'avons trouvé, et comme peut-être vous le supposiez, lorsque cet endroit de son ouvrage vous a arrêté, mais à l'arc seulement : c'est ce qu'il me reste à vous démontrer. Pour cet effet, je transcrirai son texte, et j'y ajouterai les éclaircissemens que je trouve dans les papiers que les RR. PP. Jacquier et le Sueur ont condamnés à l'oubli, en prévenant, par leur excellent commentaire, celui que je méditois.

TEXTE DE NEWTON.

« Soient, dit Newton, Princip. Mathém. p.
» 50. *Voy. la fig.* 8. (*) les corps sphériques

(*) Pendeant corpora sphærica A, B, filis parallelis et æqualibus AC, BD, à centris C, D. His centris et intervallis describantur semicirculi EAF, GBH, radiis CA, DB bissecti. Trahatur corpus A ad arcûs EAF punctum quodvis R, et subducto corpore B, demittatur inde, redeatque post unam oscillationem, ad punctum V. Est RV retardatio et resistentia aeris. Hujus RV fiat ST pars quarta sita in medio, ita scilicet ut RS, et TV æquentur, sitque RS, ad ST ut 3 ad 2, et ista ST exhibebit retardationem in descensu ab S ad D quàm proximè. Restituatur corpus B in locum suum. Cadat corpus

» A, B suspendus, des points C, D par des fils
» parallèles et égaux AC, BD. De ces points et
» de la longueur des fils, soient décrites les demi
» circonférences EAF, GBH, divisées en
» deux parties égales par les rayons CA, CB.
» Faites remonter le corps A à quelque point R
» de l'arc EAF. Otez le corps B, et laissez
» retomber le corps A; s'il remonte après une
» oscillation au point V, RV exprimera la retar-
» dation causée par la résistance de l'air. Prenez
» ST égale à la quatrième partie de RV, placez-

A de puncto S, et velocitas ejus in loco reflexionis A sine errore sensibili tanta erit, ac si in vacuo cecidisset de loco T. Exponatur igitur hæc velocitas per chordam arcûs TA; nam velocitatem penduli in puncto infimo esse ut chordam arcûs, quem cadendo descripsit, propositio est Geometris notissima. Post reflexionem perveniat corpus A ad locum s, et corpus B ad locum K. Tollatur corpus B et inveniatur locus u; à quo si corpus A demittatur, et post unam oscillationem redeat ad locum r, sit st pars quarta ipsius ru sita in medio, ita videlicet ut rs et tu æquentur; et per chordam arcûs tA exponatur velocitas, quam corpus A proximè post reflexionem habuit in loco A. Nam t erit locus ille verus et correctus, ad quem corpus A, sublata aeris resistentiâ, ascendere debuisset. Simili methodo corrigendus erit locus K, ad quem corpus B ascendit, et inveniendus locus l, ad quem corpus illud ascendere debuisset in vacuo. Hoc pacto experiri licet omnia, perinde ac si in vacuo

» la dans le milieu, de sorte que RS soit égale à
» TV, et que RS soit à ST comme 3 à 2, ST
» exprimera à-peu-près la retardation après la
» descente de S en A. Remettez à sa place le corps
» que vous aurez ôté. Laissez tomber le corps
» A du point S. Sa vîtesse au point de réflexion A
» sera sans erreur sensible, la même que s'il étoit
» descendu dans le vide du point T. Soit donc
» cette vîtesse exprimée par la corde TA; car
» tous les géomètres savent que la vîtesse d'un
» pendule au point le plus bas de l'arc qu'il décrit,

––––––––––––––––––––––––––

constituti essemus. Tandem ducendum erit corpus A, ut ita dicam, in chordam arcûs TA, quæ velocitatem ejus exhibet, ut habeatur motus ejus in loco A proximè ante reflexionem; deinde in chordam arcûs tA, ut habeatur motus ejus in loco A proximè post reflexionem. Et simili methodo, ubi corpora duo simul demittuntur de locis diversis, inveniendi sunt motus utriusque tàm antè quàm post reflexionem; et tùm demùm conferendi sunt motus inter se, et colligendi effectus reflexionis. Hoc modo in pendulis pedum decem rem tentando, idque in corporibus tàm inæqualibus quàm æqualibus, et faciendo ut corpora de intervallis amplissimis, puta pedum octo, vel duodecim, vel sexdecim, concurrerent; reperi semper, sine errore trium digitorum in mensuris, ubi corpora sibi mutuò directè occurrebant, æquales esse mutationes motuum corporibus in partes contrarias illatæ, atque ideo actionem et reactionem semper esse æquales, etc.

» est comme la corde de cet arc. Si le corps A
» remonte après le choc, au point s, et le corps
» B, au point K, ôtez le corps B, et trouvez le
» point u, d'où laissant tomber le corps, A il
» remonte, après une oscillation, au point r, tel
» que st soit la quatrième partie de ru, et sr, égale
» à tu. La corde tA exprimera la vîtesse que le
» corps A avoit en A après sa réflexion; car t est
» le lieu vrai et corrigé, auquel le corps A seroit
» remonté sans la résistance de l'air. Il faudra
» corriger de la même façon le lieu K auquel le
» corps A est remonté, et trouver le point l qu'il
» eût atteint dans le vide. C'est ainsi qu'on fera
» les expériences, comme dans le vide. Enfin, il
» faudra, pour ainsi dire, multiplier le corps A
» par la corde TA, qui exprime sa vîtesse, pour
» avoir son mouvement au point A, immédiate-
» ment avant le choc; et par la corde tA, pour
» avoir son mouvement après le choc. Il faut
» chercher, par la méthode, les quantités de mou-
» vement, qu'ont avant et après le choc deux corps
» qu'on a laissé tomber en-même-temps de deux
» points différens; et trouver, par la comparaison
» de ces mouvemens, les effets du choc. C'est
» ainsi qu'en faisant mes expériences sur des pen-
» dules de dix pieds de long, tant avec des corps
» égaux qu'avec des corps inégaux, que je lais-
» sois tomber de fort loin, de la distance, par
» exemple, de 8, 12, 16 pieds, j'ai trouvé, sans

» avoir erré dans mes mesures de la quantité de
» trois doigts, que les changemens que le choc
» direct fait en sens contraire aux mouvemens
» des corps, étoient égaux; et par conséquent que
» l'action étoit toujours égale à la réaction, etc. ».

ÉCLAIRCISSEMENS.

Voilà le texte de Newton; et voici maintenant les éclaircissemens que je me suis engagé de vous donner. Si un corps tombe de R en A, *fig.* 9, dans un milieu non résistant, sa vîtesse est, comme on sait, égale à celle qu'il auroit acquise en tombant d'une hauteur égale à celle de RA. Mais comme le milieu résiste ici, on peut supposer la vîtesse du corps en A égale à celle qu'il auroit acquise en tombant dans un milieu non résistant par un arc $rA < RA$.

Arrivé en A, si le milieu ne résistoit point dans la branche AM, le corps remonteroit par un arc $Ap = Ar$; mais la résistance du milieu fait qu'il ne remonte que jusqu'en N; de N il descend en A, où l'on suppose qu'il ait une vîtesse égale à celle qu'il eût acquise en tombant par un arc $nA < NA$ dans un milieu non résistant; et au-lieu de remonter par l'arc $A\gamma = An$, la résistance du milieu ne lui permet de remonter qu'en V.

Cela posé, l'arc RV exprime les retardations produites par la résistance du milieu dans toutes les oscillations dont je viens de parler. Mais, ces oscillations étant toutes plus petites les unes que les autres, pour avoir la retardation de chacune d'elles en particulier, il faudroit partager inégalement l'arc RV: et comme ces oscillations sont au nombre de quatre; la retardation, pour la première oscillation, est plus grande que la quatrième partie de RV; et cette quatrième partie, trop grande pour la retardation de la quatrième oscillation. Mais il est un point S, d'où le corps tombant jusqu'en A, la quatrième partie de RV exprimera exactement la retardation pour l'arc SA.

Cherchons ce point S. Pour le trouver, soit $RA = 1$, $RV = 4b$, $SA = x$. En supposant les retardations proportionnelles aux arcs parcourus, on aura Rr, retardation de l'arc parcouru $RA = \dfrac{b}{x}$, et $A\rho$ second arc $= Ar = RA - Rr = 1 - \dfrac{b}{x}$, de même ρN retardation de l'arc $A\rho = (1 - \dfrac{b}{x}) \times \dfrac{b}{x} = \dfrac{b}{x} - \dfrac{bb}{xx}$. Donc AN 3.e arc $= A\rho - \rho N = 1 - \dfrac{2b}{x} + \dfrac{bb}{xx}$; et la retardation Nn de l'arc $AN = \left(1 - \dfrac{2b}{x} + \dfrac{bb}{xx}\right) \times \dfrac{b}{x} = \dfrac{b}{x} - \dfrac{2bb}{xx} + \dfrac{b_3}{x^3}$. Donc $A\gamma = An = AN$

$-Nn$ quatrième arc $= 1 - \dfrac{3\,b}{x} + \dfrac{3bb}{xx} - \dfrac{b_3}{x^3}$.

Donc Vy, retardation du qu^{a}trième arc $= \dfrac{b}{x}$

$- \dfrac{3bb}{xx} + \dfrac{3b^3}{x^3} - \dfrac{b^4}{x^4}$.

On a donc Rr, retardation du premier arc $= \dfrac{b}{x}$.

ρN, retardation du second $= \dfrac{b}{x} - \dfrac{bb}{xx}$.

Nn retardement du troisième $= \dfrac{b}{x} - \dfrac{2bb}{xx}$

$+ \dfrac{b^3}{x^3}$.

Vy, retardation du quatrième $= \dfrac{b}{x} - \dfrac{3bb}{xx}$

$+ \dfrac{3b^3}{x^3} - \dfrac{b^4}{x^4}$.

Et à cause que $Rr + \rho N + Nn + Vy = VR = 4b$, on a $\dfrac{4b}{x} - \dfrac{6bb}{xx} + \dfrac{4b^3}{x^3} - \dfrac{b^4}{x^4} =$

$4b$, ou $x^4 - x^3 + \dfrac{3bxx}{2} - bbxx + \dfrac{b^3}{4} = 0$,

équation dont la solution approchée donnera la valeur de x.

Pour cet effet, je retranche les deux derniers termes $- bbxx + \dfrac{b^3}{4}$ qui sont insensibles par rapport aux autres, parce que b est fort petite; et il reste $x^4 - x^3 + \dfrac{3bxx}{2} = 0$, ou $x^2 - x + \dfrac{3b}{2} = 0$, équation dont la racine est $x = \frac{1}{2} + \sqrt{\dfrac{1}{4} - \dfrac{3b}{2}}$. Mais $\sqrt{\dfrac{1}{4} - \dfrac{3b}{2}}$ est à-peu-près $\frac{1}{2} - \dfrac{3b}{2}$; donc x est à-peu-près $\frac{1}{2} + \frac{1}{2} - \dfrac{3b}{2} = 1 - \dfrac{3b}{2}$.

Remarques sur cette approximation.

Remarquez, 1.° que $-bbxx + \dfrac{b^3}{4} < 0$, parce que $x < b$, d'où il s'ensuit que $x^4 - x^3 + \dfrac{3bxx}{2} > 0$. Donc $x > \frac{1}{2} + \sqrt{\dfrac{1}{4} - \dfrac{3b}{2}}$. Mais $\frac{1}{2} - \dfrac{3b}{2}$ est un peu plus grand que $\sqrt{\dfrac{1}{4} - \dfrac{3b}{2}}$; donc, en mettant $\frac{1}{2} - \dfrac{3b}{2}$ pour $\sqrt{\dfrac{1}{4} - \dfrac{3b}{2}}$, on rend à x à-peu-près autant qu'on lui avoit ôté; d'où il suit que cette approximation est aussi simple et aussi exacte qu'on le puisse désirer dans la supposition que les retardemens sont comme les arcs, et non comme les quarrés des arcs.

2.º Que les retardations $\frac{b}{x}, \frac{b}{x} - \frac{bb}{xx}$, etc., sont en progression géométrique.

3.º Que pour résoudre exactement l'équation $\frac{4b}{x} - \frac{6bb}{xx} + \frac{4b^3}{x^3} - \frac{b^4}{x^4} = 4b$, on eût fait $1 - \frac{4b}{x} + \frac{6bb}{xx} - \frac{4b^3}{x^3} + \frac{b^4}{x^4} = 1 - 4b$. Donc $1\frac{b}{x} = \sqrt[4]{1-4b}$ ou $x = \frac{b}{1 - \sqrt[4]{1-4b}}$.

4.º Que pour trouver le lieu V, on a $st.tu :: 2.3$; et que $tu = sr$; d'où il s'ensuit que $su.sr :: 5.3$. Soit donc $As = 1, sr = x$, on a $Au = 1 + \frac{3x}{4}$; $Ar = 1-x$. Or Au est à Ar à-peu-près comme $AV.AR$. Donc si l'on fait $AV.AR :: m.n$, on aura $m.n :: 1 + \frac{5x}{3}; 1-x$. Donc $n + \frac{5xn}{3} = m - mx$.

Donc $x = \frac{m-n}{m + \frac{5n}{3}} = \frac{3 \times \overline{m-n}}{3m + 5n} \times As$, parce qu'on a supposé $As = 1$.

On peut encore chercher ce point V par expérience, en laissant tomber le pendule du point V jusqu'à ce qu'il revienne en un point r, dont la distance sr au point s soit $= su \times \frac{3}{5}$; ou enfin on peut prendre simplement $st = \dfrac{As}{AS} \times ST$.

Voilà, ce me semble, tout l'endroit de Newton sur les retardations du pendule causées par la résistance de l'air, assez bien défriché. D'où il paroît s'ensuivre que cet auteur suppose les retardations comme les arcs, au-lieu que nous les trouvons, par les propositions précédentes, comme les quarrés des arcs.

Vous m'objecterez, sans-doute, que Newton a l'expérience pour lui ; et que c'est d'après cette hypothèse (*) qu'il a trouvé que l'action est toujours égale à la réaction ; et que si, par exemple, le corps A, après avoir choqué le corps B en repos avec 9 dégrés de mouvement, continuoit d'aller avec deux, le corps B partoit avec sept dégrés ; que si les corps se choquoient en sens contraires, A avec 12 dégrés de mouvement, et B avec 6, et qu'A se réfléchit avec 2, B se réfléchissoit avec 8, etc.

Je vous répondrai que, quoiqu'on ne se soit jamais avisé de douter ni de l'exactitude, ni de la

---

(*) Ut si corpus A incidebat in corpus B quiescens cum novem partibus motûs, et amissis septem partibus pergebat post reflexionem cum duabus, corpus B resiliebat cum partibus istis septem. Si corpora obviam ibant, A cum duodecim partibus et B cum sex, et redibat A cum duabus, redibat B cum octo, facta, etc.

bonne-foi de Newton, cela n'a pas empêché qu'on n'ait réitéré ses expériences sur les couleurs. Pourquoi n'en feroit-on pas autant dans cette occasion-ci, où cet auteur est parti d'une hypothèse que le calcul contredit évidemment, et où il étoit d'autant plus facile de se tromper, que les vitesses sont représentées par des quantités dont les différences sont très-petites; savoir, les cordes des arcs parcourus devant et après les retardations.

Si vous trouvez que ce ne soit pas assez accorder au grand nom de Newton, j'en suis fâché; pour moi, je ne puis lui accorder davantage. J'ai pour Newton toute la déférence qu'on doit aux hommes uniques dans leur genre; j'incline fort à croire qu'il a la vérité de son côté; mais encore est-il bon de s'en assurer. J'invite donc tous les amateurs de la bonne physique à recommencer ces expériences, et à nous apprendre si les retardations sont telles que Newton paroît les avoir supposées, proportionnelles aux arcs parcourus; ou telles que le calcul nous les donne, proportionelles aux quarrés de ces arcs.

CONCLUSION DES CINQ MÉMOIRES.

Première expérience. Graduer un tuyau composé de deux parties mobiles; et tenter, par ce moyen, la fixation du son.

Seconde expérience. Construire un compas du

cercle et de sa développante ; et essayer si, par ce moyen, on n'obtiendra pas la division des arcs de cercles en parties commensurables ou incommensurables, et d'autres opérations, et plus facilement et plus exactement que par toute autre voie.

Troisième expérience. Déterminer, par le son, si une corde attachée par une de ses extrémités à un point fixe, et tirée de l'autre par un poids, est aussi tendue que si elle étoit tirée à ses deux extrémités par deux poids égaux.

Quatrième expérience. Construire un harmonomètre ou un orgue, sur lequel on puisse jouer ou même composer toutes pièces de musique, et éprouver à chaque instant son harmonie.

Cinquième expérience. S'assurer si les retardations que l'air fait au mouvement des pendules sont comme les arcs ou comme les quarrés des arcs ; et recommencer les expériences de Newton sur le choc des corps.

F I N.

TABLE DES MATIÈRES.

PREMIER MÉMOIRE.

PRINCIPES GÉNÉRAUX D'ACOUSTIQUE. *Page* 3

La musique n'est point une science arbitraire. Parag. premier. *Ibid.*

Fondement de la théorie de la science des sons. Sentimens opposés de Pythagore et d'Aristoxène. Parag. 2. 4

De l'objet et de la fin de la musique. Du son en général. Qu'est-ce que le son ? De son véhicule. Du corps sonore. Comment agit-il sur nos oreilles. De l'organe par lequel nous recevons la sensation du son. De la propagation du son. De sa vitesse. Parag. 3. 8

Des espèces de sons. Distribution du son; de sa première espèce, ou du son rendu par les cordes. De leurs vibrations. Faits d'expériences, sur lesquels les propositions de Taylor sont fondées. Parag. 4. 10

LEMME I. Si les ordonnées de deux courbes, dont l'abscisse est commune, ont entre elles une raison donnée ; les courbures au sommet des ordonnées seront entre elles comme les ordonnées, lorsque les ordonnées seront infiniment petites, et les courbes sur-le-point de coïncider avec leur axe. 11

LEMME II. La force accélératrice d'un point quelconque d'un fil élastique tendu et d'une grosseur uniforme, est dans ses petites vibrations comme la courbure du fil en ce point. 13

La corde vibrante peut prendre une infinité d'autres figures que celles que Taylor lui assigne. 15

PROPOSITION I. Si la nature d'une courbe $APQL$, *fig. 4*, est telle qu'ayant tiré deux ordonnées quelconques QR, PS, la courbure en R soit à la courbure en P, comme QP, PS; tous les points de cette courbe arriveront en-même-temps à la ligne droite.   15

PROPOSITION II. Tracer la courbe musicale dont les axes sont donnés.   16

PROPOSITION III. Le temps d'une vibration de la corde est au temps d'une oscillation d'un pendule de longueur déterminée, en raison sous-doublée du poids de la corde multiplié par sa longueur, au poids qui la tend multiplié, et par la longueur du pendule et par le quarré du rapport de la circonférence au diamètre, d'où l'on tire le nombre des vibrations de la corde, pendant une oscillation du pendule.   19

REMARQUE I. Ce que l'on entend par la longueur et le poids de la corde.   23

REMARQUE II. Sur les formules de Taylor et leur généralité.   *Ibid.*

Les vibrations d'une corde sont d'un peu plus longue durée, si on la frappe dans son milieu qu'en tout autre point.   25

De l'isochronisme des vibrations et du coup d'archet.   *Ibid.*

Corollaires des propositions précédentes.   *Ibid.*

De l'oreille. Du son considéré relativement à ses dégrés du grave à l'aigu; ce qui constitue ces dégrés. Des intervales des sons; de leurs limites; de leur expression en nombre. Ils sont commensurables et incommensurables. De l'addition, soustraction, division, multiplication de ces intervales; de l'impression approchée du rapport de deux sons incommensurables. Parag. 5. *pag.* 26

Remarque qui contient une méthode d'approcher de la valeur réelle d'un rapport, si près que l'on voudra. 28

Remarque sur l'impression logarithmique des intervalles des sons. 28

Du son considéré comme fort ou foible. De la force du son par rapport à la distance au corps sonore. Des fibres sonores, et de leur réunion en un point. Des chambres acoustiques. Les vibrations sont plus ou moins grandes, sans que le son change de dégré du grave à l'aigu. Trois choses à considérer dans les sons; leur nombre, leur étendue et leur isochronisme. De l'uniformité du son; ce que c'est. Suite du défaut d'uniformité. Preuve expérimentale que le plaisir musical consiste dans la perception des rapports des sons. Parag. 6. 32

Remarque importante sur l'origine du plaisir en général. Principe général sur le goût. Application de ce principe à des phénomènes délicats. 35

Objection contre le fondement que nous donnons au plaisir musical. 38

Réponse à cette objection. *Ibid.*

Règle qu'on peut observer sur la tension des cordes. 39

De la force du son. En quoi elle consiste. Sentimens de M. Euler. Parag. 7. *Ibid.*

PROBLÊME. Trouver la plus grande vitesse d'une corde vibrante, ou celle qu'elle a en achevant sa première demi-vibration. 41

Vérification de l'expression de la vitesse trouvée dans la solution qui précède. 43

Règle qui peut être d'usage dans les constructions des instrumens, selon M. Euler. 44

Règle qu'il faudroit observer, selon nous. 45

PROBLÊME. La force pulsante étant donnée, trouver le plus grand écart d'une corde. 47

De la seconde espèce de son, ou des cloches, des verges de métaux, et des bâtons durcis au feu. Le son d'une cloche presqu'impossible à déterminer. Rapport du son de deux cloches de même matière et de figures semblables. Rapport des sons de deux verges de métaux. Parag. 8. 49

Remarque sur une quantité négligée dans l'expression du son des verges sonores, et employée dans l'expression du son des cloches. 51

Du son produit par la dilatation et la percussion subite de l'air. Du bruit. *Ibid.*

De la troisième espèce de son, ou des instrumens à vent. De la flûte. Système de M. Euler sur les instrumens à vent, et particulièrement sur les flûtes. Description de la flûte. Trouver le son rendu par une flûte donnée de longueur et de capacité. De la variation qui survient dans le son des flûtes, quant au dégré du grave à l'aigu. Explication de cette variation. De la force du son des flûtes. De l'uniformité du son des flûtes. De l'inspiration. Des sauts qu'elle occasionne. Du rapport de ces sauts. Parag. 9. 52

Système des sauts, tiré de l'histoire de l'académie. Expérience singulière sur les sons rendus par les deux parties d'une corde divisée inégalement par un obstacle léger. Table des sons rendus selon différentes divisions de la corde, par l'obstacle léger. Parag. 10. 60

Expériences à faire. Questions aux physiciens. Conjectures sur ce que l'expérience donnera. De la trompette marine, et autres instrumens semblables. Du cor de chasse, de la trompette, et autres instrumens à vent. Des sauts de ces instrumens, et des intervales qu'ils laissent entre eux. 67

PROBLÊME. La longueur d'une flûte et son ouverture étant données, trouver la force de l'inspiration pour que l'instrument fasse des sauts. 96

De la fixation du son. Des expériences de M. Sauveur; de l'instrument qu'on appelle *ton*. Inconvénient de cet instrument. Des causes qui en altèrent le son. De sa correction, et de la manière de fixer le son, selon nous. Parag. 11. 71

Objection contre la méthode proposée, et réponse. 78

SECOND MÉMOIRE.

EXAMEN DE LA DÉVELOPPANTE DU CERCLE. 80

PROBLÊME I. Diviser un arc de cercle en une raison quelconque commensurable ou incommensurable. 84

PROBLÊME. II. Trouver un secteur circulaire égal à un espace rectiligne donné. 85

PROBLÊME III. Trouver un espace rectiligne égal à un secteur circulaire extérieur quelconque. 86

Problème IV. Trouver un espace rectiligne égal à un segment circulaire quelconque. 87

Problème V. Trouver un espace rectiligne égal à une portion quelconque d'un segment circulaire. 88

Problème VI. Trouver une ligne droite égale à une portion quelconque de la développante du cercle, sans que l'origine de cette développante soit donnée. *Ibid.*

Problème VII. Quadrature de certains espaces terminés par des lignes droites, et par une portion de la développante du cercle avec plusieurs corollaires de cette proposition. 89

Problème VIII. L'origine de la développante avec un de ses points étant donnée, trouver ses autres points. 92

Problème IX. Deux points de la développante étant donnés, trouver les autres. 93

Problème X. Trouver, par le moyen de la développante, le centre de gravité d'un arc et d'un secteur circulaire. *Ibid.*

Problème XI. Construire une équation cubique d'une forme donnée avec certaines conditions. 94

Lemme I. Dans tout quadrilatère inscrit, le rectangle fait des diagonales est égal à la somme des deux rectangles faits des deux côtés opposés. 95

Lemme II. Si l'on inscrit un triangle équilatéral, et que l'on tire du sommet d'un de ses angles une ligne qui traverse la base et qui rencontre le cercle en un point, on aura une corde égale à la somme des deux cordes tirées du point où la première rencontre le cercle, aux deux extrémités de la base du triangle équilatéral. 96

Lemme III. Un arc de cercle étant donné avec la corde entière de cet arc, trouver la valeur de la corde du tiers. *Ibid.*

Remarque importante sur l'équation du troisième dégré qui exprime la valeur de la corde du tiers d'un arc, et sur le nombre de ses racines. 99

Problême XII. Une développante d'un cerle étant donnée, tracer, par plusieurs points, une autre développante. 101

Problême XIII. Deux tangentes d'une portion de la développante du cercle étant données avec l'origine de cette courbe, trouver le cercle générateur. 102

Problême XIV. Trois tangentes d'une portion quelconque de la développante du cercle étant données, trouver le cercle générateur. 103

Théorême I. Quadrature de quelques espaces terminés par des portions de la développante. *Ibid.*

Théorême II. Quadrature de l'espace compris entre deux développantes. 106

Application des propositions précédentes sur la développante du cercle aux arcs infiniment petits des courbes en général, avec une expression générale des rapports des rayons osculateurs. *Ibid.*

TROISIÈME MÉMOIRE.

Examen d'un paradoxe de mécanique sur la tension des cordes. 108

QUATRIÈME MÉMOIRE.

Projet d'un nouvel orgue. 11
Avantages du nouvel orgue. 112
Inconvéniens du nouvel orgue. 124
Observations sur le chronomètre. 125

CINQUIÈME MÉMOIRE.

Lettre sur la résistance de l'air aux mouvemens des pendules. 130

Proposition I. Trouver la vîtesse d'un pendule d'une longueur donnée, qui tombe d'une hauteur donnée en un point quelconque de l'arc qu'il parcourt. 131

Proposition II. Trouver la vîtesse d'un pendule d'une longueur donnée en un point quelconque de l'arc qu'il parcourt en remontant de la situation verticale en vertu d'une impulsion donnée. 136

Examen de la théorie de Newton sur la résistance que l'air apporte au mouvement des pendules. 142

Conclusion de l'ouvrage. 152

FIN DE LA TABLE DES MATIÈRES.

LETTRE
SUR LES AVEUGLES,

A L'USAGE DE CEUX QUI VOYENT.

Possunt, *nec posse videntur.* Virg.

LETTRE
SUR LES AVEUGLES,

A L'USAGE DE CEUX QUI VOYENT.

Je me doutois bien, Madame, que l'aveugle-née, à qui M. de Réaumur vient de faire abattre la cataracte, ne nous apprendroit pas ce que vous vouliez savoir; mais je n'avois garde de deviner que ce ne seroit ni sa faute, ni la vôtre. J'ai sollicité son bienfaiteur par moi-même, par ses meilleurs amis, par les complimens que je lui ai faits; nous n'en avons rien obtenu; et le premier appareil se lèvera sans vous. Des personnes de la première distinction ont eu l'honneur de partager son refus avec les philosophes; en un mot, il n'a voulu laisser tomber le voile que devant quelques yeux sans conséquence. Si vous êtes curieuse de savoir pourquoi cet habile académicien fait si secrètement des expériences qui ne peuvent avoir, selon vous, un trop grand nombre de témoins éclairés; je vous répondrai que les observations d'un homme aussi célèbre ont moins besoin de spectateurs, quand elles se font, que d'auditeurs, quand elles sont faites. Je suis donc revenu, Madame, à mon premier dessein ; et, forcé de me passer d'une expérience où je ne voyois guère à gagner pour mon instruction ni pour la vôtre, mais dont M. de Reaumur tirera sans-doute un bien meilleur parti, je me suis mis à philosopher avec mes amis sur la matière importante qu'elle a pour objet. Que je serois heureux, si le récit d'un de nos entretiens pouvoit me tenir lieu, auprès de vous, du spectacle que je vous avois trop légèrement promis !

Le jour même que le prussien faisoit l'opération de la cataracte à la fille de Simoneau, nous allâmes interroger l'aveugle-né du Puisaux (*) : c'est un homme qui ne manque pas de bon sens; que beaucoup de personnes connoissent ; qui sait un peu de chimie ; et qui a suivi, avec quelque succès, les cours de botanique au jardin du Roi. Il est né d'un père qui a professé avec applaudissement la philosophie dans l'université de Paris. Il jouissoit d'une fortune honnête, avec laquelle il eut aisément satisfait les sens qui lui restent ; mais le goût du plaisir l'entraîna dans sa jeunesse : on abusa de ses penchans ; ses affaires domestiques se dérangèrent ; et il s'est retiré dans une petite ville de province, d'où il fait tous les ans un voyage à Paris. Il y apporte des liqueurs qu'il distille, et dont on est très-content. Voilà, Madame, des

---

(*) Petite ville du Gâtinois.

circonstances assez peu philosophiques, mais, par cette raison même, plus propres à vous faire juger que le personnage dont je vous entretiens n'est point imaginaire.

Nous arrivâmes chez notre aveugle sur les cinq heures du soir; et nous le trouvâmes occupé à faire lire son fils avec des caractères en relief: il n'y avoit pas plus d'une heure qu'il étoit levé; car vous saurez que la journée commence pour lui, quand elle finit pour nous. Sa coutume est de vaquer à ses affaires domestiques et de travailler, pendant que les autres reposent. A minuit, rien ne le gêne; et il n'est incommode à personne. Son premier soin est de mettre en place tout ce qu'on a déplacé pendant le jour; et quand sa femme s'éveille, elle trouve ordinairement la maison rangée. La difficulté qu'ont les aveugles à recouvrer les choses égarées, les rend amis de l'ordre; et je me suis apperçu que ceux qui les approchoient familièrement, partageoient cette qualité, soit par un effet du bon exemple qu'ils donnent, soit par un sentiment d'humanité qu'on a pour eux. Que les aveugles seroient malheureux, sans les petites attentions de ceux qui les environnent! Nous-mêmes, que nous serions à plaindre sans elles! Les grands services sont comme de grosses pièces d'or ou d'argent qu'on a rarement occasion d'employer; mais les petites attentions sont une monnoie courante qu'on a toujours à la main.

Notre aveugle juge fort bien des symétries. La symétrie], qui est peut-être une affaire de pure convention entre nous, est certainement telle, à beaucoup d'égards, entre un aveugle et ceux qui voyent. A force d'étudier par le tact la disposition que nous exigeons entre les parties qui composent un tout, pour l'appeler beau, un aveugle parvient à faire une juste application de ce terme. Mais quand il dit : *cela est beau*, il ne juge pas ; il rapporte seulement le jugement de ceux qui voyent : et que font autre chose les trois quarts de ceux qui décident d'une pièce de théâtre, après l'avoir entendue, ou d'un livre, après l'avoir lu ? La beauté, pour un aveugle, n'est qu'un mot, quand elle est séparée de l'utilité ; et avec un organe de moins, combien de choses dont l'utilité lui échappe ! Les aveugles ne sont-ils pas bien à plaindre de n'estimer beau que ce qui est bon ? combien de choses admirables perdues pour eux ! Le seul bien qui les dédommage de cette perte, c'est d'avoir des idées du beau, à-la-vérité moins étendues, mais plus nettes que des philosophes clair-voyans qui en ont traité fort au long.

Le nôtre parle de miroir à tout moment. Vous croyez bien qu'il ne sait ce que veut dire le mot miroir ; cependant il ne mettra jamais une glace à contre jour. Il s'exprime aussi sensément que nous sur les qualités et les défauts de l'organe qui lui manque : s'il n'attache aucune idée aux termes qu'il emploie; il a, du-moins, sur la plupart des autres hommes, l'avantage de ne les prononcer jamais mal-à-propos. Il discourt si bien et si juste de tant de choses qui lui sont absolument inconnues, que son commerce ôteroit beaucoup de force à cette induction que nous faisons tous, sans savoir pourquoi, de ce qui se passe en nous à ce qui se passe au dedans des autres.

Je lui demandai ce qu'il entendoit par un miroir: « Une machine, me répondit-il, qui met les choses » en relief loin d'elles-mêmes, si elles se trouvent » placées convenablement par rapport à elle. » C'est comme ma main, qu'il ne faut pas que je » pose à côté d'un objet pour le sentir ». Descartes, aveugle-né, auroit dû, ce me semble, s'applaudir d'une pareille définition. En effet, considérez, je vous prie, la finesse avec laquelle il a fallu combiner certaines idées pour y parvenir. Notre aveugle n'a de connoissance des objets, que par le toucher. Il sait, sur le rapport des autres hommes, que par le moyen de la vue, on connoît les objets, comme ils lui sont connus par le toucher; du-moins, c'est la seule notion qu'il s'en puisse former. Il sait, de plus, qu'on ne peut voir son propre visage, quoiqu'on puisse le toucher. La vue, doit-il conclure, est donc une espèce de toucher, qui ne s'étend que sur les objets différens de notre visage, et éloignés de nous. D'ailleurs, le toucher ne lui donne l'idée que du relief. Donc, ajoute-t-il, un

miroir est une machine, qui nous met en relief hors de nous-mêmes. Combien de philosophes renommés ont employé moins de subtilité, pour arriver à des notions aussi fausses ! mais combien un miroir doit-il être surprenant pour notre aveugle ! combien son étonnement dut-il augmenter, quand nous lui apprîmes qu'il y a de ces sortes de machines qui agrandissent les objets ; qu'il y en a d'autres qui, sans les doubler, les déplacent, les rapprochent, les éloignent, les font appercevoir, en dévoilent les plus petites parties aux yeux des naturalistes ; qu'il y en a qui les multiplient par milliers ; qu'ils y en a enfin qui paroissent les défigurer totalement ! Il nous fit cent questions bizarres sur ces phénomènes. Il nous demanda, par exemple, s'il n'y avoit que ceux qu'on appelle naturalistes, qui vissent avec le microscope ; et si les astronomes étoient les seuls qui vissent avec le télescope ; si la machine qui grossit les objets étoit plus grosse que celle qui les rapetisse ; si celle qui les rapproche étoit plus courte que celle qui les éloigne ; et ne comprenant point comment cet autre nous-mêmes que, selon lui, le miroir répète en relief, échappe au sens du toucher : « Voilà, disoit-il,
» deux sens qu'une petite machine met en con-
» tradiction : une machine plus parfaite les mettroit
» peut-être plus d'accord, sans que, pour cela, les
» objets en fussent plus réels ; peut-être une troi-
» sième plus parfaite encore, et moins perfide, les

» feroit disparoître, et nous avertiroit de l'erreur ».

Et qu'est-ce, à votre avis, que des yeux, lui dit M.ʳ de.... ? « C'est, lui répondit l'aveugle, » un organe, sur lequel l'air fait l'effet de mon » bâton sur ma main ». Cette réponse nous fit tomber des nues ; et tandis que nous nous entre-regardions avec admiration : « Cela est si vrai, » continua-t-il, que, quand je place ma main » entre vos yeux et un objet, ma main vous est » présente ; mais l'objet vous est absent. La même » chose m'arrive, quand je cherche une chose avec » mon bâton, et que j'en rencontre une autre ».

Madame, ouvrez la dioptrique de Descartes ; et vous y verrez les phénomènes de la vue rapportés à ceux du toucher, et des planches d'optique pleines de figures d'hommes occupés à voir avec des bâtons. Descartes, et tous ceux qui sont venus depuis, n'ont pu nous donner d'idées plus nettes de la vision ; et ce grand philosophe n'a point eu à cet égard plus d'avantage sur notre aveugle, que le peuple qui a des yeux.

Aucun de nous ne s'avisa de l'interroger sur la peinture et sur l'écriture ; mais il est évident qu'il n'y a point de questions auxquelles sa comparaison n'eût pu satisfaire ; et je ne doute nullement qu'il ne nous eût dit, que tenter de lire ou de voir sans avoir des yeux, c'étoit chercher une épingle avec un gros bâton. Nous lui parlâmes seulement de ces sortes de perspectives, qui donnent du relief aux objets, et qui ont avec nos miroirs tant d'analogie et tant de différence à-la-fois ; et nous nous apperçûmes qu'elles nuisoient autant qu'elles concouroient à l'idée qu'il s'est formée d'une glace, et qu'il étoit tenté de croire que la glace peignant les objets, le peintre, pour les représenter, peignoit peut-être une glace.

Nous lui vîmes enfiler des aiguilles fort menues. Pourroit-on, Madame, vous prier de suspendre ici votre lecture ; et de chercher comment vous vous y prendriez à sa place. En cas que vous ne rencontriez aucun expédient, je vais vous dire celui de notre aveugle. Il dispose l'ouverture de l'aiguille transversalement entre ses lèvres, et dans la même direction que celle de sa bouche ; puis, à l'aide de sa langue et de la succion, il attire le fil qui suit son haleine, à-moins qu'il ne soit beaucoup trop gros pour l'ouverture ; mais dans ce cas, celui qui voit n'est guère moins embarrassé que celui qui est privé de la vue.

Il a la mémoire des sons à un dégré surprenant ; et les visages ne nous offrent pas une diversité plus grande que celle qu'il observe dans les voix. Elles ont pour lui une infinité de nuances délicates qui nous échappent, parce que nous n'avons pas, à les observer, le même intérêt que l'aveugle. Il en est pour nous de ces nuances comme de notre propre visage. De tous les hommes que nous avons vus, celui que nous nous rappellerions le moins, c'est nous-même. Nous n'étudions les visages, que pour reconnoître les personnes ; et si nous ne retenons pas la nôtre, c'est que nous ne serons jamais exposés à nous prendre pour un autre, ni un autre pour nous. D'ailleurs les secours, que nos sens se prêtent mutuellement, les empêchent de se perfectionner. Cette occasion ne sera pas la seule que j'aurai d'en faire la remarque.

Notre aveugle nous dit, à ce sujet, qu'il se trouveroit fort à plaindre d'être privé des mêmes avantages que nous ; et qu'il auroit été tenté de nous regarder comme des intelligences supérieures, s'il n'avoit éprouvé cent fois combien nous lui cédions à d'autres égards. Cette réflexion nous en fit faire une autre. Cet aveugle, dîmes-nous, s'estime autant et plus, peut-être, que nous qui voyons : pourquoi donc, si l'animal raisonne, comme on n'en peut guère douter, balançant ses avantages sur l'homme, qui lui sont mieux connus que ceux de l'homme sur lui, ne porteroit-il pas un semblable jugement ? Il a des bras, dit peut-être le moucheron ; mais j'ai des ailes. S'il a des armes, dit le lion, n'avons-nous pas des ongles ? L'éléphant nous verra comme des insectes ; et tous les animaux, nous accordant volontiers une raison avec laquelle nous aurions grand besoin de leur instinct, se prétendront doués d'un instinct avec lequel ils se passent fort bien de notre raison. Nous avons un si violent penchant à surfaire nos qualités et à diminuer nos défauts, qu'il sembleroit presque que c'est à l'homme à faire le traité de la force, et à l'animal celui de la raison.

Quelqu'un de nous s'avisa de demander à notre aveugle s'il seroit bien content d'avoir des yeux : « Si la curiosité ne me dominoit pas, dit-il, j'ai-
» merois bien autant avoir de longs bras : il me
» semble que mes mains m'instruiroient mieux de
» ce qui se passe dans la lune, que vos yeux ou vos té-
» lescopes; et puis, les yeux cessent plus-tôt de voir,
» que les mains de toucher. Il vaudroit donc bien
» autant qu'on perfectionnât en moi l'organe que
» j'ai, que de m'accorder celui qui me manque ».

Notre aveugle adresse au bruit ou à la voix si sûrement, que je ne doute pas qu'un tel exercice ne rendît les aveugles très-adroits et très-dangereux. Je vais vous en raconter un trait, qui vous persuadera combien on auroit tort d'attendre un coup de pierre, ou à s'exposer à un coup de pistolet de sa main, pour peu qu'il eût l'habitude de se servir de cette arme. Il eut dans sa jeunesse une querelle avec un de ses frères, qui s'en trouva fort mal. Impatienté des propos désagréables qu'il en essuyoit, il saisit le premier objet qui lui tomba sous la main, le lui lança, l'atteignit au milieu du front, et l'étendit par terre.

Cette aventure, et quelques autres le firent appeler à la police. Les signes extérieurs de la puissance, qui nous affectent si vivement, n'en imposent point aux aveugles. Le nôtre comparut devant le magistrat comme devant son semblable. Les menaces ne l'intimidèrent point. « Que me ferez-» vous, dit-il à M. Hérault » ? Je vous jetterai dans un cul de basse-fosse, lui répondit le magistrat. « Eh ! Monsieur, lui repliqua l'aveugle, il y a » vingt-cinq ans que j'y suis ». Quelle réponse, Madame ! et quel texte pour un homme, qui aime autant à moraliser que moi ! Nous sortons de la vie, comme d'un spectacle enchanteur ; l'aveugle en sort, ainsi que d'un cachot : si nous avons à vivre plus de plaisir que lui, convenez qu'il a bien moins de regret à mourir.

L'aveugle du Puisaux estime la proximité du feu, aux dégrés de la chaleur ; la plénitude des vaisseaux, au bruit que font en tombant les liqueurs qu'il transvase ; et le voisinage des corps, à l'action de l'air sur son visage. Il est si sensible aux moindres vicissitudes qui arrivent dans l'atmosphère, qu'il peut distinguer une rue, d'un cul-de-sac. Il apprécie à merveille les poids des corps et les capacités des vaisseaux ; et il s'est fait de ses bras des balances si justes, et de ses doigts des compas si expérimentés, que dans les occasions où cette espèce de statique a lieu, je gagerai toujours pour notre aveugle contre vingt personnes qui voyent. Le poli des corps n'a guère moins de nuances pour lui, que le son de la voix ; et il n'y auroit pas à craindre qu'il prît sa femme pour une autre, à-moins qu'il ne gagnât au change. Il y a cependant bien de l'apparence que les femmes seroient communes chez un peuple d'aveugles, ou que leurs loix contre l'adultère seroient bien rigoureuses. Il seroit si facile aux femmes de tromper leurs maris, en convenant d'un signe avec leurs amans.

Il juge de la beauté par le toucher ; cela se comprend : mais ce qui n'est pas si facile à saisir, c'est qu'il fait entrer dans ce jugement la prononciation et le son de la voix. C'est aux anatomistes à nous apprendre s'il y a quelque rapport entre les parties de la bouche et du palais, et la forme extérieure du visage. Il fait de petits ouvrages au tour et à l'aiguille ; il nivelle à l'équerre ; il monte et démonte les machines ordinaires ; il sait assez de musique, pour exécuter un morceau dont on lui dit les notes et leurs valeurs. Il estime avec beaucoup plus de précision que nous la durée du temps, par la succession des actions et des pensées. La beauté de la peau, l'embonpoint, la fermeté des chairs, les avantages de la conformation, la douceur de l'haleine, les charmes de la voix, ceux de la prononciation, sont des qualités dont il fait grand cas dans les autres.

Il s'est marié, pour avoir des yeux qui lui appartinssent. Auparavant, il avoit eu dessein de s'associer un sourd qui lui préteroit des yeux, et à qui il apporteroit en échange des oreilles. Rien ne m'a tant étonné que son aptitude singulière à un grand nombre de choses ; et lorsque nous lui en témoignâmes notre surprise : « Je m'apperçois bien, » Messieurs, nous dit-il, que vous n'êtes pas » aveugles : vous êtes surpris de ce que je » fais ; et pourquoi ne vous étonnez-vous pas aussi » de ce que je parle »? Il y a, je crois, plus de philosophie dans cette réponse, qu'il ne prétendoit y en mettre lui-même. C'est une chose assez surprenante, que la facilité avec laquelle on apprend à parler. Nous ne parvenons à attacher une idée à quantité de termes qui ne peuvent être représentés par des objets sensibles, et qui, pour ainsi dire, n'ont point de corps, que par une suite de combinaisons fines et profondes des analogies que nous remarquons entre ces objets non sensibles et les idées qu'ils excitent; et il faut avouer conséquemment, qu'un aveugle-né doit apprendre à parler plus difficilement qu'un autre, puisque le nombre des objets non sensibles étant beaucoup plus grand pour lui, il a bien moins de champ que nous pour comparer et pour combiner. Comment veut-on, par exemple, que le mot physionomie se fixe dans sa mémoire ? C'est une espèce d'agrément qui consiste en des objets si peu sensibles pour un aveugle, que, faute de l'être assez pour nous-mêmes qui voyons, nous serions fort embarrassés de dire bien précisément ce que c'est que d'avoir de la physionomie. Si c'est principalement dans les yeux qu'elle réside, le toucher n'y peut rien; et puis, qu'est-ce, pour un aveugle, que des yeux morts, des yeux vifs, des yeux d'esprit, etc?

Je conclus, de là, que nous tirons sans-doute, du concours de nos sens et de nos organes de grands services. Mais ce seroit toute autre chose, si nous les exercions séparément, et si nous n'en employions jamais deux dans les occasions où le secours d'un seul nous suffiroit. Ajouter le toucher à la vue, quand on a assez de ses yeux, c'est à deux chevaux, qui sont déjà fort vifs, en atteler un troisième en arbalête, qui tire d'un côté, tandis que les autres tirent de l'autre.

Comme je n'ai jamais douté que l'état de nos organes et de nos sens n'ait beaucoup d'influence sur notre métaphysique et sur notre morale; et que nos idées les plus purement intellectuelles, si je puis parler ainsi, ne tiennent de fort près à la conformation de notre corps, je me mis à questionner notre aveugle sur les vices et les vertus. Je m'apperçus d'abord qu'il avoit une aversion prodigieuse pour le vol; elle naissoit en lui de deux causes : de la facilité qu'on avoit de le voler sans qu'il s'en apperçût; et plus encore, peut-être, de celle qu'on avoit de l'appercevoir quand il voloit. Ce n'est pas qu'il ne sache très-bien se mettre en garde contre le sens qu'il nous connoît de plus qu'à lui, et qu'il ignore la manière de bien cacher un vol. Il ne fait pas grand cas de la pudeur : sans les injures de l'air, dont les vêtemens le garantissent, il n'en comprendroit guère l'usage; et il avoue franchement qu'il ne devine pas pourquoi l'on couvre plutôt une partie du corps qu'une autre; et moins encore par quelle bizarrerie on donne entre ces parties, la préférence à certaines, que leur usage et les indispositions auxquelles elles sont sujettes demanderoient qu'on les tînt libres. Quoique nous soyons dans un siècle, où l'esprit philosophique nous a débarrassés d'un grand nombre de préjugés; je ne crois pas que nous en venions jamais jusqu'à méconnoître les prérogatives de la pudeur aussi parfaitement que mon aveugle. Diogène n'auroit point été, pour lui, un philosophe.

Comme de toutes les démonstrations extérieures, qui réveillent en nous la commisération et les idées de la douleur, les aveugles ne sont affectés que par la plainte, je les soupçonne, en général, d'inhumanité. Quelle différence y a-t-il pour un aveugle, entre un homme qui urine et un homme qui, sans se plaindre, verse son sang ? Nous-mêmes, ne cessons-nous pas de compatir, lorsque la distance ou la petitesse des objets produit le même effet sur nous, que la privation de la vue sur les aveugles ? Tant nos vertus dépendent de notre manière de sentir, et du dégré auquel les choses extérieures nous affectent ! Aussi, je ne doute point que, sans la crainte du châtiment, bien des gens n'eussent moins de peine à tuer un homme à une distance où ils ne le verroient gros que comme une hirondelle, qu'à égorger un bœuf de leurs mains. Si nous avons de la compassion pour un cheval qui souffre, et si nous écrasons une fourmi sans aucun scrupule, n'est-ce pas le même principe qui nous détermine ? Ah, Madame ! que la morale des aveugles est différente de la nôtre ! Que celle d'un sourd différeroit encore de celle d'un aveugle ; et qu'un être qui auroit un sens de plus que nous, trouveroit notre morale imparfaite, pour ne rien dire de pis !

Notre métaphysique ne s'accorde pas mieux avec la leur. Combien de principes pour eux qui ne sont que des absurdités pour nous, et réciproquement. Je pourrois entrer là-dessus dans un détail qui vous amuseroit sans-doute, mais que de certaines gens qui voyent du crime à tout ne manqueroient pas d'accuser d'irréligion ; comme s'il dépendoit de moi de faire appercevoir aux aveugles les choses autrement qu'ils ne les apperçoivent. Je me contenterai d'observer une chose, dont je crois qu'il faut que tout le monde convienne ; c'est que ce grand raisonnement, qu'on tire des merveilles de la nature, est bien foible pour des aveugles. La facilité que nous avons de créer, pour ainsi dire, de nouveaux objets, par le moyen d'une petite glace, est quelque chose de plus incompréhensible pour eux, que des astres qu'ils ont été condamnés à ne voir jamais. Ce globe lumineux qui s'avance d'orient en occident, les étonne moins qu'un petit feu qu'ils ont la commodité d'augmenter ou de diminuer : comme ils voyent la matière d'une manière beaucoup plus abstraite que nous, ils sont moins éloignés de croire qu'elle pense.

Si un homme, qui n'a vu que pendant un jour ou deux, se trouvoit confondu chez un peuple d'aveugles, il faudroit qu'il prît le parti de se taire, ou celui de passer pour un fou. Il leur annonceroit, tous les jours, quelque nouveau mystère, qui n'en seroit un que pour eux, et que les esprits forts se sauroient bon gré de ne pas croire. Les défenseurs de la religion ne pourroient-ils pas tirer un grand parti d'une incrédulité si opiniâtre, si juste même, à certains égards, et cependant si peu fondée ? Si vous vous prêtez pour un instant à cette supposition, elle vous rappellera, sous des traits empruntés, l'histoire et les persécutions de ceux qui ont eu le malheur de rencontrer la vérité dans des siècles de ténèbres, et l'imprudence de la décéler à leurs aveugles contemporains, entre lesquels ils n'ont point eu d'ennemis plus cruels que ceux qui, par leur état et leur éducation, sembloient devoir être les moins éloignés de leurs sentimens.

Je laisse donc la morale et la métaphysique des aveugles ; et je passe à des choses qui sont moins importantes, mais qui tiennent de plus près au but des observations qu'on fait ici de toutes parts depuis l'arrivée du prussien. Première question. Comment un aveugle-né se forme-t-il des idées des figures ? Je crois que les mouvemens de son corps, l'existence successive de sa main en plusieurs lieux, la sensation non interrompue d'un corps qui passe entre ses doigts, lui donnent la notion de direction. S'il les glisse le long d'un fil bien tendu, il prend l'idée d'une ligne droite ; s'il suit la courbe d'un fil lâche, il prend celle d'une ligne courbe. Plus généralement, il a, par des expériences réitérées du toucher, la mémoire de sensations éprouvées en différens points : il est maître de combiner ces sensations ou points, et d'en former des figures. Une ligne droite, pour un aveugle qui n'est point géomètre, n'est autre chose que la mémoire d'une suite de sensations du toucher, placées dans la direction d'un fil tendu ; une ligne courbe, la mémoire d'une suite de sensations du toucher, rapportées à la surface de quelque corps solide, concave ou convexe. L'étude rectifie dans le géomètre la notion de ces lignes, par les propriétés qu'il leur découvre. Mais, géomètre ou non, l'aveugle-né rapporte tout à l'extrémité de ses doigts. Nous combinons des points colorés ; il ne combine, lui, que des points palpables, ou, pour parler plus exactement, que des sensations du toucher dont il a mémoire. Il ne se passe rien dans sa tête d'analogue à ce qui se passe dans la nôtre : il n'imagine point ; car, pour imaginer, il faut colorer un fond, et détacher de ce fond des points, en leur supposant une couleur différente de celle du fond. Restituez à ces points la même couleur qu'au fond ; à l'instant ils se confondent avec lui, et la figure disparoît ; du-moins, c'est ainsi que les choses s'exécutent dans mon imagination ; et je présume que les autres n'imaginent pas autrement que moi. Lors donc que je me propose d'appercevoir dans ma tête une ligne droite, autrement que par ses propriétés, je commence par la tapisser en dedans d'une toile blanche, dont je détache une suite de points noirs placés dans la même direction. Plus les couleurs du fond et des points sont tranchantes, plus j'apperçois les points distinctement ; et une figure d'une couleur fort voisine de celle du fond, ne me fatigue pas moins à considérer dans mon imagination, que hors de moi, et sur une toile.

Vous voyez donc, Madame, qu'on pourroit donner des loix, pour imaginer facilement à-la-fois plusieurs objets diversement colorés ; mais que ces loix ne seroient certainement pas à l'usage d'un aveugle-né. L'aveugle-né, ne pouvant colorer, ni par conséquent figurer comme nous l'entendons, n'a mémoire que de sensations prises par le toucher, qu'il rapporte à différens points, lieux ou distances, et dont il compose des figures. Il est si constant que l'on ne figure point dans l'imagination, sans colorer, que, si l'on nous donne à toucher dans les ténèbres de petits globules, dont nous ne connoissions ni la matière ni la couleur, nous les supposerons aussi-tôt blancs ou noirs, ou de quelqu'autre couleur ; ou que, si nous ne leur en attachons aucune, nous n'aurons, ainsi que l'aveugle-né, que la mémoire de petites sensations excitées à l'extrémité des doigts, et telles que de petits corps ronds peuvent les occasionner. Si cette mémoire est très-fugitive en nous; si nous n'avons guère d'idées de la manière dont un aveugle-né fixe, rappelle et combine les sensations du toucher ; c'est une suite de l'habitude, que nous avons prise par les yeux, de tout exécuter dans notre imagination avec des couleurs. Il m'est cependant arrivé à moi-même, dans les agitations d'une passion violente, d'éprouver un frissonnement dans toute une main ; de sentir l'impression de corps que j'avois touchés il y avoit long-temps, s'y réveiller aussi vivement, que s'ils eussent encore été présens à mon attachement ; et de m'appercevoir très-distinctement que les limites de la sensation coïncidoient précisément avec celles de ces corps absens. Quoique la sensation soit indivisible par elle-même, elle occupe, si on peut se servir de ce terme, un espace étendu, auquel l'aveugle-né a la faculté d'ajouter ou de retrancher par la pensée, en grossissant ou diminuant la partie affectée. Il compose, par ce moyen, des points, des surfaces, des solides ; il aura même un solide gros comme le globe terrestre, s'il se suppose le bout du doigt gros comme le globe, et occupé par la sensation en longueur, largeur et profondeur.

Je ne connois rien qui démontre mieux la réalité du sens interne que cette faculté foible en nous, mais forte dans les aveugles-nés, de sentir ou de se rappeler la sensation des corps, lors même qu'ils sont absens et qu'ils n'agissent plus sur eux. Nous ne pouvons faire entendre à un aveugle-né comment l'imagination nous peint les objets absens comme s'ils étoient présens ; mais nous pouvons très-bien reconnoître en nous la faculté de sentir à l'extrémité d'un doigt un corps qui n'y est plus, telle qu'elle est dans l'aveugle-né. Pour cet effet, serrez l'index contre le pouce ; fermez les yeux ; séparez vos doigts ; examinez immédiatement après cette séparation ce qui se passe en vous, et dites-moi si la sensation ne dure pas long-temps après que la compression a cessé ; si, pendant que la compression dure, votre ame vous paroît plus dans votre tête qu'à l'extrémité de vos doigts ; et si cette compression ne vous donne pas la notion d'une surface, par l'espace qu'occupe la sensation. Nous ne distinguons la présence des êtres hors de nous, de leur représentation dans notre imagination, que par la force et la foiblesse de l'impression : pareillement, l'aveugle-né ne discerne la sensation d'avec la présence réelle d'un objet à l'extrémité de son doigt, que par la force ou la foiblesse de la sensation même.

Si jamais un philosophe aveugle et sourd de naissance fait un homme à l'imitation de celui de Descartes ; j'ose vous assurer, Madame, qu'il placera l'ame au bout des doigts ; car c'est de-là que lui viennent ses principales sensations, et toutes ses connoissances. Et qui l'avertiroit que sa tête est le siége de ses pensées ? Si les travaux de l'imagination épuisent la nôtre, c'est que l'effort que nous faisons pour imaginer est assez semblable à celui que nous faisons pour appercevoir des objets très-proches ou très-petits. Mais il n'en sera pas de même de l'aveugle et sourd de naissance ; les sensations qu'il aura prises par le toucher seront, pour ainsi dire, le moule de toutes ses idées ; et je ne serois pas surpris, qu'après une profonde méditation, il eût les doigts aussi fatigués que nous avons la tête. Je ne craindrois point qu'un philosophe lui objectât que les nerfs sont les causes de nos sensations, et qu'ils partent tous du cerveau : quand ces deux propositions seroient aussi démontrées qu'elles le sont peu, sur-tout la première, il lui suffiroit de se faire expliquer tout ce que les physiciens ont rêvé là-dessus, pour persister dans son sentiment.

Mais si l'imagination d'un aveugle n'est autre chose que la faculté de se rappeler et de combiner des sensations de points palpables ; et celle d'un homme qui voit, la faculté de se rappeler et de combiner des points visibles ou colorés ; il s'ensuit que l'aveugle-né apperçoit les choses d'une manière beaucoup plus abstraite que nous ; et que dans les questions de pure spéculation, il est peut-être moins sujet à se tromper ; car l'abstraction ne consiste qu'à séparer par la pensée les qualités sensibles des corps, ou les unes des autres, ou du corps même qui leur sert de base ; et l'erreur naît de cette séparation mal faite, ou faite mal-à-propos ; mal faite, dans les questions métaphysiques ; et faite mal-à-propos, dans les questions physico-mathématiques. Un moyen presque sûr de se tromper en métaphysique, c'est de ne pas simplifier assez les objets dont on s'occupe ; et un secret infaillible pour arriver en physico-mathématique à des résultats défectueux, c'est de les supposer moins composés qu'ils ne le sont.

Il y a une espèce d'abstraction, dont si peu d'hommes sont capables, qu'elle semble réservée aux intelligences pures ; c'est celle par laquelle tout se réduiroit à des unités numériques. Il faut convenir que les résultats de cette géométrie seroient bien exacts, et ses formules bien générales ; car il n'y a point d'objets, soit dans la nature, soit dans le possible, que ces unités simples ne pussent représenter, des points, des lignes, des surfaces, des solides, des pensées, des idées, des sensations, etc. Si par hasard c'étoit là le fondement de la doctrine de Pythagore, on pourroit dire de lui qu'il échoua dans son projet, parce que cette manière de philosopher est trop au-dessus de nous, et trop approchante de celle de l'Etre suprême, qui, selon l'expression ingénieuse d'un géomètre anglais, *géométrise* perpétuellement dans l'univers.

L'unité pure et simple est un symbole trop vague et trop général pour nous. Nos sens nous ramènent à des signes plus analogues à l'étendue de notre esprit et à la conformation de nos organes. Nous avons même fait en sorte que ces signes pussent être communs entre nous; et qu'ils servissent, pour ainsi dire, d'entrepôt au commerce mutuel de nos idées. Nous en avons institué pour les yeux, ce sont les caractères; pour l'oreille, ce sont les sons articulés; mais nous n'en avons aucun pour le toucher, quoiqu'il y ait une matière propre de parler à ce sens, et d'en obtenir des réponses. Faute de cette langue, la communication est entièrement rompue entre nous et ceux qui naissent sourds, aveugles et muets. Ils croissent; mais ils restent dans un état d'imbécillité. Peut-être acquerroient-ils des idées, si l'on se faisoit entendre à eux dès l'enfance, d'une manière fixe, déterminée, constante et uniforme; en un mot, si on leur traçoit sur la main les mêmes caractères que nous traçons sur le papier, et que la même signification leur demeurât invariablement attachée.

Ce langage, Madame, ne vous paroît-il pas aussi commode qu'un autre ? n'est-il pas même tout inventé ? et oseriez-vous nous assurer qu'on ne vous a jamais rien fait entendre de cette manière ? Il ne s'agit donc que de le fixer et d'en faire une grammaire et des dictionnaires, si l'on trouve que l'expression par les caractères ordinaires de l'écriture soit trop lente pour ce sens.

Les connoissances ont trois portes pour entrer dans notre ame; et nous en tenons une barricadée, par le défaut de signes. Si l'on eût négligé les deux autres, nous en serions réduits à la condition des animaux. De même que nous n'avons que le serré, pour nous faire entendre au sens du toucher; nous n'aurions que le cri, pour parler à l'oreille. Madame, il faut manquer d'un sens pour connoître les avantages des symboles destinés à ceux qui restent; et des gens qui auroient le malheur d'être sourds, aveugles et muets, ou qui viendroient à perdre ces trois sens par quelque accident, seroient bien charmés qu'il y eût une langue nette et précise pour le toucher.

Il est bien plus court d'user de symboles tout inventés que d'en être inventeur, comme on y est forcé, lorsqu'on est pris au dépourvu. Quel avantage n'eût-ce pas été pour Saunderson de trouver une arithmétique palpable toute préparée à l'âge de cinq ans, au-lieu d'avoir à l'imaginer à l'âge de vingt-cinq. Ce Saunderson, Madame, est un autre aveugle, dont il ne sera pas hors de propos de vous entretenir. On en raconte des prodiges ; et il n'y en a aucun que ses progrès dans les belles-lettres, et son habileté dans les sciences mathématiques ne puissent rendre croyable.

La même machine lui servoit pour les calculs algébriques et pour la description des figures rectilignes. Vous ne seriez pas fâchée qu'on vous en fît l'explication, pourvu que vous fussiez en état de l'entendre ; et vous allez voir qu'elle ne suppose aucune connoissance que vous n'ayez, et qu'elle vous seroit très-utile, s'il vous prenoit jamais envie de faire de longs calculs à tâtons.

Imaginez un quarré, tel que vous le voyez planc. 2, divisé en quatre parties égales par des lignes perpendiculaires aux côtés, en sorte qu'il vous offrît les neuf points 1, 2, 3, 4, 5, 6, 7, 8, 9. Supposez ce quarré percé de neuf trous capables de recevoir des épingles de deux espèces, toutes de même longueur et de même grosseur, mais les unes à tête un peu plus grosse que les autres.

Les épingles à grosse tête ne se plaçoient jamais au centre du quarré ; celles à petite tête, jamais que sur les côtés, excepté dans un seul cas, celui du zéro. Le zéro se marquoit par une épingle à grosse tête, placée au centre du petit quarré, sans qu'il y eût aucune autre épingle sur les côtés. Le chiffre 1 étoit représenté par une épingle à petite tête, placée au centre du quarré, sans qu'il y eût aucune autre épingle sur les côtés. Le chiffre 2, par une épingle à grosse tête, placée au centre du quarré, et par une épingle à petite tête, placée sur un des côtés au point 1. Le chiffre 3, par une épingle à grosse tête, placée au centre du quarré, et par une épingle à petite tête, placée sur un des côtés au point 2. Le chiffre 4, par une épingle à grosse tête, placée au centre du quarré, et par une épingle à petite tête, placée sur un des côtés au point 3. Le chiffre 5, par une épingle à grosse tête, placée au centre du quarré, et par une épingle à petite tête, placée sur un des côtés au point 4. Le chiffre 6, par une épingle à grosse tête, placée au centre du quarré, et par une épingle à petite tête, placée sur un des côtés au point 5. Le chiffre 7, par une épingle à grosse tête, placée au centre du quarré, et par une épingle à petite tête, placée sur un des côtés au point 6. Le chiffre 8, par une épingle à grosse tête, placée au centre du quarré, et par une épingle à petite tête, placée sur un des côtés au point 7. Le chiffre 9, par une épingle à grosse tête, placée au centre du quarré, et par une épingle à petite tête, placée sur un des côtés du quarré au point 8.

Voilà bien dix expressions différentes pour le tact, dont chacune répond à un de nos dix caractères arithmétiques. Imaginez maintenant une table si grande que vous voudrez, partagée en petits quarrés, rangés horizontalement, et séparés les uns des autres de la même distance, ainsi que vous le voyez pl. 3 ; et vous aurez la machine de Saunderson.

Vous concevez facilement qu'il n'y a point de nombre qu'on ne puisse écrire sur cette table, et par conséquent aucune opération arithmétique qu'on n'y puisse exécuter.

Soit proposé, par exemple, de trouver la somme, ou de faire l'addition des neuf nombres suivans :

1	2	3	4	5
2	3	4	5	6
3	4	5	6	7
4	5	6	7	8
5	6	7	8	9
6	7	8	9	0
7	8	9	0	1
8	9	0	1	2
9	0	1	2	3

Je les écris sur la table, à-mesure qu'on me les nomme, le premier chiffre, à gauche du premier nombre, sur le premier quarré à gauche de la première ligne ; le second chiffre, à gauche du premier nombre, sur le second quarré à gauche de même ligne. Et ainsi de suite.

Je place le second nombre sur la seconde rangée de quarrés ; les unités, sous les unités ; les dixaines sous les dixaines, etc.

Je place le troisième nombre sur la troisième rangée de quarrés ; et ainsi de suite, comme vous voyez planc. 3. Puis, parcourant avec les doigts chaque rangée verticale de bas en haut, en commençant par celle qui est le plus à ma gauche, je fais l'addition des nombres qui y sont exprimés ; et j'écris le surplus des dixaines au bas de cette colonne. Je passe à la seconde colonne en avançant vers la gauche, sur laquelle j'opère de la même manière ; de celle-là, à la troisième ; et j'achève ainsi de suite mon addition.

Voici comment la même table lui servoit à démontrer les propriétés des figures rectilignes. Supposons qu'il eût à démontrer que les parallélogrammes, qui ont même base et même hauteur, sont égaux en surface. Il plaçoit ses épingles comme vous les voyez planc. 4. Il attachoit des noms aux points angulaires ; et il achevoit la démonstration avec ses doigts.

En supposant que Saunderson n'employât que des épingles à grosse tête, pour désigner les limites de ses figures, il pouvoit disposer autour d'elles des épingles à petite tête de neuf façons différentes, qui toutes lui étoient familières. Ainsi il n'étoit guère embarrassé, que dans les cas où le grand nombre de points angulaires qu'il étoit obligé de nommer dans sa démonstration, le forçoit de recourir aux lettres de l'alphabet. On ne nous apprend point comment il les employoit.

Nous savons seulement qu'il parcouroit sa table avec une agilité de doigts surprenante ; qu'il s'engageoit avec succès dans les calculs les plus longs ; qu'il pouvoit les interrompre, et reconnoître quand il se trompoit ; qu'il les vérifioit avec facilité ; et que ce travail ne lui demandoit pas, à beaucoup près, autant de temps qu'on pourroit se l'imaginer, par la commodité qu'il avoit de préparer sa table.

Cette préparation consistoit à placer des épingles à grosse tête au centre de tous les quarrés. Cela fait, il ne lui restoit plus qu'à en déterminer la valeur par les épingles à petite tête, excepté dans les cas où il falloit écrire une unité. Alors il mettoit au centre du quarré une épingle à petite tête, à la place de l'épingle à grosse tête qui l'occupoit.

Quelquefois, au-lieu de former une ligne entière avec ses épingles, il se contentoit d'en placer à tous les points angulaires ou d'intersection, autour desquels il fixoit des fils de soie qui achevoient de former les limites de ses figures. Voyez la planc. 5.

Il a laissé quelques autres machines qui lui facilitoient l'étude de la géométrie : on ignore le véritable usage qu'il en faisoit ; et il y auroit peut-être plus de sagacité à le retrouver, qu'à résoudre tel ou tel problême de calcul intégral. Que quelque géomètre tâche de nous apprendre à quoi lui servoient quatre morceaux de bois, solides, de la forme de parallèlipipèdes rectangulaires, chacun de onze pouces de long sur cinq et demi de large, et sur un peu plus d'un demi-pouce d'épais, dont les deux grandes surfaces opposées étoient divisées en petits quarrés semblables à celui de l'abaque que je viens de décrire ; avec cette différence qu'ils n'étoient percés qu'en quelques endroits où des épingles étoient enfoncées jusqu'à la tête. Chaque surface représentoit neuf petites tables arithmétiques de dix nombres chacune, et chacun de ces dix nombres étoit composé de dix chiffres. La planche 6 représente une de ces petites tables ; et voici les nombres qu'elle contenoit :

9	4	0	8	4
2	4	1	8	6
4	1	7	9	2
5	4	2	8	4
6	3	9	6	8
7	1	8	8	0
7	8	5	6	8
8	4	3	5	8
8	9	4	6	4
9	4	0	3	0

Il est l'auteur d'un ouvrage très-parfait dans son genre. Ce sont des élémens d'algèbre, où l'on n'apperçoit qu'il étoit aveugle qu'à la singularité de certaines démonstrations qu'un homme qui voit n'eût peut-être pas rencontrées. C'est à lui qu'appartient la division du cube en six pyramides égales qui ont leurs sommets au centre du cube, et pour bases, chacune une de ses faces. On s'en sert pour démontrer d'une manière très-simple que toute pyramide est le tiers d'un prisme de même base et de même hauteur.

Il fut entraîné par son goût à l'étude des mathématiques, et déterminé par la médiocrité de sa fortune et les conseils de ses amis, à en faire des leçons publiques. Ils ne doutèrent point qu'il ne reussît au de-là de ses espérances, par la facilité prodigieuse qu'il avoit à se faire entendre. En effet, Saunderson parloit à ses élèves comme s'ils eussent été privés de la vue : mais un aveugle qui s'exprime clairement pour des aveugles, doit gagner beaucoup avec des gens qui voyent ; ils ont un télescope de plus.

Ceux qui ont écrit sa vie disent qu'il étoit fécond en expressions heureuses ; et cela est fort vraisemblable. Mais qu'entendez-vous par des expressions heureuses, me demanderez-vous peut-être ? Je vous répondrai, Madame, que ce sont celles qui sont propres à un sens, au toucher par exemple, et qui sont métaphoriques en-même-temps à un autre sens, comme aux yeux ; d'où il résulte une double lumière pour celui à qui l'on parle, la lumière vraie et directe de l'expression, et la lumière réfléchie de la métaphore. Il est évident que dans ces occasions Saunderson, avec tout l'esprit qu'il avoit, ne s'entendoit qu'à moitié, puisqu'il n'appercevoit que la moitié des idées attachées aux termes qu'il employoit. Mais qui est-ce qui n'est pas de temps-en-temps dans le même cas ? Cet accident est commun aux idiots, qui font quelquefois d'excellentes plaisanteries ; et aux personnes qui ont le plus d'esprit, à qui il échappe une sottise, sans que ni les uns ni les autres s'en apperçoivent.

J'ai remarqué que la disette de mots produisoit aussi le même effet sur les étrangers à qui la langue n'est pas encore familière : ils sont forcés de tout dire avec une très-petite quantité de termes; ce qui les contraint d'en placer quelques-uns très-heureusement. Mais toute langue en général étant pauvre de mots propres pour les écrivains qui ont l'imagination vive, ils sont dans le même cas que des étrangers qui ont beaucoup d'esprit ; les situations qu'ils inventent, les nuances délicates qu'ils apperçoivent dans les caractères, la naïveté des peintures qu'ils ont à faire, les écartent à tout moment des façons de parler ordinaires, et leur font adopter des tours de phrases qui sont admirables toutes les fois qu'ils ne sont ni précieux, ni obscurs; défauts qu'on leur pardonne plus ou moins difficilement, selon qu'on a plus d'esprit soi-même, et moins de connoissance de la langue. Voilà pourquoi M. de Montesquieu est, de tous les auteurs français, celui qui plaît le plus aux Anglois ; et Tacite, celui de tous les auteurs latins que les *penseurs* estiment davantage. Les licences de langage nous échappent ; et la vérité des termes nous frappe seule.

Saunderson professa les mathématiques dans l'université de Cambridge avec un succès étonnant. Il donna des leçons d'optique ; il prononça des discours sur la nature de la lumière et des couleurs ; il expliqua la théorie de la vision ; il traita des effets des verres, des phénomènes de l'arc-en-ciel, et de plusieurs autres matières relatives à la vue et à son organe.

Ces faits perdront beaucoup de leur merveilleux, si vous considerez, Madame, qu'il y a trois choses à distinguer dans toute question mêlée de physique et de géométrie ; le phénomène à expliquer, les suppositions du géomètre ; et le calcul qui résulte des suppositions. Or, il est évident que, quelle que soit la pénétration d'un aveugle, les phénomènes de la lumière et des couleurs lui sont inconnus. Il entendra les suppositions, parce qu'elles sont toutes relatives à des causes palpables ; mais nullement la raison que le géomètre avoit de les préférer à d'autres : car il faudroit qu'il pût comparer les suppositions mêmes avec les phénomènes. L'aveugle prend donc les suppositions pour ce qu'on les lui donne ; un rayon de lumière, pour un fil élastique et mince, ou pour une suite de petits corps qui viennent frapper nos yeux avec une vîtesse incroyable; et il calcule en conséquence. Le passage de la physique à la géométrie est franchi; et la question devient purement mathématique.

Mais que devons-nous penser des résultats du calcul ? 1.° Qu'il est quelquefois de la dernière difficulté de les obtenir; et qu'en-vain un physicien seroit très-heureux à imaginer les hypothèses les plus conformes à la nature, s'il ne savoit les faire valoir par la géométrie : aussi les plus grands physiciens, Galilée, Descartes, Newton, ont-ils été grands géomètres. 2.° Que ces résultats sont plus ou moins certains, selon que les hypothèses dont on est parti sont plus ou moins compliquées. Lorsque le calcul est fondé sur une hypothèse simple, alors les conclusions acquièrent la force de démonstrations géométriques. Lorsqu'il y a un grand nombre de suppositions, l'apparence que chaque hypothèse soit vraie, diminue en raison du nombre des hypothèses; mais augmente d'un autre côté par le peu de vraisemblance que tant d'hypothèses fausses se puissent corriger exactement l'une l'autre, et qu'on en obtienne un résultat confirmé par les phénomènes. Il en seroit en ce cas comme d'une addition dont le résultat seroit exact, quoique les sommes partielles des nombres ajoutés eussent toutes été prises faussement. On ne peut disconvenir qu'une telle opération ne soit possible ; mais vous voyez en-même-temps qu'elle doit être fort rare. Plus il y aura de nombres à ajouter, plus il y aura d'apparence que l'on se sera trompé dans l'addition de chacun ; mais aussi, moins cette apparence sera grande, si le résultat de l'opération est juste. Il y a donc un nombre d'hypothèses tel que la certitude qui en résulteroit seroit la plus petite qu'il est possible. Si je fais A, plus B, plus C, égaux à 50, conclûrai-je de ce que, 50 est en effet la quantité du phénomène, que les suppositions représentées par les lettres A, B, C sont vraies ? Nullement ; car il y a une infinité de manières d'ôter à l'une de ces lettres et d'ajouter aux deux autres, d'après lesquelles je trouverai toujours 50 pour résultat ; mais le cas de trois hypothèses combinées est peut-être un des plus défavorables.

Un avantage du calcul que je ne dois pas omettre, c'est d'exclure les hypothèses fausses, par la contrariété qui se trouve entre le résultat et le phénomène. Si un physicien se propose de trouver la courbe que suit un rayon de lumière en traversant l'atmosphère, il est obligé de prendre son parti sur la densité des couches de l'air, sur la loi de la réfraction, sur la nature et la figure des corpuscules lumineux, et peut-être sur d'autres élémens essentiels qu'il ne fait point entrer en compte, soit parce qu'il les néglige volontairement, soit parce qu'ils lui sont inconnus. Il détermine ensuite la courbe du rayon. Est-elle autre dans la nature que son calcul ne la donne? ses suppositions sont incomplètes ou fausses : le rayon prend-il la courbe déterminée? il s'ensuit de deux choses l'une, ou que les suppositions se sont redressées, ou qu'elles sont exactes; mais lequel des deux? il l'ignore: cependant voilà toute la certitude à laquelle il peut arriver.

J'ai parcouru les élémens d'algèbre de Saunderson, dans l'espérance d'y rencontrer ce que je désirois d'apprendre de ceux qui l'ont vu familièrement, et qui nous ont instruits de quelques particularités de sa vie; mais ma curiosité a été trompée; et j'ai conçu que des élémens de géométrie de sa façon auroient été un ouvrage plus singulier en lui-même, et beaucoup plus utile pour nous. Nous y aurions trouvé les définitions du point, de la ligne, de la surface, du solide, de l'angle, des intersections des lignes et des plans, où je ne doute point qu'il n'eût employé des principes d'une métaphysique très-abstraite et fort voisine de celle des idéalistes. On appelle *idéalistes*, ces philosophes qui, n'ayant conscience que de leur existence et des sensations qui se succèdent au-dedans d'eux-mêmes, n'admettent pas autre chose : système extravagant qui ne pouvoit, ce me semble, devoir sa naissance qu'à des aveugles; système qui, à la honte de l'esprit humain et de la philosophie, est le plus difficile à combattre, quoique le plus absurde de tous. Il est exposé avec autant de franchise que de clarté dans trois dialogues du docteur Berkeley, évêque de Cloyne : il faudroit inviter l'auteur de l'Essai sur nos connoissances à examiner cet ouvrage ; il y trouveroit matière à des observations utiles, agréables, fines, et telles, en un mot, qu'il les sait faire. L'idéalisme mérite bien de lui être dénoncé; et cette hypothèse a de quoi le piquer, moins encore par sa singularité, que par la difficulté de la réfuter dans ses principes ; car ce sont précisément les mêmes que ceux de Berkeley. Selon l'un et l'autre, et selon la raison, les termes essence, matière, substance, suppôt, etc., ne portent guère par eux-mêmes de lumières dans notre esprit; d'ailleurs, remarque judicieusement l'auteur de l'*essai sur l'origine des connoissances humaines*, soit que nous nous élevions jusqu'aux cieux, soit que nous descendions jusques dans les abîmes, nous ne sortons jamais de nous-mêmes ; et ce n'est que notre propre pensée, que nous appercevons : or, c'est là le résultat du premier dialogue de Berkeley, et le fondement de tout son système. Ne seriez-vous pas curieuse de voir aux prises deux ennemis, dont les armes se ressemblent si fort ? Si la victoire restoit à l'un des deux, ce ne pourroit être qu'à celui qui s'en serviroit le mieux : mais l'auteur de l'*essai sur l'origine des connoissances humaines* vient de donner dans un traité sur les systèmes, de nouvelles preuves de l'adresse avec laquelle il sait manier les siennes, et montrer combien il est redoutable pour les systématiques.

Nous voilà bien loin de nos aveugles, direz-vous ; mais il faut que vous ayez la bonté, Madame, de me passer toutes ces digressions : je je vous ai promis un entretien ; et je ne puis vous tenir parole, sans cette indulgence.

J'ai lu, avec toute l'attention dont je suis capable, ce que Saunderson a dit de l'infini ; je puis vous assurer qu'il avoit sur ce sujet des idées très-justes et très-nettes, et que la plupart de nos *infinitaires* n'auroient été pour lui que des aveugles. Il ne tiendra qu'à vous d'en juger par vous-même : quoique cette matière soit assez difficile, et s'étende un peu au-delà de vos connoissances mathématiques, je ne désespérerois pas, en me préparant, de la mettre à votre portée, et de vous initier dans cette logique infinitésimale.

L'exemple de cet illustre aveugle prouve que le tact peut devenir plus délicat que la vue, lorsqu'il est perfectionné par l'exercice : car, en parcourant des mains une suite de médailles, il discernoit les vraies d'avec les fausses, quoique celles-ci fussent assez bien contrefaites pour tromper un connoisseur qui auroit eu de bons yeux ; et il jugeoit de l'exactitude d'un instrument de mathématiques, en faisant passer l'extrémité de ses doigts sur ses divisions. Voilà certainement des choses plus difficiles à faire, que d'estimer par le tact la ressemblance d'un buste avec la personne représentée. D'où l'on voit qu'un peuple d'aveugles pourroit avoir des statuaires, et tirer des statues le même avantage que nous, celui de perpétuer la mémoire des belles actions et des personnes qui leur seroient chères. Je ne doute pas même que le sentiment qu'ils éprouveroient à toucher les statues ne fût beaucoup plus vif que celui que nous avons à les voir. Quelle douceur pour un amant qui auroit bien tendrement aimé, de promener ses mains sur des charmes qu'il reconnoîtroit, lorsque l'illusion, qui doit agir plus fortement dans les aveugles qu'en ceux qui voyent, viendroit à les ranimer! Mais peut-être aussi que, plus il auroit de plaisir dans ce souvenir, moins il auroit de regrets.

Saunderson avoit de commun avec l'aveugle du Puisaux d'être affecté de la moindre vicissitude qui survenoit dans l'atmosphère, et de s'appercevoir, sur-tout dans les temps calmes, de la présence des objets dont il n'étoit éloigné que de quelques pas. On raconte qu'un jour qu'il assistoit à des observations astronomiques qui se faisoient dans un jardin, les nuages qui déroboient de temps-en-temps aux observateurs le disque du soleil, occasionnoient une altération assez sensible dans l'action des rayons sur son visage, pour lui marquer les momens favorables ou contraires aux observations. Vous croirez peut-être qu'il se faisoit dans ses yeux quelque ébranlement capable de l'avertir de la présence de la lumière, mais non de celle des objets ; et je l'aurois cru comme vous, s'il n'étoit certain que Saunderson étoit privé non-seulement de la vue, mais de l'organe.

Saunderson voyoit donc par la peau ; cette enveloppe étoit donc en lui d'une sensibilité si exquise, qu'on peut assurer qu'avec un peu d'habitude, il seroit parvenu à reconnoître un de ses amis dont un dessinateur lui auroit tracé le portrait sur la main, et qu'il auroit prononcé, sur la succession des sensations excitées par le crayon : *c'est monsieur un tel*. Il y a donc aussi une peinture pour les aveugles, celle à qui leur propre peau serviroit de toile. Ces idées sont si peu chimériques, que je ne doute point que, si quelqu'un vous traçoit sur la main la petite bouche de M[r]... vous ne la reconnussiez sur-le-champ. Convenez cependant que cela seroit plus facile encore à un aveugle-né qu'à vous, malgré l'habitude que vous avez de la voir et de la trouver charmante ; car il entre dans votre jugement deux ou trois choses, la comparaison de la peinture qui s'en feroit sur votre main avec celle qui s'en est faite dans le fond de votre œil ; la mémoire de la manière dont on est affecté des choses que l'on sent, et de celle dont on est affecté par les choses qu'on s'est contenté de voir et d'admirer ; enfin, l'application de ces données à la question qui vous est proposée par un dessinateur qui vous demande, en traçant une bouche sur la peau de votre main, avec la pointe de son crayon : *à qui appartient la bouche que je dessine ?* au-lieu que la somme des sensations excitées par une bouche sur la main d'un aveugle, est la même que la somme des sensations successives, réveillées par le crayon du dessinateur qui la lui représente.

Je pourrois ajouter à l'histoire de l'aveugle du Puisaux et de Saunderson, celle de Didyme d'Alexandrie, d'Eusèbe l'asiatique, de Nicaise de Méchlin, et de quelques autres qui ont paru si fort élevés au-dessus du reste des hommes, avec un sens de moins, que les poëtes auroient pu feindre sans exagération, que les dieux jaloux les en privèrent, de peur d'avoir des égaux parmi les mortels. Car qu'étoit-ce que ce Tirésias, qui avoit lu dans les secrets des dieux, et qui possédoit le don de prédire l'avenir, qu'un philosophe aveugle dont la Fable nous a conservé la mémoire ? Mais ne nous éloignons plus de Saunderson ; et suivons cet homme extraordinaire jusqu'au tombeau.

Lorsqu'il fut sur-le-point de mourir, on appela auprès de lui un ministre fort habile, M. Gervaise Holmes ; ils eurent ensemble un entretien sur l'existence de Dieu, dont il nous reste quelques fragmens, que je vous traduirai de mon mieux ; car ils en valent bien la peine. Le ministre conmença par lui objecter les merveilles

de la nature : « Eh, monsieur ! lui disoit le philo-
» sophe aveugle, laissez là tout ce beau spectacle
» qui n'a jamais été fait pour moi ! J'ai été con-
» damné à passer ma vie dans les ténèbres; et
» vous me citez des prodiges que je n'entends
» point, et qui ne prouvent que pour vous et
» que pour ceux qui voyent comme vous. Si vous
» voulez que je croie en Dieu, il faut que vous
» me le fassiez toucher ».

Monsieur, reprit habilement le ministre, portez
les mains sur vous-même, et vous rencontrerez
la divinité dans le mécanisme admirable de vos
organes.

« M. Holmes, reprit Saunderson, je vous le
» répète; tout cela n'est pas aussi beau pour moi
» que pour vous. Mais le mécanisme animal,
» fût-il aussi parfait que vous le prétendez, et
» que je veux bien le croire, car vous êtes un
» honnête homme très-incapable de m'en im-
» poser, qu'a-t-il de commun avec un être sou-
» verainement intelligent ? S'il vous étonne, c'est
» peut-être parce que vous êtes dans l'habitude
» de traiter de prodige tout ce qui vous paroît
» au-dessus de vos forces. J'ai été si souvent un
» objet d'admiration pour vous, que j'ai bien mau-
» vaise opinion de ce qui vous surprend. J'ai attiré
» du fond de l'Angleterre des gens, qui ne pou-
» voient concevoir comment je faisois de la géo-
» métrie; il faut que vous conveniez que ces

» gens-là n'avoient pas des notions bien exactes de
» la possibilité des choses. Un phénomène est-
» il, à notre avis, au-dessus de l'homme? nous
» disons aussi-tôt : *c'est l'ouvrage d'un Dieu ;*
» notre vanité ne se contente pas à moins. Ne
» pourrions-nous pas mettre dans nos discours
» un peu moins d'orgueil, et un peu plus de phi-
» losophie ? Si la nature nous offre un nœud dif-
» ficile à délier, laissons-le pour ce qu'il est ;
» et n'employons pas à le couper la main d'un
» être qui devient ensuite pour nous un nouveau
» nœud plus indissoluble que le premier. Demandez
» à un Indien pourquoi le monde reste suspendu
» dans les airs, il vous répondra qu'il est porté
» sur le dos d'un éléphant ; et l'éléphant, sur quoi
» l'appuyera-t-il? sur une tortue ; et la tortue, qui
» la soutiendra ?.... Cet Indien vous fait pitié ;
» et l'on pourroit vous dire comme à lui : M.
» Holmes, mon ami, confessez d'abord votre igno-
» rance ; et faites-moi grace de l'éléphant et de la
» tortue ».

Saunderson s'arrêta un moment : il attendoit apparemment que le ministre lui répondît ; mais par où attaquer un aveugle ? M. Holmes se prévalut de la bonne opinion que Saunderson avoit conçue de sa probité, et des lumières de Newton, de Léibnitz, de Clarke, et de quelques-uns de ses compatriotes, les premiers génies du monde, qui tous avoient été frappés des merveilles de la nature, et reconnoissoient un être intelligent pour son auteur. C'étoit, sans contredit, ce que le ministre pouvoit objecter de plus fort à Saunderson. Aussi le bon aveugle convint-il qu'il y auroit de la témérité à nier ce qu'un homme tel que Newton n'avoit pas dédaigné d'admettre : il représenta toute-fois au ministre que le témoignage de Newton n'étoit pas aussi fort pour lui, que celui de la nature entière pour Newton ; et que Newton croyoit sur la parole de Dieu, au-lieu que lui il en étoit réduit à croire sur la parole de Newton.

« Considérez, M. Holmes, ajouta-t-il, com-
» bien il faut que j'aye de confiance en votre parole
» et dans celle de Newton. Je ne vois rien, ce-
» pendant j'admets en tout un ordre admirable ;
» mais je compte que vous n'en exigerez pas
» davantage. Je vous le cède sur l'état actuel de
» l'univers, pour obtenir de vous en revanche la
» liberté de penser ce qu'il me plaira de son an-
» cien et premier état, sur lequel vous n'êtes
» pas moins aveugle que moi. Vous n'avez point
» ici de témoins à m'opposer ; et vos yeux ne
» vous sont d'aucune ressource. Imaginez donc,
» si vous voulez, que l'ordre qui frappe a toujours
» subsisté ; mais laissez-moi croire qu'il n'en est
» rien ; et que si nous remontions à la naissance
» des choses et des temps, et que nous sentis-
» sions la matière se mouvoir et le chaos se dé-

I *

» brouiller, nous rencontrerions une multitude
» d'êtres informes pour quelques êtres bien orga-
» nisés. Si je n'ai rien à vous objecter sur la con-
» dition présente des choses, je puis du-moins
» vous interroger sur leur condition passée. Je puis
» vous demander, par exemple, qui vous a dit
» à vous, à Léibnitz, à Clarke et à Newton, que
» dans les premiers instans de la formation des ani-
» maux, les uns n'étoient pas sans tête et les autres
» sans pieds ? Je puis vous soutenir que ceux-ci n'a-
» voient point d'estomac, et ceux-là point d'intes-
» tins ; que tels à qui un estomac, un palais et des
» dents sembloient promettre de la durée, ont cessé
» par quelque vice du cœur ou des poumons; que
» les monstres se sont anéantis successivement;
» que toutes les combinaisons vicieuses de la
» matière ont disparu, et qu'il n'est resté que
» celles où le mécanisme n'impliquoit aucune con-
» tradiction importante, et qui pouvoient subsister
» par elles-mêmes et se perpétuer.

» Cela supposé, si le premier homme eût eu
» le larinx fermé, eût manqué d'alimens conve-
» nables, eût péché par les parties de la géné-
» ration, n'eût point rencontré sa compagne, ou
» se fût répandu dans une autre espèce, M. Hol-
» mes, que devenoit le genre-humain ? il eût été
» enveloppé dans la dépuration générale de l'u-
» nivers ; et cet être orgueilleux qui s'appelle
» homme, dissous et dispersé entre les molécules

» de la matière, seroit resté, peut-être pour tou-
» jours, au nombre des possibles.

» S'il n'y avoit jamais eu d'êtres informes, vous
» ne manqueriez pas de prétendre qu'il n'y en
» aura jamais ; et que je me jette dans des hy-
» pothèses chimériques : mais l'ordre n'est pas si
» parfait, continua Saunderson, qu'il ne paroisse
» encore de temps-en-temps des productions
» monstrueuses ». Puis, se tournant en face du mi-
» nistre, il ajouta : « Voyez-moi bien, M. Holmes,
» je n'ai point d'yeux. Qu'avions-nous fait à Dieu,
» vous et moi, l'un pour avoir cet organe, l'autre
» pour en être privé »?

Saunderson avoit l'air si vrai et si pénétré en
prononçant ces mots, que le ministre et le reste
de l'assemblée ne purent s'empêcher de partager
sa douleur, et se mirent à pleurer amèrement
sur lui. L'aveugle s'en apperçut. « Monsieur Hol-
» mes, dit-il au ministre, la bonté de votre cœur
» m'étoit bien connue ; et je suis très-sensible à la
» preuve que vous m'en donnez dans ces derniers
» momens : mais si je vous suis cher, ne m'en-
» viez pas en mourant la consolation de n'avoir
» jamais affligé personne ».

Puis, reprenant un ton un peu plus ferme, il
ajouta : « Je conjecture donc que, dans le com-
» mencement où la matière en fermentation faisoit
» éclore l'univers, mes semblables étoient fort
» communs. Mais pourquoi n'assurerois-je pas des

» mondes ; ce que je crois des animaux ? combien
» de mondes estropiés, manqués, se sont dis-
» sipés, se reforment et se dissipent peut-être à
» chaque instant dans des espaces éloignés, où
» je ne touche point, et où vous ne voyez pas ;
» mais où le mouvement continue et continuera
» de combiner des amas de matière, jusqu'à ce
» qu'ils aient obtenu quelque arrangement dans
» lequel ils puissent persévérer. O philosophes !
» transportez-vous donc avec moi sur les confins
» de cet univers, au-delà du point où je touche,
» et où vous voyez des êtres organisés ; promenez-
» vous sur ce nouvel océan, et cherchez à travers
» ses agitations irrégulières quelques vestiges de
» cet être intelligent dont vous admirez ici la
» sagesse !

» Mais à quoi bon vous tirer de votre élément ?
» Qu'est-ce que ce monde, M. Holmes ? un com-
» posé sujet à des révolutions, qui toutes indiquent
» une tendance continuelle à la destruction ; une
» succession rapide d'êtres qui s'entre-suivent ;
» se poussent et disparoissent ; une symétrie
» passagère ; un ordre momentané. Je vous re-
» prochois tout-à-l'heure d'estimer la perfection
» des choses par votre capacité ; et je pourrois
» vous accuser ici d'en mesurer la durée sur celle
» de vos jours. Vous jugez de l'existence suc-
» cessive du monde, comme la mouche éphémère
» de la vôtre. Le monde est éternel pour vous,

» comme vous êtes éternel pour l'être qui ne
» vit qu'un instant : encore l'insecte est-il plus
» raisonnable que vous. Quelle suite prodigieuse
» de générations d'éphémères atteste votre éter-
» nité ! quelle tradition immense ! Cependant nous
» passerons tous, sans qu'on puisse assigner ni
» l'étendue réelle que nous occupions, ni le
» temps précis que nous aurons duré. Le temps,
» la matière et l'espace ne sont peut-être qu'un
» point ».

Saunderson s'agita dans cet entretien un peu plus que son état ne le permettoit ; il lui survint un accès de délire qui dura quelques heures, et dont il ne sortit que pour s'écrier : *O Dieu de Clarke et de Newton, prends pitié de moi*, et mourir.

Ainsi finit Saunderson. Vous voyez, Madame, que tous les raisonnemens qu'il venoit d'objecter au ministre n'étoient pas même capables de rassurer un aveugle. Quelle honte pour des gens qui n'ont pas de meilleures raisons que lui, qui voyent, et à qui le spectacle étonnant de la nature annonce, depuis le lever du soleil jusqu'au coucher des moindres étoiles, l'existence et la gloire de son auteur ! Ils ont des yeux, dont Saunderson étoit privé ; mais Saunderson avoit une pureté de mœurs et une ingénuité de caractère qui leur manquent. Aussi ils vivent en aveugles ; et Saunderson meurt comme s'il eût vu. La voix de la nature se fait entendre suffisamment à lui, à travers les organes qui lui restent; et son témoignage n'en sera que plus fort contre ceux qui se ferment opiniâtrément les oreilles et les yeux. Je demanderois volontiers si le vrai Dieu n'étoit pas encore mieux voilé pour Socrate par les ténèbres du paganisme, que pour Saunderson par la privation de la vue et du spectacle de la nature.

Je suis bien fâché, Madame, que pour votre satisfaction et la mienne, on ne nous ait pas transmis de cet illustre aveugle d'autres particularités intéressantes. Il y avoit peut-être plus de lumières à tirer de ses réponses, que de toutes les expériences qu'on se propose. Il falloit que ceux qui vivoient avec lui fussent bien peu philosophes ! J'en excepte cependant son disciple, M. William Inchlif, qui ne vit Saunderson que dans ses derniers momens, et qui nous a recueilli ses dernières paroles, que je conseillerois à tous ceux qui entendent un peu l'anglais de lire en original dans un ouvrage imprimé à Dublin en 1747, et qui a pour titre: *The Life and character of Dr Nicholas Saunderson late lucasian Professor of the mathematicks in the university of Cambridge; by his disciple and friend William Inchlif, Esq.* ils y remarqueront un agrément, une force, une vérité, une douceur qu'on ne rencontre dans aucun autre écrit, et que je ne me flatte pas de vous avoir rendus, malgré tous les efforts que j'ai faits pour les conserver dans ma traduction.

Il épousa en 1713 la fille de M. Dickons, recteur de Boxworth, dans la contrée de Cambridge ; il en eut un fils et une fille qui vivent encore. Les derniers adieux qu'il fit à sa famille sont fort touchans. « Je vais, leur dit-il, où nous » irons tous ; épargnez-moi des plaintes qui m'at- » tendrissent. Les témoignages de douleur que » vous me donnez, me rendent plus sensible à » ceux qui m'échappent. Je renonce sans peine » à une vie qui n'a été pour moi qu'un long désir » et qu'une privation continuelle. Vivez aussi ver- » tueux et plus heureux, et apprenez à mourir » aussi tranquilles ». Il prit ensuite la main de sa femme, qu'il tint un moment serrée entre les siennes : il se tourna le visage de son côté, comme s'il eût cherché à la voir ; il bénit ses enfans, les embrassa tous, et les pria de se retirer, parce qu'ils portoient à son ame des atteintes plus cruelles que les approches de la mort.

L'Angleterre est le pays des philosophes, des curieux, des systématiques ; cependant, sans M. Inchlif, nous ne saurions de Saunderson que ce que les hommes les plus ordinaires nous en auroient appris ; par exemple, qu'il reconnoissoit les lieux où il avoit été introduit une fois, au bruit des murs et du pavé, losqu'ils en faisoient ; et cent autres choses de la même nature qui lui étoient communes avec presque tous les aveugles. Quoi donc ! rencontre-t-on si fréquemment en Angleterre des aveugles du mérite de Saunderson ; et y trouve-t-on tous les jours des gens qui n'aient jamais vu, et qui fassent des leçons d'optique ?

On cherche à restituer la vue des aveugles-nés ; mais si l'on y regardoit de plus près, on trouveroit, je crois, qu'il y a bien autant à profiter pour la philosophie, en questionnant un aveugle de bon sens. On en apprendroit comment les choses se passent en lui ; on les compareroit avec la manière dont elles se passent en nous ; et l'on tireroit peut-être de cette comparaison la solution des difficultés qui rendent la théorie de la vision et des sens si embarrassée et si incertaine : mais je ne conçois pas, je l'avoue, ce que l'on espère d'un homme à qui l'on vient de faire une opération douloureuse sur un organe très-délicat que le plus léger accident dérange, et qui trompe souvent ceux en qui il est sain et qui jouissent depuis long-temps de ses avantages. Pour moi, j'écouterois avec plus de satisfaction sur la théorie des sens un métaphysicien à qui les principes de la physique, les élémens des mathématiques et la conformation des parties seroient familières, qu'un homme sans éducation et sans connoissances, à qui l'on a restitué la vue par l'opération de la cataracte. J'aurois moins de confiance dans les réponses d'une personne qui voit pour la première fois, que dans les découvertes d'un philosophe qui auroit bien médité son sujet dans l'obscurité ; ou, pour vous parler le langage des poëtes, qui se seroit crevé les yeux pour connoître plus aisément comment se fait la vision.

Si l'on vouloit donner quelque certitude à des expériences, il faudroit du-moins que le sujet fût préparé de longue main, qu'on l'élevât, et peut-être qu'on le rendît philosophe : mais ce n'est pas l'ouvrage d'un moment, que de faire un philosophe, même quand on l'est ; que sera-ce, quand on ne l'est pas ? c'est bien pis, quand on croit l'être. Il seroit très-à-propos de ne commencer les observations que long-temps après l'opération. Pour cet effet, il faudroit traiter le malade dans l'obscurité, et s'assurer bien que sa blessure est guérie et que ses yeux sont sains. Je ne voudrois pas qu'on l'exposât d'abord au grand jour ; l'éclat d'une lumière vive nous empêche de voir : que ne produira-t-il point sur un organe qui doit être de la dernière sensibilité, n'ayant encore éprouvé aucune impression qui l'ait émoussé.

Mais ce n'est pas tout : ce seroit encore un point fort délicat, que de tirer parti d'un sujet ainsi préparé ; et que de l'interroger avec assez de finesse, pour qu'il ne dît précisément que ce qui se passe en lui. Il faudroit que cet interrogatoire se fît en pleine académie ; ou plutôt, afin de n'avoir point de spectateurs superflus, n'inviter à cette assemblée que ceux qui le mériteroient par leurs connoissances philosophiques, anatomiques, etc.... Les plus habiles gens et les meilleurs esprits ne seroient pas trop bons pour cela. Préparer et interroger un aveugle-né, n'eût point été une occupation indigne des talens réunis de Newton, Descartes, Locke et Léibnitz.

Je finirai cette lettre, qui n'est déjà que trop longue, par une question qu'on a proposée il y a long-temps. Quelques réflexions sur l'état singulier de Saunderson m'ont fait voir qu'elle n'avoit jamais été entièrement résolue. On suppose un aveugle de naissance qui soit devenu homme-fait, et à qui on ait appris à distinguer, par l'attouchement, un cube et un globe de même métal et à-peu-près de même grandeur, en-sorte que, quand il touche l'un et l'autre, il puisse dire quel est le cube et quel est le globe. On suppose que le cube et le globe étant posés sur une table, cet aveugle vienne à jouir de la vue; et l'on demande si, en les voyant sans les toucher, il pourra les discerner et dire quel est le cube et quel est le globe.

Ce fut M. Molineux, qui proposa le premier cette question, et qui tenta de la résoudre. Il prononça que l'aveugle ne distingueroit point le globe du cube; « car, dit-il, quoiqu'il ait appris
» par expérience de quelle manière le globe et
» le cube affectent son attouchement, il ne sait
» pourtant pas encore que ce qui affecte son at-
» touchement de telle ou de telle manière, doit
» frapper ses yeux de telle ou telle façon; ni que

» l'angle avancé du cube qui presse sa main
» d'une manière inégale, doive paroître à ses yeux
» tel qu'il paroît dans le cube ».

Locke, consulté sur cette question, dit : « Je
» suis tout-à-fait du sentiment de M. Molineux.
» Je crois que l'aveugle ne seroit pas capable,
» à la première vue, d'assurer avec quelque con-
» fiance quel seroit le cube et quel seroit le globe,
» s'il se contentoit de les regarder, quoiqu'en
» les touchant il pût les nommer et les distinguer
» sûrement par la différence de leurs figures,
» que l'attouchement lui feroit reconnoître ».

M. l'abbé de Condillac, dont vous avez lu l'*essai
sur l'origine des connoissances humaines*, avec
tant de plaisir et d'utilité, et dont je vous envoie,
avec cette lettre, l'excellent *Traité des systêmes*,
a là-dessus un sentiment particulier. Il est inutile de vous rapporter les raisons sur lesquelles
il s'appuye ; ce seroit vous envier le plaisir de
lire un ouvrage, où elles sont exposées d'une manière si agréable et si philosophique, que de
mon côté je risquerois trop à les déplacer. Je me
contenterai d'observer qu'elles tendent toutes à
démontrer que l'aveugle-né ne voit rien, ou qu'il
voit la sphère et le cube différens ; et que les conditions que ces deux corps soient de même métal
et à-peu-près de même grosseur, qu'on a jugé
à-propos d'insérer dans l'énoncé de la question,
y sont superflues, ce qui ne peut être contesté ;

car auroit-il pu dire, s'il n'y a aucune liaison essentielle entre la sensation de la vue et celle du toucher, comme MM. Locke et Molineux le prétendent, ils doivent convenir qu'on pourroit voir deux pieds de diamètre à un corps qui disparoîtroit sous la main. M. de Condillac ajoute cependant que, si l'aveugle-né voit les corps, en discerne les figures, et qu'il hésite sur le jugement qu'il en doit porter, ce ne peut être que par des raisons métaphysiques assez subtiles que je vous expliquerai tout-à-l'heure.

Voilà donc deux sentimens différens sur la même question, et entre des philosophes de la première force. Il sembleroit qu'après avoir été maniée par des gens tels que MM. Molineux, Locke et l'abbé de Condillac, elle ne doit plus rien laisser à dire; mais il y a tant de faces sous lesquelles la même chose peut être considérée, qu'il ne seroit pas étonnant qu'ils ne les eussent pas toutes épuisées.

Ceux qui ont prononcé que l'aveugle-né distingueroit le cube de la sphère, ont commencé par supposer un fait qu'il importoit peut-être d'examiner; savoir si un aveugle-né, à qui on abattroit les cataractes, seroit en état de se servir de ses yeux dans les premiers momens qui succèdent à l'opération. Ils ont dit seulement : « L'aveugle-né, comparant les idées de sphère et de cube qu'il a reçues par le toucher avec celles

» qu'il en prend par la vue, connoîtra néces-
» sairement que ce sont les mêmes ; et il y auroit
» en lui bien de la bizarrerie de prononcer que
» c'est le cube qui lui donne à la vue l'idée de
» sphère, et que c'est de la sphère que lui
» vient l'idée du cube. Il appellera donc sphère
» et cube, à la vue, ce qu'il appeloit sphère et
» cube au toucher ».

Mais quelle a été la réponse et le raisonnement
de leurs antagonistes ? Ils ont supposé pareillement
que l'aveugle-né verroit aussi-tôt qu'il auroit l'organe sain ; ils ont imaginé qu'il en étoit d'un œil
à qui l'on abaisse la cataracte, comme d'un bras
qui cesse d'être paralytique: il ne faut point d'exercice à celui-ci pour sentir, ont-ils dit, ni par
conséquent à l'autre pour voir ; et ils ont ajouté :
« Accordons à l'aveugle-né un peu plus de philo-
» sophie que vous ne lui en donnez ; et après
» avoir poussé le raisonnement jusqu'où vous
» l'avez laissé, il continuera ; mais cependant,
» qui m'a assuré qu'en approchant de ces corps
» et en appliquant mes mains sur eux, ils ne
» tromperont pas subitement mon attente, et
» que le cube ne me renverra pas la sensation
» de la sphère, et la sphère celle du cube ? Il
» n'y a que l'expérience qui puisse m'apprendre
» s'il y a conformité de relation entre la vue
» et le toucher : ces deux sens pourroient être
» en contradiction dans leurs rapports, sans que

» j'en susse rien ; peut-être même croirois-je
» que ce qui se présente actuellement à ma vue
» n'est qu'une pure apparence ; si l'on ne m'avoit
» informé que ce sont là les mêmes corps que
» j'ai touchés. Celui-ci me semble, à-la-vérité,
» devoir être le corps que j'appelois cube ; et
» celui-là, le corps que j'appelois sphère ; mais
» on ne me demande pas ce qu'il m'en semble,
» mais ce qui en est ; et je ne suis nullement en
» état de satisfaire à cette dernière question ».

Ce raisonnement, dit, l'auteur de l'*essai sur l'origine des connoissances humaines*, seroit très-embarrassant pour l'aveugle-né ; et je ne vois que l'expérience qui puisse y fournir une réponse. Il y a toute apparence que M. l'abbé de Condillac ne veut parler ici que de l'expérience que l'aveugle-né réitéreroit lui-même sur les corps par un second attouchement. Vous sentirez tout-à-l'heure pourquoi je fais cette remarque. Au reste, cet habile métaphysicien auroit pu ajouter qu'un aveugle-né devoit trouver d'autant moins d'absurdité à supposer que deux sens pussent être en contradiction, qu'il imagine qu'un miroir les y met en effet, comme je l'ai remarqué plus haut.

M. de Condillac observe ensuite que M. Molineux a embarrassé la question de plusieurs conditions qui ne peuvent ni prévenir ni lever les difficultés que la métaphysique formeroit à l'aveugle-né. Cette observation est d'autant plus juste, que la métaphysique que l'on suppose à l'aveugle-né, n'est pas déplacée, puisque, dans ces questions philosophiques, l'expérience doit toujours être censée se faire sur un philosophe, c'est-à-dire sur une personne qui saisisse, dans les questions qu'on lui propose, tout ce que le raisonnement et la condition de ses organes lui permettent d'y appercevoir.

Voilà, Madame, en abrégé, ce qu'on a dit pour et contre sur cette question ; et vous allez voir, par l'examen que j'en ferai, combien ceux qui ont prononcé que l'aveugle-né verroit les figures et discerneroit les corps, étoient loin de s'appercevoir qu'ils avoient raison ; et combien ceux qui le nioient, avoient de raisons de penser qu'ils n'avoient point tort.

La question de l'aveugle-né, prise un peu plus généralement que M. Molineux ne l'a proposée, en embrasse deux autres que nous allons considérer séparément. On peut demander, 1.° si l'aveugle-né verra aussi-tôt que l'opération de la cataracte sera faite. 2.° Dans le cas qu'il voye, s'il verra suffisamment pour discerner les figures ; s'il sera en état de leur appliquer sûrement, en les voyant, les mêmes noms qu'il leur donnoit au toucher ; et s'il aura la démonstration que ces noms leur conviennent.

L'aveugle-né verra-t-il immédiatement après la guérison de l'organe ? Ceux qui prétendent qu'il

ne verra point, disent : « Aussi-tôt que l'aveugle-né
» jouit de la faculté de se servir de ses yeux, toute
» la scène qu'il a en perspective vient se peindre
» dans le fond de son œil. Cette image, composée
» d'une infinité d'objets rassemblés dans un fort
» petit espace, n'est qu'un amas confus de figures
» qu'il ne sera pas en état de distinguer les unes
» des autres. On est presque d'accord qu'il n'y
» a que l'expérience qui puisse lui apprendre à
» juger de la distance des objets, et qu'il est
» même dans la nécessité de s'en approcher, de
» les toucher; de s'en éloigner, de s'en rapprocher,
» et de les toucher encore, pour s'assurer qu'ils
» ne font point partie de lui-même, qu'ils sont
» étrangers à son être, et qu'il en est tantôt voisin
» et tantôt éloigné : pourquoi l'expérience ne lui
» seroit-elle pas encore nécessaire pour les ap-
» perçevoir ? Sans l'expérience, celui qui apper-
» çoit des objets pour la première fois, devroit
» s'imaginer, lorsqu'ils s'éloignent de lui, ou lui
» d'eux, au-delà de la portée de sa vue, qu'ils
» ont cessé d'exister; car il n'y a que l'expérience,
» que nous faisons sur les objets permanens, et
» que nous retrouvons à la même place, où nous
» les avons laissés, qui nous constate leur exis-
» tence continuée dans l'éloignement. C'est peut-
» être par cette raison, que les enfans se consolent
» si promptement des jouets dont on les prive.
» On ne peut pas dire qu'ils les oublient promp-

» tement : car si l'on considère qu'il y a des enfans
» de deux ans et demi qui savent une partie con-
» sidérable de mots d'une langue ; et qu'il leur
» en coûte plus pour les prononcer que pour les
» retenir ; on sera convaincu que le temps de
» l'enfance est celui de la mémoire. Ne seroit-il
» pas plus naturel de supposer qu'alors les en-
» fans s'imaginent que ce qu'ils cessent de voir
» a cessé d'exister, d'autant plus que leur joie
» paroît mêlée d'admiration, lorsque les objets
» qu'ils ont perdus de vue viennent à reparoître ?
» Les nourrices les aident à acquérir la notion des
» êtres absens, en les exerçant à un petit jeu qui
» consiste à se couvrir et à se montrer subitement
» le visage. Ils ont, de cette manière, cent fois
» en un quart-d'heure, l'expérience, que ce qui
» cesse de paroître ne cesse pas d'exister. D'où
» il s'ensuit que c'est à l'expérience que nous
» devons la notion de l'existence continuée des
» objets ; que c'est par le toucher, que nous ac-
» quérons celle de leur distance ; qu'il faut peut-
» être que l'œil apprenne à voir, comme la langue
» à parler ; qu'il ne seroit pas étonnant que le
» secours d'un des sens fût nécessaire à l'autre ;
» et que le toucher, qui nous assure de l'exis-
» tence des objets hors de nous lorsqu'ils sont
» présens à nos yeux, est peut-être encore le sens
» à qui il est réservé de nous constater, je ne

» dis pas leurs figures et autres modifications, mais
» même leur présence ».

On ajoute à ces raisonnemens, les fameuses expériences de Chéselden (*). Le jeune homme, à qui cet habile chirurgien abaissa les cataractes, ne distingua, de long-temps, ni grandeurs, ni distances, ni situations, ni même figures. Un objet d'un pouce mis devant son œil, et qui lui cachoit une maison, lui paroissoit aussi grand que la maison. Il avoit tous les objets sur les yeux; et ils lui sembloient appliqués à cet organe, comme les objets du tact le sont à la peau. Il ne pouvoit distinguer ce qu'il avoit jugé rond, à l'aide de ses mains, d'avec ce qu'il avoit jugé angulaire; ni discerner avec les yeux si ce qu'il avoit senti être en haut ou en bas, étoit en effet en haut ou en bas. Il parvint, mais ce ne fut pas sans peine, à appercevoir que sa maison étoit plus grande que sa chambre, mais nullement à concevoir comment l'œil pouvoit lui donner cette idée. Il lui fallut un grand nombre d'expériences réitérées, pour s'assurer que la peinture représentoit des corps solides; et quand il se fut bien convaincu, à force de regarder des tableaux, que ce n'étoient point des surfaces seulement qu'il voyoit, il y porta

---

(*) *Voyez* les élémens de la philosophie de Newton, par M. de Voltaire.

la main, et fut bien étonné de ne rencontrer qu'un plan uni et sans aucune saillie : il demanda alors quel étoit le trompeur, du sens du toucher, ou du sens de la vue. Au-reste, la peinture fit le même effet sur les sauvages, la première fois qu'ils en virent : ils prirent des figures peintes pour des hommes vivans, les interrogèrent, et furent tout surpris de n'en recevoir aucune réponse : cette erreur ne venoit certainement pas en eux du peu d'habitude de voir.

Mais, que répondre aux autres difficultés ? qu'en effet, l'œil expérimenté d'un homme fait mieux voir les objets, que l'organe imbécille et tout neuf d'un enfant ou d'un aveugle de naissance à qui l'on vient d'abaisser les cataractes. Voyez, Madame, toutes les preuves qu'en donne M. l'abbé de Condillac, à la fin de son *Essai sur l'origine des connoissances humaines*, où il se propose en objection les expériences faites par Chéselden, et rapportées par M. de Voltaire. Les effets de la lumière sur un œil qui en est affecté pour la première fois ; et les conditions requises dans les humeurs de cet organe, la cornée, le cristallin, etc...., y sont exposés avec beaucoup de netteté et de force ; et ne permettent guère de douter que la vision ne se fasse très-imparfaitement dans un enfant qui ouvre les yeux pour la première fois, ou dans un aveugle à qui l'on vient de faire l'opération.

Il faut donc convenir que nous devons appercevoir dans les objets une infinité de choses que l'enfant ni l'aveugle-né n'y apperçoivent point, quoiqu'elles se peignent également au fond de leurs yeux; que ce n'est pas assez que les objets nous frappent, qu'il faut encore que nous soyons attentifs à leurs impressions; que, par conséquent, on ne voit rien la première fois qu'on se sert de ses yeux; qu'on n'est affecté, dans les premiers instans de la vision, que d'une multitude de sensations confuses qui ne se débrouillent qu'avec le temps et par la réflexion habituelle sur ce qui se passe en nous; que c'est l'expérience seule, qui nous apprend à comparer les sensations avec ce qui les occasionne; que les sensations n'ayant rien qui ressemble essentiellement aux objets, c'est à l'expérience à nous instruire sur des analogies qui semblent être de pure institution : en un mot, on ne peut douter que le toucher ne serve beaucoup à donner à l'œil une connoissance précise de la conformité de l'objet avec la représentation qu'il en reçoit; et je pense que, si tout ne s'exécutoit pas dans la nature par des loix infiniment générales; si, par exemple, la piqûre de certains corps durs étoit douloureuse, et celle d'autres corps accompagnée de plaisir, nous mourrions sans avoir recueilli la cent millionnième partie des **expériences nécessaires à la conservation de notre corps et à notre bien-être.**

Cependant je ne pense nullement que l'œil ne puisse s'instruire, ou, s'il est permis de parler ainsi, s'expérimenter de lui-même. Pour s'assurer, par le toucher de l'existence et de la figure des objets, il n'est pas nécessaire de voir : pourquoi faudroit-il toucher, pour s'assurer des mêmes choses par la vue ? Je connois tous les avantages du tact ; et je ne les ai pas déguisés, quand il a été question de Saunderson ou de l'aveugle du Puisaux ; mais je ne lui ai point reconnu celui-là. On conçoit sans peine que l'usage d'un des sens peut être perfectionné et accéléré par les observations de l'autre ; mais, nullement, qu'il y ait entre leurs fonctions une dépendance essentielle. Il y a assurément dans les corps des qualités que nous n'y appercevrions jamais sans l'attouchement : c'est le tact qui nous instruit de la présence de certaines modifications insensibles aux yeux, qui ne les apperçoivent que quand ils ont été avertis par ce sens ; mais ces services sont réciproques ; et dans ceux qui ont la vue plus fine que le toucher, c'est le premier de ces sens qui instruit l'autre de l'existence d'objets et de modifications qui lui échapperoient par leur petitesse. Si l'on vous plaçoit à votre insu, entre le pouce et l'index, un papier ou quelque autre substance unie, mince et flexible, il n'y auroit que votre œil qui pût vous informer que le contact de ces doigts ne se feroit pas immédiatement. J'observerai, en passant, qu'il seroit infiniment plus difficile de tromper là-dessus un aveugle, qu'une personne qui a l'habitude de voir.

Un œil vivant et animé auroit sans-doute de la peine à s'assurer que les objets extérieurs ne font pas partie de lui-même ; qu'il en est tantôt voisin, tantôt éloigné ; qu'ils sont figurés ; qu'ils sont plus grands les uns que les autres ; qu'ils ont de la profondeur, etc... : mais je ne doute nullement qu'il ne les vît, à-la-longue, et qu'il ne les vît assez distinctement, pour en discerner au-moins les limites grossières. Le nier, ce seroit perdre de vue la destination des organes ; ce seroit oublier les principaux phénomènes de la vision ; ce seroit se dissimuler qu'il n'y a point de peintre assez habile pour approcher de la beauté et de l'exactitude des miniatures qui se peignent dans le fond de nos yeux ; qu'il n'y a rien de plus précis que la ressemblance de la représentation à l'objet représenté ; que la toile de ce tableau n'est pas si petite ; qu'il n'y a nulle confusion entre les figures ; qu'elles occupent à-peu-près un demi-pouce en quarré ; et que rien n'est plus difficile d'ailleurs que d'expliquer comment le toucher s'y prendroit pour enseigner à l'œil à appercevoir, si l'usage de ce dernier organe étoit absolument impossible sans le secours du premier.

Mais je ne m'en tiendrai pas à de simples présomptions ; et je demanderai si c'est le toucher qui apprend à l'œil à distinguer les couleurs. Je ne pense pas qu'on accorde au tact un privilége aussi extraordinaire : cela supposé, il s'ensuit que, si l'on présente à un aveugle à qui l'on vient de restituer la vue, un cube noir avec une sphère rouge sur un grand fond blanc, il ne tardera pas à discerner les limites de ces figures.

Il tardera, pourroit-on me répondre, tout le temps nécessaire aux humeurs de l'œil, pour se disposer convenablement ; à la cornée, pour prendre la convexité requise à la vision ; à la prunelle, pour être susceptible de la dilatation et du rétrécissement qui lui sont propres ; aux filets de la rétine, pour n'être ni trop ni trop peu sensibles à l'action de la lumière ; au cristallin, pour s'exercer aux mouvemens en avant et en arrière qu'on lui soupçonne ; ou aux muscles, pour bien remplir leurs fonctions ; aux nerfs optiques, pour s'accoutumer à transmettre la sensation ; au globe entier de l'œil, pour se prêter à toutes les dispositions nécessaires et à toutes les parties qui le composent, pour concourir à l'exécution de cette miniature dont on tire si bon parti, quand il s'agit de démontrer que l'œil s'expérimentera de lui-même.

J'avoue que, quelque simple que soit le tableau que je viens de présenter à l'œil d'un aveugle-né, il n'en distinguera bien les parties, que quand l'organe réunira toutes les conditions précédentes ;

mais c'est peut-être l'ouvrage d'un moment ; et il ne seroit pas difficile, en appliquant le raisonnement qu'on vient de m'objecter à une machine un peu composée, à une montre, par exemple, de démontrer par le détail de tous les mouvemens qui se passent dans le tambour, la fusée, les roues, les palettes, le balancier, etc., qu'il faudroit quinze jours à l'aiguille pour parcourir l'espace d'une seconde. Si on répond que ces mouvemens sont simultanés, je repliquerai qu'il en est peut-être de même de ceux qui se passent dans l'œil, quand il s'ouvre pour la première fois, et de la plupart des jugemens qui se font en conséquence. Quoi qu'il en soit de ces conditions qu'on exige dans l'œil pour être propre à la vision, il faut convenir que ce n'est point le toucher qui les lui donne ; que cet organe les acquiert de lui-même ; et que, par conséquent, il parviendra à distinguer les figures qui s'y peindront, sans le secours d'un autre sens.

Mais encore une fois, dira-t-on, quand en sera-t-il là ? Peut-être beaucoup plus promptement qu'on ne pense. Lorsque nous allâmes visiter ensemble le cabinet du jardin royal, vous souvenez-vous, Madame, de l'expérience du miroir concave ; et de la frayeur que vous eûtes, lorsque vous vîtes venir à vous la pointe d'une épée avec la même vitesse que la pointe de celle que vous aviez à la main s'avançoit vers la surface du miroir. Cependant vous aviez l'habitude de rapporter au-delà des miroirs tous les objets qui s'y peignent. L'expérience n'est donc ni si nécessaire, ni même si infaillible qu'on le pense, pour appercevoir les objets ou leurs images où elles sont. Il n'y a pas jusqu'à votre perroquet qui ne m'en fournît une preuve. La première fois qu'il se vit dans une glace, il en approcha son bec, et ne se rencontrant pas lui-même, qu'il prenoit pour son semblable, il fit le tour de la glace. Je ne veux point donner au témoignage du perroquet plus de force qu'il n'en a ; mais c'est une expérience animale où le préjugé ne peut avoir de part.

Cependant, m'assurât-on qu'un aveugle-né n'a rien distingué pendant deux mois, je n'en serai point étonné. J'en conclurai seulement la nécessité de l'expérience de l'organe ; mais nullement la nécessité de l'attouchement, pour l'expérimenter. Je n'en comprendrai que mieux combien il importe de laisser séjourner quelque temps un aveugle-né dans l'obscurité quand on le destine à des observations ; de donner à ses yeux la liberté de s'exercer, ce qu'il fera plus commodément dans les ténèbres qu'au grand jour ; et de ne lui accorder, dans les expériences, qu'une espèce de crépuscule, ou de se ménager, du-moins, dans le lieu où elles se feront, l'avantage d'augmenter ou de diminuer à discrétion la clarté. On ne me trouvera que plus disposé à convenir que ces sortes d'expériences seront toujours très-difficiles et très-incertaines ; et que le

plus court en effet, quoique en apparence le plus long, c'est de prémunir le sujet de connoissances philosophiques qui le rendent capable de comparer les deux conditions par lesquelles il a passé, et de nous informer de la différence de l'état d'un aveugle et de celui d'un homme qui voit. Encore une fois, que peut-on attendre de précis de celui qui n'a aucune habitude de réfléchir et de revenir sur lui-même; et qui, comme l'aveugle de Chéselden, ignore les avantages de la vue, au point d'être insensible à sa disgrace, et de ne point imaginer que la perte de ce sens nuise beaucoup à ses plaisirs? Saunderson, à qui l'on ne refusera pas le titre de philosophe, n'avoit certainement pas la même indifférence; et je doute fort qu'il eût été de l'avis de l'auteur de l'excellent *traité sur les systêmes*. Je soupçonnerois volontiers le dernier de ces philosophes, d'avoir donné lui-même dans un petit système, lorsqu'il a prétendu, « que si la vie
» de l'homme n'avoit été qu'une sensation non in-
» terrompue de plaisir ou de douleur, heureux
» dans un cas sans aucune idée de malheur, mal-
» heureux dans l'autre sans aucune idée de bon-
» heur, il eût joui ou souffert; et que, comme si
» telle eût été sa nature, il n'eût point regardé au-
» tour de lui, pour découvrir si quelque être veil-
» loit à sa conservation, ou travailloit à lui nuire;
» que c'est le passage alternatif de l'un à l'autre de
» ces états qui l'a fait réfléchir, etc.....».

Croyez-vous, Madame, qu'en descendant de perceptions claires en perceptions claires (car c'est la manière de philosopher de l'auteur, et la bonne), il fût jamais parvenu à cette conclusion ? Il n'en est pas du bonheur et du malheur, ainsi que des ténèbres et de la lumière : l'un ne consiste pas dans une privation pure et simple de l'autre. Peut-être eussions-nous assuré que le bonheur ne nous étoit pas moins essentiel que l'existence et la pensée, si nous en eussions joui sans aucune altération ; mais je n'en peux pas dire autant du malheur. Il eût été très-naturel de le regarder comme un état forcé, de se sentir innocent, de se croire pourtant coupable, et d'accuser ou d'excuser la nature, tout comme on fait.

M. l'abbé de Condillac pense-t-il qu'un enfant ne se plaigne quand il souffre, que parce qu'il n'a pas souffert sans relâche depuis qu'il est au monde ? S'il me répond « qu'exister et souffrir » ce seroit la même chose pour celui qui auroit » toujours souffert ; et qu'il n'imagineroit pas » qu'on pût suspendre sa douleur, sans détruire » son existence » ; peut-être, lui repliquerai-je, l'homme malheureux sans interruption n'eût pas dit : Qu'ai-je fait, pour souffrir ? mais qui l'eût empêché de dire : Qu'ai-je fait, pour exister ? Cependant je ne vois pas pourquoi il n'eût point eu les deux verbes synonymes, *j'existe et je souffre*, l'un pour la prose, l'autre pour la poésie, comme nous avons les deux expressions, *je vis et je res-*

pire. Au-reste, vous remarquerez mieux que moi, Madame, que cet endroit de M. l'abbé de Condillac est très-parfaitemement écrit; et je crains bien que vous ne disiez, en comparant ma critique avec sa réflexion, que vous aimez mieux encore une erreur de Montaigne qu'une vérité de Charron.

Et toujours des écarts, me direz-vous. Oui, Madame, c'est la condition de notre traité. Voici maintenant mon opinion sur les deux questions précédentes. Je pense que la première fois que les yeux de l'aveugle-né s'ouvriront à la lumière, il n'appercevra rien du tout; qu'il faudra quelque temps à son œil pour s'expérimenter : mais qu'il s'expérimentera de lui-même, et sans le secours du toucher; et qu'il parviendra non-seulement à distinguer les couleurs, mais à discerner au-moins les limites grossières des objets. Voyons, à-présent, si, dans la supposition qu'il acquît cette aptitude dans un temps fort court, ou qu'il l'obtînt en agitant ses yeux dans les ténèbres, où l'on auroit eu l'attention de l'enfermer et de l'exhorter à cet exercice pendant quelque temps après l'opération et avant les expériences; voyons, dis-je, s'il reconnoîtroit à la vue les corps qu'il auroit touchés, et s'il seroit en état de leur donner les noms qui leur conviennent. C'est la dernière question qu'il me reste à résoudre.

Pour m'en acquitter d'une manière qui vous

plaise, puisque vous aimez la méthode, je distinguerai plusieurs sortes de personnes, sur lesquelles les expériences peuvent se tenter. Si ce sont des personnes grossières, sans éducation, sans connoissances, et non préparées; je pense que, quand l'opération de la cataracte aura parfaitement détruit le vice de l'organe, et que l'œil sera sain, les objets s'y peindront très-distinctement; mais que, ces personnes n'étant habituées à aucune sorte de raisonnement, ne sachant ce que c'est que sensation, idée, n'étant point en état de comparer les représentations qu'elles ont reçues par le toucher avec celles qui leur viennent par les yeux, elles prononceront : Voilà un rond, voilà un quarré, sans qu'il y ait de fond à faire sur leur jugement; ou même elles conviendront ingénûment qu'elles n'apperçoivent rien dans les objets qui se présentent à leur vue, qui ressemble à ce qu'elles ont touché.

Il y a d'autres personnes qui, comparant les figures qu'elles appercevront aux corps, avec celles qui faisoient impression sur leurs mains, et appliquant par la pensée leur attouchement sur ces corps qui sont à distance, diront de l'un que c'est un quarré, et de l'autre que c'est un cercle, mais sans trop savoir pourquoi; la comparaison des idées qu'elles ont prises par le toucher, avec celles qu'elles reçoivent par la vue, ne se faisant pas en elles assez distinctement pour les convaincre de la vérité de leur jugement.

Je passerai, Madame, sans digression, à un métaphysicien sur lequel on tenteroit l'expérience. Je ne doute nullement que celui-ci ne raisonnât dès l'instant où il commenceroit à appercevoir distinctement les objets, comme s'il les avoit vus toute sa vie ; et qu'après avoir comparé les idées qui lui viennent par les yeux avec celles qu'il a prises par le toucher, il ne dît, avec la même assurance que vous et moi : « Je serois
» fort tenté de croire que c'est ce corps que j'ai
» toujours nommé cercle, et que c'est celui-ci
» que j'ai toujours appelé quarré ; mais je me
» garderai bien de prononcer que cela est ainsi.
» Qui m'a révélé que, si j'en approchois, ils ne
» disparoîtroient pas sous mes mains ? Que sais-je
» si les objets de ma vue sont destinés à être aussi
» les objets de mon attouchement ? J'ignore si ce
» qui m'est visible est palpable ; mais quand je
» ne serois point dans cette incertitude, et que
» je croirois sur la parole des personnes qui
» m'environnent, que ce que je vois est réellement
» ce que j'ai touché, je n'en serois guère plus
» avancé. Ces objets pourroient fort bien se
» transformer dans mes mains ; et me renvoyer,
» par le tact, des sensations toutes contraires
» à celles que j'en éprouve par la vue. Messieurs,
» ajouteroit-il, ce corps me semble le quarré ;
» celui-ci, le cercle ; mais je n'ai aucune science

» qu'ils soient tels au toucher qu'à la vue ».

Si nous substituons un géomètre au métaphysicien, Saunderson à Locke, il dira comme lui que, s'il en croit ses yeux, des deux figures qu'il voit, c'est celle-là qu'il appeloit quarré, et celle-ci qu'il appeloit cercle : « car je m'apperçois,
» ajouteroit-il, qu'il n'y a que la première où
» je puisse arranger les fils et placer les épingles
» à grosse tête, qui marquoient les points angulaires du quarré; et qu'il n'y a que la seconde
» à laquelle je puisse inscrire ou circonscrire les
» fils qui m'étoient nécessaires pour démontrer les
» propriétés du cercle. Voilà donc un cercle;
» voilà donc un quarré ! Mais, auroit-il continué
» avec Locke, peut-être que, quand j'appli-
» querai mes mains sur ces figures, elles se trans-
» formeront l'une en l'autre, de manière que la
» même figure pourroit me servir à démontrer
» aux aveugles les propriétés du cercle, et à ceux
» qui voyent les propriétés du quarré. Peut-être
» que je verrois un quarré, et qu'en-même-temps
» je sentirois un cercle. Non, auroit-il repris;
» je me trompe. Ceux à qui je démontrois les
» propriétés du cercle et du quarré, n'avoient
» pas les mains sur mon abaque, et ne touchoient
» pas les fils que j'avois tendus et qui limitoient
» mes figures; cependant ils me comprenoient.
» Ils ne voyoient donc pas un quarré, quand je
» sentois un cercle; sans quoi nous ne nous fus-

» sions jamais entendus ; je leur eusse tracé une
» figure, et démontré les propriétés d'une autre ;
» je leur eusse donné une ligne droite pour un
» arc de cercle, et un arc de cercle pour une
» ligne droite. Mais puisqu'ils m'entendoient tous,
» tous les hommes voyent donc les uns comme
» les autres : je vois donc quarré ce qu'ils voyoient
» quarré, et circulaire ce qu'ils voyoient cir-
» culaire. Ainsi voilà ce que j'ai toujours nommé
» quarré, et voilà ce que j'ai toujours nommé
» cercle ».

J'ai substitué le cercle à la sphère, et le quarré au cube, parce qu'il y a toute apparence que nous ne jugeons des distances que par l'expérience; et conséquemment, que celui qui se sert de ses yeux pour la première fois, ne voit que des surfaces, et qu'il ne sait ce que c'est que saillie; la saillie d'un corps à la vue consistant en ce que quelques-uns de ses points paroissent plus voisins de nous que les autres.

Mais quand l'aveugle-né jugeroit, dès la première fois qu'il voit, de la saillie et de la solidité des corps ; et qu'il seroit en état de discerner, non-seulement le cercle du quarré, mais aussi la sphère du cube ; je ne crois pas pour cela qu'il en fût de même de tout autre objet plus composé. Il y a bien de l'apparence que l'aveugle-née de M. de Réaumur a discerné les couleurs les unes des autres; mais il y a trente à parier contre un qu'elle a prononcé au hasard sur la sphère et sur le cube; et je tiens pour certain, qu'à-moins d'une révélation, il ne lui a pas été possible de reconnoître ses gants, sa robe-de-chambre et son soulier. Ces objets sont chargés d'un si grand nombre de modifications; il y a si peu de rapports entre leur forme totale et celle des membres qu'ils sont destinés à orner ou à couvrir, que c'eût été un problème cent fois plus embarrassant pour Saunderson, de déterminer l'usage de son bonnet quarré, que pour M. d'Alembert ou Clairaut, celui de retrouver l'usage de ses tables.

Saunderson n'eût pas manqué de supposer qu'il règne un rapport géométrique entre les choses et leur usage; et conséquemment il eût apperçu en deux ou trois analogies, que sa calotte étoit faite pour sa tête : il n'y a là aucune forme arbitraire qui tendît à l'égarer. Mais qu'eût-il pensé des angles de la houpe de son bonnet quarré ? A quoi bon cette touffe ? pourquoi plutôt quatre angles que six, se fût-il demandé ? et ces deux modifications, qui sont pour nous une affaire d'ornement, auroient été pour lui la source d'une foule de raisonnemens absurdes, ou plutôt l'occasion d'une excellente satyre de ce que nous appelons *le bon goût*.

En pesant mûrement les choses, on avouera que la différence qu'il y a entre une personne qui a toujours vu, mais à qui l'usage d'un objet est inconnu, et celle qui connoît l'usage d'un objet, mais qui n'a jamais vu, n'est pas à l'avantage de celle-ci; cependant, croyez-vous, Madame, que si l'on vous montroit aujourd'hui, pour la première fois, une garniture, vous parvinssiez jamais à deviner que c'est un ajustement, et que c'est un ajustement de tête? Mais, s'il est d'autant plus difficile à un aveugle-né, qui voit pour la première fois, de bien juger des objets selon qu'ils ont un plus grand nombre de formes; qui l'empêcheroit de prendre un observateur tout habillé et immobile dans un fauteuil placé devant lui, pour un meuble ou pour une machine, et un arbre dont l'air agiteroit les feuilles et les branches, pour un être se mouvant, animé et pensant? Madame, combien nos sens nous suggèrent de choses; et que nous aurions de peine, sans nos yeux, à supposer qu'un bloc de marbre ne pense ni ne sent!

Il reste donc pour démontré, que Saunderson auroit été assuré qu'il ne se trompoit pas dans le jugement qu'il venoit de porter du cercle et du quarré seulement; et qu'il y a des cas où le raisonnement et l'expérience des autres peuvent éclairer la vue sur la relation du toucher, et l'instruire que ce qui est tel pour l'œil, est tel aussi pour le tact.

Il n'en seroit cependant pas moins essentiel,

lorsqu'on se proposeroit la démonstration de quelque proposition d'éternelle vérité, comme on les appelle, d'éprouver sa démonstration, en la privant du témoignage des sens; car vous appercevez bien, Madame, que, si quelqu'un prétendoit vous prouver que la projection de deux lignes parallèles sur un tableau doit se faire par deux lignes convergentes, parce que deux allées paroissent telles, il oublieroit que la proposition est vraie pour un aveugle comme pour lui.

Mais la supposition précédente de l'aveugle-né en suggère deux autres; l'une, d'un homme qui auroit vu dès sa naissance, et qui n'auroit point eu le sens du toucher; et l'autre, d'un homme en qui les sens de la vue et du toucher seroient perpétuellement en contradiction. On pourroit demander du premier, si, lui restituant le sens qui lui manque, et lui ôtant le sens de la vue par un bandeau, il reconnoîtroit les corps au toucher. Il est évident que la géométrie, en cas qu'il en fût instruit, lui fourniroit un moyen infaillible de s'assurer si les témoignages des deux sens sont contradictoires ou non. Il n'auroit qu'à prendre le cube ou la sphère entre ses mains, en démontrer à quelqu'un les propriétés, et prononcer, si on le comprend, qu'on voit cube ce qu'il sent cube, et que c'est par conséquent le cube qu'il tient. Quant à celui qui ignoreroit cette science, je pense qu'il ne lui seroit pas plus facile de discerner, par le toucher, le cube de la sphère, qu'à l'aveugle de M. Molineux, de les distinguer par la vue.

A l'égard de celui en qui les sensations de la vue et du toucher seroient perpétuellement contradictoires, je ne sais ce qu'il penseroit des formes, de l'ordre, de la symmétrie, de la beauté, de la laideur, etc.... Selon toute apparence, il seroit, par rapport à ces choses, ce que nous sommes relativement à l'étendue et à la durée réelles des êtres. Il prononceroit, en général, qu'un corps a une forme; mais il devroit avoir du penchant à croire que ce n'est ni celle qu'il voit, ni celle qu'il sent. Un tel homme pourroit bien être mécontent de ses sens; mais ses sens ne seroient ni contens ni mécontens des objets. S'il étoit tenté d'en accuser un de fausseté, je crois que ce seroit au toucher qu'il s'en prendroit. Cent circonstances l'inclineroient à penser que la figure des objets change plutôt par l'action de ses mains sur eux, que par celle des objets sur ses yeux. Mais en conséquence de ces préjugés, la différence de dureté et de mollesse, qu'il observeroit dans les corps, seroit fort embarrassante pour lui.

Mais de ce que nos sens ne sont pas en contradiction sur les formes, s'ensuit-il qu'elles nous soient mieux connues? Qui nous a dit que nous n'avons point à faire à des faux témoins? Nous jugeons pourtant. Hélas! Madame, quand on a mis les connoissances humaines dans la balance de Montaigne, on n'est pas éloigné de prendre sa devise; car, que savons-nous? ce que c'est que la matière? nullement; ce que c'est que l'esprit et la pensée? encore moins; ce que c'est que le mouvement, l'espace et la durée? point-du-tout; des vérités géométriques? interrogez des mathématiciens de bonne foi, et ils vous avoueront que leurs propositions sont toutes identiques; et que tant de volumes sur le cercle, par exemple, se réduisent à nous répéter en cent mille façons différentes, que c'est une figure où toutes les lignes tirées du centre à la circonférence sont égales. Nous ne savons donc presque rien; cependant combien d'écrits dont les auteurs ont tous prétendu savoir quelque chose! Je ne devine pas pourquoi le monde ne s'ennuie point de lire et de ne rien apprendre, à-moins que ce ne soit par la même raison qu'il y a deux heures que j'ai l'honneur de vous entretenir, sans m'ennuyer et sans vous rien dire.

Je suis, avec un profond respect,

MADAME,

Votre très-humble et très-obéissant serviteur,
✱ ✱ ✱.

LETTRE

SUR

LES SOURDS ET MUETS,

A L'USAGE

DE CEUX QUI ENTENDENT ET QUI PARLENT,

ADRESSÉE A M***.

> . . . . Versisque viarum
> Indiciis raptos; pedibus vestigia rectis
> Ne qua forent. . . . . .
> *Æneid. lib. 8.*

LETTRE A MONSIEUR ***.

De V..... ce 20 Janvier 1751.

JE vous envoie, Monsieur, la Lettre à l'auteur des *beaux-arts réduits à un même principe*, revue, corrigée et augmentée sur les conseils de mes amis, mais toujours avec son même titre.

Je conviens que ce titre est applicable indistinctement au grand nombre de ceux qui *parlent sans entendre*, au petit nombre de ceux qui *entendent sans parler*, et au très-petit nombre de ceux qui savent *parler et entendre*, quoique ma lettre ne soit guère qu'à l'usage de ces derniers.

Je conviens encore qu'il est fait à l'imitation d'un autre qui n'est pas trop bon (*); mais je suis las d'en

---

(*). Lettre sur les aveugles, à l'usage de ceux qui voyent.

chercher un meilleur. Ainsi, de quelque importance que vous paroisse le choix d'un titre, celui de ma lettre restera tel qu'il est.

Je n'aime guère les citations, celles du grec moins que les autres. Elles donnent à un ouvrage l'air scientifique, qui n'est plus chez nous à la mode. La plupart des lecteurs en sont effrayés; et j'ôterois d'ici cet épouvantail, si je pensois en libraire. Mais il n'en est rien. Laissez donc le grec par-tout où j'en ai mis. Si vous vous souciez fort peu qu'un ouvrage soit bon, pourvu qu'il se lise; ce dont je me soucie, moi, c'est de bien faire le mien, au hasard d'être un peu moins lu.

Quant à la multitude des objets sur lesquels je me plais à voltiger, sachez, et apprenez à ceux qui vous conseillent, que ce n'est point un défaut dans une lettre, où l'on est censé converser librement, et où le dernier mot d'une phrase est une transition suffisante.

A MONSIEUR ***.

Vous pouvez donc m'imprimer, si c'est là tout ce qui vous arrête ; mais que ce soit sans nom d'auteur : j'aurai toujours le temps de me faire connoître. Je sais d'avance à qui l'on n'attribuera pas mon ouvrage ; et je sais bien encore à qui l'on ne manqueroit pas de l'attribuer, s'il y avoit de la singularité dans les idées, une certaine imagination, du style, je ne sais quelle hardiesse de penser que je serois bien fâché d'avoir, un étalage de mathématiques, de métaphysique, d'italien, d'anglais, et surtout moins de latin et de grec, et plus de musique.

Veillez, je vous prie, à ce qu'il ne se glisse point de fautes dans les exemples ; il n'en faudroit qu'une pour tout gâter. Vous trouverez dans la planche du dernier livre de Lucrèce, de la belle édition de Havercamp, la figure qui me convient. Il faut seulement en écarter un enfant qui la cache à moitié, lui supposer une blessure au-dessous du sein, et en faire prendre le trait. M. de S...., mon ami, s'est chargé de revoir les épreuves. Il demeure rue Neuve des.....

Je suis,

MONSIEUR,

Votre, etc.

LETTRE

SUR

LES SOURDS ET MUETS,

A L'USAGE

DE CEUX QUI ENTENDENT ET QUI PARLENT,

Où l'on traite de l'origine des inversions, de l'harmonie du style, du sublime de situation, de quelques avantages de la langue française sur la plupart des langues anciennes et modernes, et, par occasion, de l'expression particulière aux beaux-arts.

JE n'ai point eu dessein, Monsieur, de me faire honneur de vos recherches, et vous pouvez revendiquer dans cette lettre tout ce qui vous conviendra. S'il est arrivé à mes idées d'être voisines des vôtres, c'est comme au lierre à qui il arrive quelquefois de mêler sa feuille à celle du chêne. J'aurois pu m'adresser à M. l'abbé de Condillac, ou à M. du Marsais ; car ils ont aussi traité de la matière des inversions : mais vous vous êtes offert le premier à ma pensée ; et je me suis accommodé de vous, bien persuadé que le public ne prendroit point une rencontre heureuse pour une préférence. La seule crainte que j'aie, c'est celle de vous distraire, et de vous ravir des instans que vous donnez sans-doute à l'étude de la philosophie, et que vous lui devez.

Pour bien traiter la matière des inversions, je crois qu'il est à propos d'examiner comment les langues se sont formées. Les objets sensibles ont les premiers frappé les sens ; et ceux qui réunissoient plusieurs qualités sensibles à-la-fois ont été les premiers nommés : ce sont les différens individus qui composent cet univers. On a ensuite distingué les qualités sensibles les unes des autres ; on leur a donné des noms : ce sont la plupart des adjectifs. Enfin, abstraction faite de ces qualités sensibles, on a trouvé ou cru trouver quelque chose de commun dans tous ces individus, comme l'impénétrabilité, l'étendue, la couleur, la figure, etc. ; et l'on a formé les noms métaphysiques et généraux, et presque tous les substantifs. Peu-à-peu on s'est accoutumé à croire que ces noms représentoient des êtres réels ; on a regardé les qualités sensibles comme de simples accidens, et l'on s'est imaginé que l'adjectif étoit réellement subordonné au substantif, quoique le substantif ne soit proprement rien, et que *l'adjectif soit tout*. Qu'on vous demande ce que c'est qu'un corps, vous répondrez que c'est *une substance étendue, impénétrable, figurée, colorée et mo-*

bile. Mais ôtez de cette définition tous les adjectifs, que restera-t-il pour cet être imaginaire que vous appelez *substance ?* Si on vouloit ranger dans la même définition les termes, suivant l'ordre naturel, on diroit *colorée, figurée, étendue, impénétrable, mobile, substance.* C'est dans cet ordre que les différentes qualités des portions de la matière affecteroient, ce me semble, un homme qui verroit un corps pour la première fois. L'œil seroit frappé d'abord de la figure, de la couleur et de l'étendue ; le toucher, s'approchant ensuite du corps, en découvriroit l'impénétrabilité ; et la vue et le toucher s'assureroient de la mobilité. Il n'y auroit donc point d'inversion dans cette définition ; et il y en a une dans celle que nous avons donnée d'abord. De là, il résulte que, si on veut soutenir qu'il n'y a point d'inversion en français, ou du-moins qu'elle y est beaucoup plus rare que dans les langues savantes, on peut le soutenir tout-au-plus dans ce sens, que nos constructions sont pour la plupart uniformes ; que le substantif y est toujours ou presque toujours placé avant l'adjectif ; et le verbe, entre deux : car si on examine cette question en elle-même, savoir si l'adjectif doit être placé devant ou après le substantif, on trouvera que nous renversons souvent l'ordre naturel des idées : l'exemple que je viens d'apporter en est une preuve.

Je dis *l'ordre naturel* des idées ; car il faut

distinguer ici l'*ordre naturel* d'avec l'*ordre d'institution*, et, pour ainsi dire, l'*ordre scientifique ;* celui des vues de l'esprit, lorsque la langue fut tout-à-fait formée.

Les adjectifs représentant, pour l'ordinaire, les qualités sensibles, sont les premiers dans l'ordre naturel des idées; mais pour un philosophe, ou plutôt pour bien des philosophes qui se sont accoutumés à regarder les substantifs abstraits comme des êtres réels, ces substantifs marchent les premiers dans l'ordre scientifique, étant, selon leur façon de parler, le support ou le soutien des adjectifs. Ainsi, des deux définitions du corps que nous avons données, la première suit l'ordre scientifique ou d'institution ; la seconde, l'ordre naturel.

De là on pourroit tirer une conséquence ; c'est que nous sommes peut-être redevables à la philosophie péripatéticienne, qui a réalisé tous les êtres généraux et métaphysiques, de n'avoir presque plus dans notre langue de ce que nous appelons des inversions dans les langues anciennes. En effet, nos auteurs gaulois en ont beaucoup plus que nous; et cette philosophie a régné, tandis que notre langue se perfectionnoit sous Louis XIII et sous Louis XIV. Les anciens, qui généralisoient moins, et qui étudioient plus la nature en détail et par individus, avoient dans leur langue une marche moins monotone ; et peut-être le mot d'inversion eût-il été fort étrange pour eux. Vous ne m'objecterez point ici, Monsieur, que la philosophie péripatéticienne est celle d'Aristote, et par conséquent d'une partie des anciens ; car vous apprendrez, sans-doute, à vos disciples que notre péripatétisme étoit bien différent de celui d'Aristote.

Mais il n'est peut-être pas nécessaire de remonter à la naissance du monde et à l'origine du langage, pour expliquer comment les inversions se sont introduites et conservées dans les langues. Il suffiroit, je crois, de se transporter en idée chez un peuple étranger dont on ignoreroit la langue ; ou, ce qui revient presqu'au même, on pourroit employer un homme qui, s'interdisant l'usage des sons articulés, tâcheroit de s'exprimer par gestes.

Cet homme, n'ayant aucune difficulté sur les questions qu'on lui proposeroit, n'en seroit que plus propre aux expériences ; et l'on n'en inféreroit que plus sûrement de la succession de ses gestes, quel est l'ordre d'idées qui auroit paru le meilleur aux premiers hommes pour se communiquer leurs pensées par gestes, et quel est celui dans lequel ils auroient pu inventer les signes oratoires.

Au-reste, j'observerois de donner à mon *muet de convention* tout le temps de composer sa réponse ; et quant aux questions, je ne manquerois pas d'y insérer les idées dont je serois le plus curieux de connoître l'expression par geste et le sort dans une pareille langue. Ne seroit-ce pas une chose, si-non utile, du-moins amusante, que de multiplier les essais sur les mêmes idées, et que de proposer les mêmes questions à plusieurs personnes en-même-temps? Pour moi, il me semble qu'un philosophe qui s'exerceroit de cette manière avec quelques-uns de ses amis, bons esprits et bons logiciens, ne perdroit pas entièrement son temps. Quelque Aristophane en feroit, sans-doute, une scène excellente; mais qu'importe? on se diroit à soi-même ce que Zénon disoit à son prosélyte : Εἰ φιλοσοφίας ἐπιθυμεῖς, παρασκευάζου αὐτόθεν, ὡς καταγελασθησόμενος, ὡς, etc. Si tu veux être philosophe, attends-toi à être tourné en ridicule. La belle maxime, Monsieur! et qu'elle seroit bien capable de mettre au-dessus des discours des hommes et de toutes considérations frivoles, des ames moins courageuses encore que les nôtres!

Il ne faut pas que vous confondiez l'exercice que je vous propose ici avec la pantomime ordinaire. Rendre une action, ou rendre un discours par des gestes, ce sont deux versions fort différentes. Je ne doute guère qu'il n'y eut des inversions dans celles de nos muets; que chacun d'eux n'eût son style; et que les inversions n'y missent des différences aussi marquées que celles qu'on rencontre dans les anciens auteurs grecs et latins. Mais comme le style qu'on a est toujours celui qu'on juge le meilleur ; la conversation qui suivroit les expériences ne pourroit qu'être très-philosophique et très-vive ; car tous nos muets de convention seroient obligés, quand on leur restitueroit l'usage de la parole, de justifier, non-seulement leur expression, mais encore la préférence qu'ils auroient donnée, dans l'ordre de leurs gestes, à telle ou telle idée.

Cette réflexion, Monsieur, me conduit à une autre : elle est un peu éloignée de la matière que je traite; mais dans une lettre, les écarts sont permis, sur-tout lorsqu'ils peuvent conduire à des vues utiles. Mon idée seroit donc de décomposer, pour ainsi dire, un homme ; et de considérer ce qu'il tient de chacun des sens qu'il possède. Je me souviens d'avoir été quelquefois occupé de cette espèce d'anatomie métaphysique ; et je trouvois que, de tous les sens, l'œil étoit le plus superficiel; l'oreille, le plus orgueilleux; l'odorat, le plus voluptueux ; le goût, le plus superstitieux et le plus inconstant; le toucher, le plus profond et le plus philosophe. Ce seroit, à mon avis, une société plaisante, que celle de cinq personnes dont chacune n'auroit qu'un sens ; il n'y a pas de doute que ces gens-là ne se traitassent tous d'insensés ; et je vous laisse à penser avec quel fondement. C'est là pourtant une image de ce qui arrive à tout moment dans le monde : on n'a qu'un sens, et l'on juge de tout. Au-reste, il y a une observation singulière à faire sur cette société de cinq personnes dont chacune ne jouiroit que d'un sens; c'est que, par la faculté qu'elles auroient d'abstraire, elles pourroient toutes être géomètres, s'entendre à merveille, et ne s'entendre qu'en géométrie. Mais je reviens à nos muets de convention, et aux questions dont on leur demanderoit la réponse.

Si ces questions étoient de nature à en permettre plus d'une, il arriveroit presque nécessairement qu'un des muets en feroit une, un autre muet une autre; et que la comparaison de leurs discours seroit, si-non impossible, du-moins difficile. Cet inconvénient m'a fait imaginer qu'au-lieu de proposer une question, peut-être vaudroit-il mieux proposer un discours à traduire du français en gestes. Il ne faudroit pas manquer d'interdire l'ellipse aux traducteurs; la langue des gestes n'est déjà pas trop claire, sans augmenter encore son laconisme par l'usage de cette figure. On conçoit, aux efforts que font les sourds et muets de naissance pour se rendre intelligibles, qu'ils expriment tout ce qu'ils peuvent exprimer. Je recommanderois donc à nos muets de convention de les imiter; et de ne former, autant qu'ils le pourroient, aucune phrase où le sujet et l'attribut avec toutes leurs dépendances ne fussent énoncés. En un mot, ils ne seroient libres que sur l'ordre qu'ils jugeroient à-propos de donner aux idées, ou plutôt aux gestes qu'ils employeroient pour les représenter.

Mais il me vient un scrupule ; c'est que, les pensées s'offrant à notre esprit, je ne sais par quel mécanisme, à-peu-près sous la forme qu'elles auront dans le discours, et, pour ainsi dire, tout habillées, il y auroit à craindre que ce phénomène particulier ne gênât le geste de nos muets de convention ; qu'ils ne succombassent à une tentation qui entraîne presque tous ceux qui écrivent dans une autre langue que la leur, la tentation de modeler l'arrangement de leurs signes sur l'arrangement des signes de la langue qui leur est habituelle ; et que, de même que nos meilleurs latinistes modernes, sans nous en excepter ni l'un ni l'autre, tombent dans des tours français, la construction de nos muets ne fût pas la vraie construction d'un homme qui n'auroit jamais eu aucune notion de langue. Qu'en pensez-vous, Monsieur ? cet inconvénient seroit peut-être moins fréquent que je ne l'imagine, si nos muets de convention étoient plus philosophes que rhéteurs ; mais, en tout cas, on pourroit s'adresser à un sourd et muet de naissance.

Il vous paroîtra singulier, sans-doute, qu'on vous renvoie à celui que la nature a privé de la faculté d'entendre et de parler, pour en obtenir les véritables notions de la formation du langage. Mais considérez, je vous prie, que l'ignorance est moins éloignée de la vérité que le préjugé ; et qu'un sourd et muet de naissance est sans préjugé sur la manière de communiquer la pensée ; que les inversions n'ont point passé d'une autre langue dans la sienne ; que s'il en emploie, c'est la nature seule qui les lui suggère ; et qu'il est une image très-approchée de ces hommes fictifs qui, n'ayant aucun signe d'institution, peu de perceptions, presque point de mémoire, pourroient passer aisément pour des animaux à deux pieds ou à quatre.

Je peux vous assurer, Monsieur, qu'une pareille traduction feroit beaucoup d'honneur, quand elle ne seroit guère meilleure que la plupart de celles qu'on nous a données depuis quelque temps. Il ne s'agiroit pas seulement ici d'avoir bien saisi le sens et la pensée ; il faudroit encore que l'ordre des signes de la traduction correspondît fidèlement à l'ordre des gestes de l'original. Cet essai demanderoit un philosophe qui sût interroger son auteur, entendre sa réponse, et la rendre avec exactitude ; mais la philosophie ne s'acquiert pas en un jour.

Il faut avouer cependant que l'une de ces choses faciliteroit beaucoup les autres ; et que, la question étant donnée avec une exposition précise des gestes qui composeroient la réponse, on parviendroit à substituer aux gestes à-peu-près leur équivalent en mots ; je dis à-peu-près, parce qu'il y a des gestes sublimes que toute l'éloquence oratoire ne rendra jamais. Tel est celui de Mackbett dans la tragédie de Shakespear. La somnambule Mackbett s'avance en silence, et les yeux fermés, sur la scène, imitant l'action d'une personne qui se lave les mains, comme si les siennes eussent encore été teintes du sang de son roi qu'elle avoit égorgé il y avoit plus de vingt ans. Je ne sais rien de si pathétique en discours que le silence et le mouvement des mains de cette femme. Quelle image du remords !

La manière, dont une autre femme annonça la mort à son époux incertain de son sort, est encore une de ces représentations dont l'énergie du langage oral n'approche pas. Elle se transporta, avec son fils entre ses bras, dans un endroit de la campagne où son mari pouvoit l'appercevoir de la tour où il étoit enfermé ; et après s'être fixé le visage pendant quelque temps du côté de la tour, elle prit une poignée de terre qu'elle répandit en croix sur le corps de son fils qu'elle avoit étendu à ses pieds. Son mari comprit le signe, et se laissa mourir de faim. On oublie la pensée la plus sublime ; mais ces traits ne s'effacent point. Que de réflexions ne pourrois-je pas faire ici, Monsieur, sur le sublime de situation, si elles ne me jetoient pas trop hors de mon sujet !

On a fort admiré, et avec justice, un grand nombre de beaux vers dans la magnifique scène d'Héraclius, où Phocas ignore lequel des deux princes est son fils. Pour moi, l'endroit de cette scène, que je préfère à tout le reste, est celui où le tyran se tourne successivement vers les deux princes en les appelant du nom de son fils, et où les deux princes restent froids et immobiles.

Martian! à ce mot aucun ne veut répondre.

Voilà ce que le papier ne peut jamais rendre; voilà où le geste triomphe du discours!

Epaminondas, à la bataille de Mantinée, est percé d'un trait mortel; les médecins déclarent qu'il expirera dès qu'on arrachera le trait de son corps : il demande où est son bouclier; c'étoit un déshonneur de le perdre dans le combat; on le lui apporte; il arrache le trait lui-même. Dans la sublime scène qui termine la tragédie de Rodogune, le moment le plus théâtral est, sans contredit, celui où Antiochus porte la coupe à ses lèvres, et où Timagène entre sur la scène, en criant : *Ah, seigneur!* Quelle foule d'idées et de sentimens ce geste et ce mot ne font-ils pas éprouver à-la-fois! Mais je m'écarte toujours. Je reviens donc au sourd et muet de naissance. J'en connois un, dont on pourroit se servir d'autant plus utilement, qu'il ne manque pas d'esprit, et qu'il a le geste expressif, comme vous allez voir.

Je jouois un jour aux échecs; et le muet me regardoit jouer : mon adversaire me réduisit dans une position embarrassante; le muet s'en apperçût à merveille; et croyant la partie perdue, il ferma les yeux, inclina la tête, et laissa tomber ses bras ; signes par lesquels il m'annonçoit qu'il me tenoit pour mat ou mort. Remarquez, en passant, combien la langue des gestes est métaphorique ! Je crus d'abord qu'il avoit raison : cependant, comme le coup étoit composé, et que je n'avois pas épuisé les combinaisons ; je ne me pressai pas de céder, et je me mis à chercher une ressource. L'avis du muet étoit toujours qu'il n'y en avoit point, ce qu'il disoit très-clairement en secouant la tête, et en remettant les pièces perdues sur l'échiquier. Son exemple invita les autres spectateurs à parler sur le coup ; on l'examina ; et à force d'essayer de mauvais expédiens, on en découvrit un bon. Je ne manquai pas de m'en servir, et de faire entendre au muet qu'il s'étoit trompé, et que je sortirois d'embarras malgré son avis. Mais lui, me montrant du doigt tous les spectateurs les uns après les autres, et faisant en-même-temps un petit mouvement des lèvres, qu'il accompagna d'un grand mouvement de ses deux bras qui alloient et venoient dans la direction de la porte et des tables, me répondit qu'il y avoit peu de mérite à être sorti du mauvais pas où j'étois, avec les conseils du *tiers*, du *quart* et des *passans* ; ce que ses gestes signifioient si clairement, que personne ne s'y trompa, et que l'expression populaire, *consulter* le *tiers*, le *quart* et les *passans*, vint à plusieurs en-même-temps ;

Mathématiques.

ainsi, bonne ou mauvaise, notre muet rencontra cette expression en gestes.

Vous connoissez, au-moins de réputation, une machine singulière, sur laquelle l'inventeur se proposoit d'exécuter des sonates de couleurs. J'imaginai que s'il y avoit un être au monde qui dût prendre quelque plaisir à de la musique oculaire, et qui pût en juger sans prévention, c'étoit un sourd et muet de naissance. Je conduisis donc le mien rue saint-Jacques, dans la maison où l'on voyoit la machine aux couleurs. Ah, Monsieur ! vous ne devineriez jamais l'impression que cette machine fit sur lui, et moins encore les pensées qui lui vinrent.

Vous concevez d'abord qu'il n'étoit pas possible de lui rien communiquer sur la nature et les propriétés merveilleuses du clavecin; que n'ayant aucune idée du son, celles qu'il prenoit de l'instrument oculaire n'étoient assurément pas relatives à la musique; et que la destination de cette machine lui étoit tout aussi incompréhensible que l'usage que nous faisons des organes de la parole. Que pensoit-il donc ? et quel étoit le fondement de l'admiration dans laquelle il tomba, à l'aspect des éventails du Père Castel ? Cherchez, Monsieur; devinez ce qu'il conjectura de cette machine ingénieuse, que peu de gens ont vue, dont plusieurs ont parlé, et dont l'invention feroit bien de l'honneur à la plupart de ceux qui en ont parlé avec dédain : ou plutôt, écoutez, le voici :

Mon sourd s'imagina que ce génie inventeur étoit sourd et muet aussi ; que son clavecin lui servoit à converser avec les autres hommes ; que chaque nuance avoit sur le clavier la valeur d'une des lettres de l'alphabet ; et qu'à l'aide des touches et de l'agilité des doigts, il combinoit ces lettres, en formoit des mots, des phrases ; enfin tout un discours en couleurs.

Après cet effort de pénétration, convenez qu'un sourd et muet pouvoit être assez content de lui-même : mais le mien ne s'en tint pas là ; il crut tout-d'un-coup qu'il avoit saisi ce que c'étoit que la musique et tous les instrumens de musique. Il crut que la musique étoit une façon particulière de communiquer la pensée ; et que les instrumens, les vielles, les violons, les trompettes étoient entre nos mains, d'autres organes de la parole. C'étoit bien là, direz-vous, le système d'un homme qui n'avoit jamais entendu ni instrument ni musique. Mais considérez, je vous prie, que ce système, qui est évidemment faux pour vous, est presque démontré pour un sourd et muet. Lorsque ce sourd se rappelle l'attention que nous donnons à la musique et à ceux qui jouent d'un instrument ; les signes de joie ou de tristesse qui se peignent sur nos visages et dans nos gestes, quand nous sommes frappés d'une belle harmonie ; et qu'il compare ces effets avec ceux du discours et des autres objets extérieurs ; comment peut-il imaginer qu'il n'y a pas de bon sens dans les sons, quelque chose que ce puisse être ; et que ni les voix ni les instrumens ne réveillent en nous aucune perception distincte ?

N'est-ce pas là, Monsieur, une fidelle image de nos pensées, de nos raisonnemens, de nos systêmes, en un mot, de ces concepts qui ont fait de la réputation à tant de philosophes. Toutes les fois qu'ils ont jugé de choses qui, pour être bien comprises, sembloient demander un organe qui leur manquoit, ce qui leur est souvent arrivé, ils ont montré moins de sagacité, et se sont trouvés plus loin de la vérité que le sourd et muet dont je vous entretiens ; car, après tout, si on ne parle pas aussi distinctement avec un instrument qu'avec la bouche, et si les sons ne peignent pas aussi nettement la pensée que le discours, encore disent-ils quelque chose.

L'aveugle, dont il est question dans la lettre à l'usage de ceux qui voyent, marqua assurément de la pénétration dans le jugement qu'il porta du télescope et des lunettes ; sa définition du miroir est surprenante. Mais je trouve plus de profondeur et de vérité dans ce que mon sourd imagina du clavecin oculaire du Père Castel, de nos instrumens et de notre musique. S'il ne rencontra pas exactement ce que c'étoit, il rencontra presque ce que ce devroit être.

Cette sagacité vous surprendra moins, peut-être, si vous considérez que celui qui se promène dans une galerie de peintures, fait, sans y penser, le rôle d'un sourd qui s'amuseroit à examiner des muets qui s'entretiennent sur des sujets qui lui sont connus. Ce point de vue est un de ceux sous lesquels j'ai toujours regardé les tableaux qui m'ont été présentés ; et j'ai trouvé que c'étoit un moyen sûr d'en connoître les actions amphibologiques et les mouvemens équivoques ; d'être promptement affecté de la froideur ou du tumulte d'un fait mal ordonné, ou d'une conversation mal instituée ; et de saisir, dans une scène mise en couleurs, tous les vices d'un jeu languissant ou forcé.

Le terme de jeu, qui est propre au théâtre, et que je viens d'employer ici, parce qu'il rend bien mon idée, me rappelle une expérience que j'ai faite quelquefois, et dont j'ai tiré plus de lumières sur les mouvemens et les gestes, que de toutes les lectures du monde. Je fréquentois jadis beaucoup les spectacles, et je savois par cœur la plupart de nos bonnes pièces. Les jours que je me proposois un examen des mouvemens et du geste, j'allois aux troisièmes loges ; car plus j'étois éloigné des acteurs, mieux j'étois placé. Aussitôt que la toile étoit levée, et le moment venu où tous les autres spectateurs se disposoient à écouter ; moi, je mettois mes doigts dans mes oreilles, non sans quelque étonnement de la part de ceux qui m'environnoient, et qui, ne me comprenant pas, me regardoient presque comme un insensé qui ne venoit à la comédie que pour ne la pas entendre. Je m'embarrassois fort peu des jugemens; et je me tenois opiniâtrément les oreilles bouchées, tant que l'action et le jeu de l'acteur me paroissoient d'accord avec le discours que je me rappelois. Je n'écoutois que quand j'étois dérouté par les gestes, ou que je croyois l'être. Ah Monsieur! qu'il y a peu de comédiens en état de soutenir une pareille épreuve; et que les détails dans lesquels je pourrois entrer seroient humilians pour la plupart d'entre eux! Mais j'aime mieux vous parler de la nouvelle surprise où l'on ne manquoit pas de tomber autour de moi, lorsqu'on me voyoit répandre des larmes dans les endroits pathétiques, et toujours les oreilles bouchées. Alors on n'y tenoit plus; et les moins curieux hasardoient des questions, auxquelles je répondois froidement, « que chacun avoit sa façon d'écouter; et que la » mienne étoit de me boucher les oreilles pour mieux » entendre », riant en moi-même des propos que ma bizarrerie, apparente ou réelle, occasionnoit; et bien plus encore de la simplicité de quelques jeunes gens qui se mettoient aussi les doigts dans les oreilles pour entendre à ma façon, et qui étoient tout étonnés que cela ne leur réussît pas.

Quoi que vous pensiez de mon expédient, je vous prie de considérer que si, pour juger sainement de l'intonation, il faut écouter le discours sans voir l'acteur, il est tout naturel de croire que pour juger sainement du geste et des mouvemens, il faut considérer l'acteur sans entendre le discours. Au-reste, cet écrivain célèbre par le *Diable boiteux*, le *Bachelier de Salamanque*, *Gilblas de Santillane*, *Turcaret*, un grand nombre de pièces de théâtre et d'opéra-comiques, par son fils, l'inimitable Montmeni; M. le Sage étoit devenu si sourd dans sa vieillesse, qu'il falloit, pour s'en faire entendre, mettre la bouche sur son cornet, et crier de toute sa force. Cependant il alloit à la représentation de ses pièces; il n'en perdoit presque pas un mot; il disoit même qu'il n'avoit jamais mieux jugé ni du jeu, ni de ses pièces, que depuis qu'il n'entendoit plus les acteurs; et je me suis assuré par l'expérience qu'il disoit vrai.

Sur quelque étude du langage par gestes, il m'a donc paru que la bonne construction exigeoit qu'on présentât d'abord l'idée principale, parce que cette idée manifestée répandoit du jour sur les autres, en indiquant à quoi les gestes devoient être rapportés. Quand le sujet d'une proposition oratoire ou gesticulée n'est pas annoncé, l'application des autres signes reste suspendue. C'est ce qui arrive à tout moment dans les phrases grecques et latines; et jamais dans les phrases gesticulées, lorsqu'elles sont bien construites.

Je suis à table avec un sourd et muet de naissance. Il veut commander à son laquais de me verser à boire. Il avertit d'abord son laquais. Il me regarde ensuite. Puis il imite du bras et de la main droite les mouvemens d'un homme qui verse à boire. Il est presque indifférent, dans cette phrase, lequel des deux derniers signes suive ou précède l'autre. Le muet peut, après avoir averti le laquais, ou placer le signe qui désigne la chose ordonnée, ou celui qui dénote la personne à qui le message s'adresse; mais le lieu du premier geste est fixé. Il n'y a qu'un muet sans logique, qui puisse le déplacer. Cette transposition seroit presque aussi ridicule, que l'inadvertance d'un homme qui parleroit sans qu'on sût bien à qui son discours s'adresse. Quant à l'arrangement des deux autres gestes, c'est peut-être moins une affaire de justesse que de goût, de fantaisie, de convenance, d'harmonie, d'agrément et de style. En général, plus une phrase renfermera d'idées, et plus il y aura d'arrangemens possibles de gestes ou d'autres signes; plus il y aura de danger de tomber dans des contre-sens, dans des amphibologies, et dans les autres vices de construction. Je ne sais si l'on peut juger sainement des sentimens et des mœurs d'un homme par ses écrits; mais je crois qu'on ne risqueroit pas à se tromper sur la justesse de son esprit, si l'on en jugeoit par son style ou plutôt par sa construction. Je puis du-moins vous assurer que je ne m'y suis jamais trompé. J'ai vu que tout homme, dont on ne pouvoit corriger les phrases qu'en les refaisant tout-à-fait, étoit un homme dont on n'auroit pu réformer la tête qu'en lui en donnant une autre.

Mais entre tant d'arrangemens possibles, comment, lorsqu'une langue est morte, distinguer les constructions que l'usage autorisoit ? La simplicité et l'uniformité des nôtres m'enhardissent à dire que, si jamais la langue française meurt, on aura plus de facilité à l'écrire et à la parler correctement, que les langues grecques ou latines. Combien d'inversions n'employons-nous pas aujourd'hui en latin et en grec, que l'usage du temps de Cicéron et de Démosthène, ou l'oreille sévère de ces orateurs proscriroit.

Mais, me dira-t-on, n'avons-nous pas dans notre langue des adjectifs qui ne se placent qu'avant le substantif ? n'en avons-nous pas d'autres qui ne se placent jamais qu'après ? Comment nos neveux s'instruiront-ils de ces finesses ? La lecture des bons auteurs n'y suffit pas. J'en conviens avec vous ; et j'avoue que si la langue française meurt, les savans à venir qui feront assez de cas de nos auteurs pour l'apprendre et pour s'en servir, ne manqueront pas d'écrire indistinctement *blanc bonnet, ou bonnet blanc ; méchant auteur, ou auteur méchant ; homme galant, ou galant homme*, et une infinité d'autres qui donneroient à leurs ouvrages un air tout-à-fait ridicule, si nous ressuscitions pour les lire, mais qui n'empêcheront pas leurs contemporains ignorans de s'écrier à la lecture de quelque pièce française : « Racine » n'a pas écrit plus correctement ; c'est Despréaux » tout pur ; Bossuet n'auroit pas mieux dit ; cette » prose a le nombre, la force, l'élégance, la faci- » lité de celle de Voltaire ». Mais si un petit nombre de cas embarrassans font dire tant de sottises à ceux qui viendront après nous, que devons-nous penser aujourd'hui de nos écrits en grec et en latin, et des applaudissemens qu'ils obtiennent.

On éprouve, en s'entretenant avec un sourd et un muet de naissance, une difficulté presque insurmontable à lui désigner les parties indéterminées de la quantité, soit en nombre, soit en étendue, soit en durée, et à lui transmettre toute abstraction en général. On n'est jamais sûr de lui avoir fait entendre la différence des temps, *je fis, j'ai fait, je faisois, j'aurois fait*. Il en est de même des propositions conditionnelles. Donc, si j'avois raison de dire, qu'à l'origine du langage, les hommes ont commencé par donner des noms aux principaux objets des sens, aux fruits, à l'eau, aux arbres, aux animaux, aux serpens, etc. ; aux passions, aux lieux, aux personnes, etc. ; aux qualités, aux quantités, aux temps, etc. ; je peux encore ajouter que les signes des *temps* ou des portions de la durée ont été les derniers inventés. J'ai pensé que, pendant des siècles entiers, les hommes n'ont eu d'autres temps que le présent de l'indicatif ou de l'infinitif, que les circonstances déterminoient à être tantôt un futur, tantôt un parfait.

Je me suis cru autorisé, dans cette conjecture, par l'état présent de la *langue franque*. Cette langue est celle que parlent les diverses nations chrétiennes qui commercent en Turquie et dans les échelles du levant. Je la crois telle aujourd'hui qu'elle a toujours été; et il n'y a pas d'apparence qu'elle se perfectionne jamais. La base en est un italien corrompu. Ses verbes n'ont pour tout temps que le présent de l'infinitif, dont les autres termes de la phrase ou les conjonctures modifient la signification : ainsi, *je t'aime, je t'aimois, je t'aimerai*; c'est en langue franque, *mi amarti*. *Tous ont chanté, que chacun chante, tous chanteront*, tutti cantara. *Je veux, je voulois, j'ai voulu, je voudrois t'épouser*, mi voleri sposarti.

J'ai pensé que les inversions s'étoient introduites et conservées dans le langage, parce que les signes oratoires avoient été institués selon l'ordre des gestes, et qu'il étoit naturel qu'ils gardassent dans la phrase le rang que le droit d'aînesse leur avoit assigné. J'ai pensé que, par la même raison, l'abus des temps des verbes ayant dû subsister, même après la formation complète des conjugaisons, les uns s'étoient absolument passés de certains temps, comme les Hébreux qui, n'ont ni présent ni imparfait, et qui disent fort bien, *Credidi propter quod locutus sum*, au-lieu de *Credo et ideò loquor; j'ai cru, et c'est par cette raison que j'ai parlé, ou je crois, et c'est par cette raison que je parle.* Et que les autres avoient fait un double emploi du même temps, comme les Grecs, chez qui les aoristes s'interprètent tantôt au présent, tantôt au passé. Entre une infinité d'exemples, je me contenterai de vous en citer un seul qui vous est peut-être moins connu que les autres. Epictète dit: θέλουσι καὶ αυτοὶ φιλοσοφεῖν. ἄνθρωπε, πρῶτον ἐπίσκεψαι, ὁποῖόν ἐςι τὸ πρᾶγμα. εἶτα καὶ τὴν σεαυτῦ φύσιν καταμάθε, εἰ δύνασαι βαςάσαι. πένταθλος εἶναι βύλει, ἢ παλαιστής; ἴδε σεαυτῦ τὺς βραχίονας, τὺς μηςὺς, τὴν ὀσφυν καταμάθε.

EPICTET. *Enchirid.* cap. 29, pag. 711, edit. Upton.

Ce qui signifie proprement: « Ces gens veulent
» aussi être philosophes. Homme, aie d'abord
» appris ce que c'est que la chose que tu veux
» être; aie étudié tes forces et le fardeau; aie
» vu, si tu peux l'avoir porté; aie considéré
» tes bras et tes cuisses; aie éprouvé tes reins,
» si tu veux être quinquertion ou lutteur». Mais
ce qui se rend beaucoup mieux en donnant aux
aoristes premiers ἐπίσκεψαι, βαςάσαι, et aux

aoristes seconds, καταμαθε, ἰδε, la valeur du présent. « Ces gens veulent aussi être philosophes.
» Homme, apprends d'abord ce que c'est que
» la chose. Connois tes forces et le fardeau que
» tu veux porter. Considère tes bras et tes cuisses.
» Eprouve tes reins, si tu prétends être quin-
» quertion ou lutteur », Vous n'ignorez pas que
ces quinquertions étoient des gens qui avoient
la vanité de se signaler dans tous les exercices
de la gymnastique.

Je regarde ces bizarreries des *temps* comme
des restes de l'imperfection originelle des langues, des traces de leur enfance, contre lesquelles le bon sens, qui ne permet pas à la même
expression de rendre des idées différentes, eût
vainement réclamé ses droits dans la suite. Le
pli étoit pris; et l'usage auroit fait taire le bon
sens. Mais il n'y a peut-être pas un seul écrivain
grec ou latin, qui se soit apperçu de ce défaut.
Je dis plus; pas un, peut-être, qui n'ait imaginé que son discours ou l'ordre d'institution de
ses signes suivoit exactement celui des vues de
son esprit. Cependant il est évident qu'il n'en étoit
rien. Quand Cicéron commence l'oraison pour
Marcellus par *Diuturni silentii, patres conscripti,
quo eram his temporibus usus, etc.*, on voit qu'il
avoit eu dans l'esprit, antérieurement à son long
silence, une idée qui devoit suivre, qui commandoit
la terminaison de son long silence, et qui le con-

traignoit à dire : *Diuturni silentii*, et non pas *diuturnum silentium*.

Ce que je viens de dire de l'inversion du commencement de l'oraison pour Marcellus, est applicable à toute autre inversion. En général, dans une période grecque ou latine, quelque longue qu'elle soit, on s'apperçoit, dès le commencement, que, l'auteur ayant eu une raison d'employer telle ou telle terminaison plutôt que toute autre, il n'y avoit point dans ses idées l'inversion qui règne dans ses termes. En effet, dans la période précédente, qu'est-ce qui déterminoit Cicéron à écrire *diuturni silentii* au génitif, *quo* à l'ablatif, *eram* à l'imparfait, et ainsi du reste, qu'un ordre d'idées préexistant dans son esprit, tout contraire à celui des expressions ; ordre auquel il se conformoit sans s'en appercevoir, subjugué par la longue habitude de transposer ? Et pourquoi Cicéron n'auroit-il pas transposé sans s'en appercevoir, puisque la chose nous arrive à nous-mêmes, à nous qui croyons avoir formé notre langue sur la suite naturelle des idées ? J'ai donc eu raison de distinguer l'ordre naturel des idées et des signes, de l'ordre scientifique et d'institution.

Vous avez pourtant cru, Monsieur, devoir soutenir que, dans la période de Cicéron dont il s'agit entre nous, il n'y avoit point d'inversion ; et je ne disconviens pas qu'à certains égards, vous ne puissiez avoir raison ; mais il faut, pour s'en convaincre, faire deux réflexions qui, ce me semble, vous ont échappé. La première, c'est que l'inversion proprement dite, ou l'ordre d'institution, l'ordre scientifique et grammatical n'étant autre chose qu'un ordre dans les mots contraire à celui des idées, ce qui sera inversion pour l'un, souvent ne le sera pas pour l'autre; car dans une suite d'idées, il n'arrive pas toujours que tout le monde soit également affecté par la même. Par exemple, si de ces deux idées contenues dans la phrase *serpentem fuge*, je vous demande quelle est la principale; vous me direz, vous, que c'est le serpent; mais un autre prétendra que c'est la fuite; et vous aurez tous deux raison. L'homme peureux ne songe qu'au serpent; mais celui qui craint moins le serpent que ma perte, ne songe qu'à ma fuite : l'un s'effraie, et l'autre m'avertit. La seconde chose que j'ai à remarquer, c'est que, dans une suite d'idées que nous avons à offrir aux autres, toutes les fois que l'idée principale qui doit les affecter n'est pas la même que celle qui nous affecte, eu égard à la disposition différente où nous sommes, nous et nos auditeurs, c'est cette idée qu'il faut d'abord leur présenter; et l'inversion, dans ce cas, n'est proprement qu'oratoire. Appliquons ces réflexions à la première période de l'oraison *pro Marcello*. Je me figure Cicéron montant à la tribune aux harangues; et je vois que la première chose qui a dû frapper ses auditeurs, c'est qu'il a été long-temps sans y monter : ainsi, *diuturni silentii*, le long silence qu'il a gardé, est la première idée qu'il doit leur présenter, quoique l'idée principale, pour lui, ne soit pas celle-là, mais *hodiernus dies finem attulit;* car ce qui frappe le plus un orateur qui monte en chaire, c'est qu'il va parler et non qu'il a gardé long-temps le silence. Je remarque encore une autre finesse dans le génitif *diuturni silentii*: les auditeurs ne pouvoient penser au long silence de Cicéron, sans chercher en-même-temps la cause, et de ce silence, et de ce qui le déterminoit à le rompre. Or le génitif, étant un cas suspensif, leur fait naturellement attendre toutes ces idées que l'orateur ne pouvoit leur présenter à-la-fois.

Voilà, Monsieur, plusieurs observations, ce me semble, sur le passage dont nous parlons, et que vous auriez pu faire. Je suis persuadé que Cicéron auroit arrangé tout autrement cette période, si, au-lieu de parler à Rome, il eût été tout-à-coup transporté en Afrique, et qu'il eût eu à plaider à Carthage. Vous voyez donc par-là, Monsieur, que ce qui n'étoit pas une inversion pour les auditeurs de Cicéron, pouvoit, devoit même en être une pour lui.

'Mais allons plus loin : je soutiens que, quand une phrase ne renferme qu'un très-petit nombre d'idées, il est fort difficile de déterminer quel est l'ordre naturel que ces idées doivent avoir par rapport à celui qui parle ; car si elles ne se présentent pas toutes à-la-fois, leur succession est au-moins si rapide, qu'il est souvent impossible de démêler celle qui nous frappe la première. Qui sait même si l'esprit ne peut pas en avoir un certain nombre exactement dans le même instant ? Vous allez peut-être, Monsieur, crier au paradoxe. Mais veuillez, auparavant, examiner avec moi comment l'article *hic, ille, le,* s'est introduit dans la langue latine et dans la nôtre. Cette discussion ne sera ni longue ni difficile, et pourra vous rapprocher d'un sentiment qui vous révolte.

Transportez-vous d'abord au temps où les adjectifs et les substantifs latins, qui désignent les qualités sensibles des êtres et les différens individus de la nature, étoient presque tous inventés ; mais où l'on n'avoit point encore d'expression pour ces vues fines et déliées de l'esprit, dont la philosophie a même aujourd'hui tant de peine à marquer les différences. Supposez ensuite deux hommes pressés de la faim, mais dont l'un n'ait point d'aliment en vue, et dont l'autre soit au pied d'un arbre si élevé qu'il n'en puisse atteindre le fruit. Si la sensation fait parler ces deux hommes, le premier dira : *J'ai faim, je mangerois volontiers ;* et le second : *Le beau fruit ! j'ai faim, je mangerois volontiers.* Mais il est évident que celui-là a rendu précisément, par son discours, tout ce qui s'est passé dans son ame ; qu'au contraire il manque quelque chose dans la phrase de celui-ci, et qu'une des vues de son esprit y doit être sous-entendue. L'expression *je mangerois volontiers*, quand on n'a rien à sa portée, s'étend en général à tout ce qui peut appaiser la faim; mais la même expression se restreint et ne s'entend plus que d'un beau fruit, quand ce fruit est présent. Ainsi, quoique ces deux hommes aient dit : *J'ai faim, je mangerois volontiers*, il y avoit dans l'esprit de celui qui s'est écrié : *Le beau fruit !* un retour vers ce fruit; et l'on ne peut douter que si l'article *le* eût été inventé, il n'eût dit : *Le beau fruit ! j'ai faim. Je mangerois volontiers icelui,* ou *icelui je mangerois volontiers.* L'article *le* ou *icelui* n'est, dans cette occasion et dans toutes les semblables, qu'un signe employé pour désigner le retour de l'ame sur un objet qui l'avoit antérieurement occupée; et l'invention de ce signe est, ce me semble, une preuve de la marche didactique de l'esprit.

N'allez pas me faire des difficultés sur le lieu que ce signe occuperoit dans la phrase, en suivant l'ordre naturel des vues de l'esprit; car quoique tous ces jugemens, *le beau fruit ! j'ai faim, je mangerois volontiers icelui,* soient rendus chacun par deux ou trois expressions, ils ne supposent tous qu'une seule vue de l'ame; celui du milieu, *j'ai faim*, se rend en latin par le seul mot *esurio*. Le fruit et la qualité s'apperçoivent en-même-temps; et quand un latin disoit *esurio*, il croyoit ne rendre qu'une seule idée. *Je mangerois volontiers icelui* ne sont que des modes d'une seule sensation. *Je* marque la personne qui l'éprouve; *mangerois*, le désir et la nature de la sensation éprouvée; *volontiers*, son intensité ou sa force; *icelui*, la présence de l'objet désiré : mais la sensation n'a point dans l'ame ce développement successif du discours; et si elle pouvoit commander à vingt bouches, chaque bouche disant son mot, toutes les idées précédentes seroient rendues à-la-fois : c'est ce qu'elle exécuteroit à merveilles sur un clavecin oculaire, si le système de mon muet étoit institué, et que chaque couleur fût l'élément d'un mot. Aucune langue n'approcheroit de la rapidité de celle-ci. Mais au défaut de plusieurs bouches, voici ce qu'on a fait : on a attaché plusieurs idées à une seule expression. Si ces expressions énergiques étoient plus fréquentes, au-lieu que la langue se traîne sans cesse après l'esprit, la quantité d'idées rendues à-la-fois pourroit être telle, que, la langue allant plus vite que l'esprit, il seroit forcé de courir après elle. Que deviendroit alors l'inversion, qui suppose décomposition des mouvemens simultanés de l'ame, et multitude d'expressions ? Quoique nous n'ayons guère de ces termes qui équivalent à un long discours; ne suffit-il pas que nous en ayons quelques-uns; que le grec et le latin en fourmillent; et qu'ils soient employés et compris sur-le-champ, pour vous convaincre que l'ame éprouve une foule de perceptions, si-non à-la-fois, du-moins avec une rapidité si tumultueuse, qu'il n'est guère possible d'en découvrir la loi.

Si j'avois affaire à quelqu'un qui n'eût pas encore la facilité des idées abstraites, je lui mettrois ce système de l'entendement humain en relief, et je lui dirois : Monsieur, considérez l'homme automate comme une horloge ambulante ; que le cœur en représente le grand ressort ; et que les parties contenues dans la poitrine soient les autres pièces principales du mouvement. Imaginez dans la tête un timbre garni de petits marteaux, d'où partent une multitude infinie de fils, qui se terminent à tous les points de la boîte. Elevez sur ce timbre une de ces petites figures dont nous ornons le haut de nos pendules ; qu'elle ait l'oreille penchée, comme un musicien qui écouteroit si son instrument est bien accordé ; cette petite figure sera *l'ame*. Si plusieurs des petits cordons sont tirés dans le même instant, le timbre sera frappé de plusieurs coups, et la petite figure entendra plusieurs sons à-la-fois. Supposez qu'entre ces cordons il y en ait certains qui soient toujours tirés ; comme nous ne nous sommes assurés du bruit qui se fait le jour à Paris que par le silence de la nuit, il y aura en nous des sensations qui nous échapperont souvent par leur continuité. Telle sera celle de notre existence. L'ame ne s'en apperçoit que par un retour sur elle-même, sur-tout dans l'état de santé. Quand on se porte bien, aucune partie du corps ne nous instruit de son existence; si quelqu'une nous en avertit par la douleur, c'est, à-coup-sûr, que nous nous portons mal; si c'est par le plaisir, il n'est pas toujours certain que nous nous portions mieux.

Il ne tiendroit qu'à moi de suivre ma comparaison plus loin, et d'ajouter que les sons rendus par le timbre ne s'éteignent pas sur-le-champ; qu'ils ont de la durée; qu'ils forment des accords avec ceux qui les suivent; que la petite figure attentive les compare et les juge consonans ou dissonans; que la mémoire actuelle, celle dont nous avons besoin pour juger et pour discourir, consiste dans la résonnance du timbre; le jugement, dans la formation des accords; et le discours, dans leur succession : que ce n'est pas sans raison qu'on dit de certains cerveaux, qu'ils sont mal timbrés. Et cette loi de liaison, si nécessaire dans les longues phrases harmonieuses; cette loi, qui demande qu'il y ait entre un accord et celui qui le suit au-moins un son commun, resteroit-elle donc ici sans application ? Ce son commun, à votre avis, ne ressemble-t-il pas beaucoup au moyen terme du syllogisme. Et que sera-ce que cette analogie qu'on remarque entre certaines ames ? qu'un jeu de la nature qui s'est amusée à mettre deux timbres, l'un à la quinte, et l'autre à la tierce d'un troisième. Avec la fécondité de ma comparaison et la folie de Pythagore, je vous démontrerois la sagesse de cette loi des Scythes, qui ordonnoit d'avoir un ami, qui en permettoit deux, et qui en défendoit trois. Parmi les Scythes, vous dirois je, une tête étoit mal timbrée, si le son principal qu'elle rendoit n'avoit dans la société aucun harmonique; trois amis formoient l'accord parfait; un quatrième ami surajouté, ou n'eût été que la replique de l'un des trois autres, ou bien il eût rendu l'accord dissonant.

Mais je laisse ce langage figuré, que j'emploierois tout-au-plus pour récréer et fixer l'esprit volage d'un enfant; et je reviens au ton de la philosophie, *à qui il faut des raisons, et non des comparaisons*.

En examinant les discours que la sensation de la faim ou de la soif faisoit tenir en différentes circonstances, on eut souvent occasion de s'appercevoir que les mêmes expressions s'employoient pour rendre des vues de l'esprit qui n'étoient pas les mêmes; et l'on inventa les signes *vous*, *lui*, *moi*, *le*, et une infinité d'autres qui particularisent. L'état de l'ame, dans un instant indivisible, fut représenté par une foule de termes que la précision du langage exigea, et qui distribuèrent une impression totale en parties; et parce que ces termes se prononçoient successivement, et ne s'entendoient qu'à-mesure qu'ils se prononçoient, on fut porté à croire que les affections de l'ame qu'ils représentoient, avoient la même succession. Mais il n'en est rien. Autre chose est l'état de notre ame; autre chose, le compte que nous en rendons, soit à nous-mêmes, soit aux autres ; autre chose, la sensation totale et instantanée de cet état ; autre chose, l'attention successive et détaillée que nous sommes forcés d'y donner pour l'analyser, la manifester, et nous faire entendre. Notre ame est un tableau mouvant, d'après lequel nous peignons sans cesse : nous employons bien du temps à le rendre avec fidélité ; mais il existe en entier, et tout à-la-fois : l'esprit ne va pas à pas comptés comme l'expression. Le pinceau n'exécute qu'à-la-longue ce que l'œil du peintre embrasse tout d'un coup. La formation des langues exigeoit la décomposition ; mais *voir* un objet, le *juger* beau, *éprouver* une sensation agréable, *désirer* la possession, c'est l'état de l'ame dans un même instant, et ce que le grec et le latin rendent par un seul mot. Ce mot prononcé, tout est dit, tout est entendu. Ah, Monsieur ! combien notre entendement est modifié par les signes ; et que la diction la plus vive est encore une froide copie de ce qui s'y passe !

Les ronces dégouttantes
Portent de ses cheveux les dépouilles sanglantes.

Voilà une des peintures les plus ressemblantes que nous ayons. Cependant, qu'elle est encore loin de ce que j'imagine !

Je vous exhorte, Monsieur, à peser ces choses ; si vous voulez sentir combien la question des inversions est compliquée. Pour moi, qui m'occupe plutôt à former des nuages qu'à les dissiper, et à suspendre les jugemens qu'à juger ; je vais vous démontrer encore que, si le paradoxe que je viens d'avancer n'est pas vrai, si nous n'avons pas plusieurs perceptions à-la-fois, il est impossible de raisonner et de discourir; car discourir ou raisonner, c'est comparer deux ou plusieurs idées. Or, comment comparer des idées qui ne sont pas présentes à l'esprit dans le même temps ? Vous ne pouvez me nier que nous n'ayons à-la-fois plusieurs sensations, comme celles de la couleur d'un corps et de sa figure : or, je ne vois pas quel privilége les sensations auroient sur les idées abstraites et intellectuelles. Mais la mémoire, à votre avis, ne suppose-t-elle pas dans un jugement deux idées à-la-fois présentes à l'esprit ? L'idée qu'on a actuellement, et le souvenir de celle qu'on a eue ? Pour moi, je pense que c'est par cette raison que le jugement et la grande mémoire vont si rarement ensemble. Une grande mémoire suppose une grande facilité d'avoir à-la-fois ou rapidement plusieurs idées différentes ; et cette facilité nuit à la comparaison tranquille d'un petit nombre d'idées que l'esprit doit, pour ainsi dire, envisager fixement. Une tête meublée d'un grand nombre de choses disparates est assez semblable à une bibliothèque de volumes dépareillés. C'est une de ces compilations germaniques, hérissées, sans raison et sans goût, d'hébreu, d'arabe, de grec et de latin, qui sont déjà fort grosses, qui grossissent encore, qui grossiront toujours, et qui n'en seront que plus mauvaises. C'est un de ces magasins remplis d'analyses et de jugemens d'ouvrages que l'analyste n'a point entendus ; magasins de marchandises mêlées, dont il n'y a proprement que le bordereau qui lui appartienne ; c'est un commentaire où l'on rencontre souvent ce qu'on ne cherche point, rarement ce qu'on cherche, et presque toujours les choses dont on a besoin égarées dans la foule des inutiles.

Une conséquence de ce qui précède, c'est qu'il n'y a point, et que peut-être même il ne peut y avoir d'inversion dans l'esprit, sur-tout si l'objet de la contemplation est abstrait et métaphysique, et que, quoique le grec dise : νικῆσαι ὀλύμπια θέλεῖς; κ'αγὼ νὴ τὰς θεὰς ; κομψὸν γάρ ἐστιν, et le latin : *Honores plurimùm valent apud prudentes, si sibi collatos intelligant* : la syntaxe française, et l'entendement gêné par la syntaxe grecque ou latine, disent sans inversion : *Vous voudriez bien être de l'académie française ? et moi aussi ; car c'est un honneur ; et le sage peut faire cas d'un honneur qu'il sent qu'il mérite.* Je ne voudrois donc pas avancer généralement et sans distinction, que les Latins ne renversent point, et que c'est nous qui renversons. Je dirois seulement, qu'au-lieu de comparer notre phrase à l'ordre didactique des idées, si on la compare à l'ordre d'invention des mots, au langage des gestes, auquel le langage oratoire a été substitué par dégrés, il paroît que nous renversons, et que de tous les peuples de la terre, il n'y en a point qui ait autant d'inversions que nous. Mais que, si l'on compare notre construction à celle des vues de l'esprit assujetti par la syntaxe grecque ou latine, comme il est naturel de faire, il n'est guère possible d'avoir moins d'inversions que nous n'en avons. Nous disons les choses en français, comme l'esprit est forcé de les considérer en quelque langue qu'on écrive. Cicéron a, pour ainsi dire, suivi la syntaxe française avant que d'obéir à la syntaxe latine.

D'où il s'ensuit, ce me semble, que la communication de la pensée étant l'objet principal du langage, notre langue est de toutes les langues la plus châtiée, la plus exacte et la plus estimable; celle, en un mot, qui a retenu le moins de ces négligences que j'appellerois volontiers des restes de la *balbutie* des premiers âges; ou, pour continuer le parallèle sans partialité, je dirois que nous avons gagné, à n'avoir point d'inversions, de la netteté, de la clarté, de la précision, qualités essentielles au discours; et que nous y avons perdu de la chaleur, de l'éloquence et de l'énergie. J'ajouterois volontiers que la marche didactique et réglée à laquelle notre langue est assujettie, la rend plus propre aux sciences; et que, par les tours et les inversions que le grec, le latin, l'italien, l'anglais se permettent, ces langues sont plus avantageuses pour les lettres. Que nous pouvons mieux qu'aucun autre peuple faire parler l'esprit, et que le bon sens choisiroit la langue française; mais que l'imagination et les passions donneront la préférence aux langues anciennes et à celles de nos voisins. Qu'il faut parler français dans la société et dans les écoles de philosophie; et grec, latin, anglais, dans les chaires et sur les théâtres; que notre langue sera celle de la vérité, si jamais elle revient sur la terre; et que la grecque, la latine et les autres seront les langues de la fable et du mensonge. Le français est fait pour instruire, éclairer et convaincre; le grec, le latin, l'italien, l'anglais, pour persuader, émouvoir et tromper: parlez grec, latin, italien au peuple; mais parlez français au sage.

Un autre désavantage des langues à inversions, c'est d'exiger, soit du lecteur, soit de l'auditeur, de la contention et de la mémoire. Dans une phrase latine ou grecque un peu longue, que de cas, de régimes, de terminaisons à combiner! on n'entend presque rien, qu'on ne soit à la fin. Le français ne donne point cette fatigue; on le comprend à-mesure qu'il est parlé. Les idées se présentent dans notre discours suivant l'ordre que l'esprit a dû suivre, soit en grec, soit en latin, pour satisfaire aux règles de la syntaxe. La Bruyère vous fatiguera moins à-la-longue, que Tite-Live; l'un est pourtant un moraliste profond, l'autre un historien clair; mais cet historien enchâsse si bien ses phrases, que l'esprit, sans cesse occupé à les déboîter les unes de dedans les autres, et à les restituer dans un ordre didactique et lumineux, se lasse de ce petit travail, comme le bras le plus fort d'un poids léger qu'il faut toujours porter. Ainsi, tout bien considéré, notre langue *pédestre* a sur les autres l'avantage de l'utile sur l'agréable.

Mais une des choses qui nuisent le plus dans notre langue et dans les langues anciennes à l'ordre naturel des idées, c'est cette harmonie du style à laquelle nous sommes devenus si sensibles, que nous lui sacrifions souvent tout le reste; car il faut distinguer dans toutes les langues trois états par lesquels elles ont passé successivement au sortir de celui où elles n'étoient qu'un mélange confus de cris et de gestes, mélange qu'on pourroit appeler du nom de *langage animal*. Ces trois états sont l'état de *naissance*, celui de *formation*, et l'état de *perfection*. La langue naissante étoit un composé de mots et de gestes, où les adjectifs sans genre ni cas, et les verbes sans conjugaisons ni régimes, conservoient par-tout la même terminaison. Dans la langue formée, il y avoit des mots, des cas, des genres, des conjugaisons, des régimes; en un mot, les signes oratoires nécessaires pour tout exprimer; mais il n'y avoit que cela. Dans la langue perfectionnée, on a voulu de plus de l'harmonie, parce qu'on a cru qu'il ne seroit pas inutile de flatter l'oreille en parlant à l'esprit. Mais comme on préfère souvent l'accessoire au principal, souvent aussi l'on a renversé l'ordre des idées pour ne pas nuire à l'harmonie : c'est ce que Cicéron a fait en partie dans la période pour Marcellus; car la première idée qui a dû frapper ses auditeurs, après celle de son long silence, c'est la raison qui l'y a obligé; il devoit donc dire : *Diuturni silentii, quo, non timore aliquo, sed partim dolore, partim verecundiá, eram his temporibus usus, finem hodiernus dies attulit.* Comparez cette phrase avec la sienne, vous ne trouverez d'autre raison de préférence que celle de l'harmonie. De même dans une autre phrase de ce grand orateur : *Mors terrorque civium ac sociorum Romanorum*, il est évident que l'ordre naturel demandoit *terror morsque*. Je ne cite que cet exemple parmi une infinité d'autres.

Cette observation peut nous conduire à examiner s'il est permis de sacrifier quelquefois l'ordre naturel à l'harmonie. On ne doit, ce me semble, user de cette licence que quand les idées qu'on renverse sont si proches l'une de l'autre, qu'elles se présentent presque à-la-fois à l'oreille et à l'esprit, à-peu-près comme on renverse la basse fondamentale en basse continue, pour la rendre plus chantante, quoique la basse continue ne soit véritablement agréable qu'autant que l'oreille y démêle la progression naturelle de la basse fondamentale qui l'a suggérée. N'allez pas vous imaginer, à cette comparaison, que c'est un grand musicien qui vous écrit. Il n'y a que deux jours que je commence à l'être ; mais vous savez combien l'on aime à parler de ce qu'on vient d'apprendre.

Il me semble qu'on pourroit trouver plusieurs autres rapports entre l'harmonie du style et l'harmonie musicale. Dans le style, par exemple, lorsqu'il est question de peindre de grandes choses ou des choses surprenantes, il faut quelquefois, si-non sacrifier, du-moins altérer l'harmonie, et dire :

<blockquote>
Magnum Jovis incrementum.
Nec Brachia longo
Margine terrarum porrexerat Amphitrite.
Ferte citi ferrum, date tela, scandite muros.
Vita quoque omnis
Omnibus è nervis atque ossibus exsolvatur.
Longo sed proximus intervallo.
</blockquote>

Ainsi, dans la musique, il faut quelquefois dérouter l'oreille pour surprendre et contenter l'imagination. On pourroit observer aussi, qu'au-lieu que les licences dans l'arrangement des mots ne sont jamais permises qu'en faveur de l'harmonie du style, les licences dans l'harmonie musicale ne le sont au contraire souvent que pour faire naître plus exactement, et dans l'ordre le plus naturel, les idées que le musicien veut exciter.

Il faut distinguer, dans tout discours en général, la pensée et l'expression ; si la pensée est rendue avec clarté, pureté et précision, c'en est assez pour la conversation familière ; joignez à ces qualités le choix des termes avec le nombre et l'harmonie de la période, et vous aurez le style qui convient à la chaire ; mais vous serez encore loin de la poésie, sur-tout de la poésie que l'ode et le poëme épique déployent dans leurs descriptions. Il passe alors dans le discours du poëte un esprit qui en meut et vivifie toutes les syllabes. Qu'est-ce que cet esprit ? j'en ai quelquefois senti la présence ; mais tout ce que j'en sais, c'est que c'est lui qui fait que les choses sont dites et représentées tout-à-la-fois ; que dans le même temps que l'entendement les saisit, l'ame en est émue, l'imagination les voit, et l'oreille les entend ; et que le discours n'est plus seulement un enchaînement de termes énergiques qui exposent la pensée avec force et noblesse, mais que c'est encore un tissu d'hiéroglyphes entassés les uns sur les autres qui la peignent. Je pourrois dire, en ce sens, que toute poésie est emblématique.

Mais l'intelligence de l'emblême poétique n'est pas donnée à tout le monde ; il faut être presque en état de le créer pour le sentir fortement. Le poëte dit :

Et des fleuves français les eaux ensanglantées
Ne portoient que des morts aux mers épouvantées.

Mais, qui est-ce qui voit, dans la première syllabe de *portoient*, les eaux gonflées de cadavres, et le cours des fleuves comme suspendu par cette digue ? Qui est-ce qui voit la masse des eaux et des cadavres s'affaisser et descendre vers les mers à la seconde syllabe du même mot ? l'effroi des mers est montré à tout lecteur dans *épouvantées* ; mais la prononciation emphatique de sa troisième syllabe me découvre encore leur vaste étendue. Le poëte dit :

Soupire, étend les bras, ferme l'œil, et s'endort.

Tous s'écrient : Que cela est beau ! Mais celui qui s'assure du nombre des syllabes d'un vers par ses doigts, sentira-t-il combien il est heureux pour un poëte qui a le soupir à peindre, d'avoir dans sa langue un mot dont la première syllabe est sourde, la seconde tenue, et la dernière muette ? On lit *étend les bras*, mais on ne soupçonne guère la longueur et la lassitude des bras d'être représentées dans ce monosyllabe pluriel ; ces bras étendus retombent si doucement avec le premier hémistiche du vers, que presque personne ne s'en apperçoit, non plus que du mouvement subit de la paupière dans *ferme l'œil*, et du passage imperceptible de la veille au sommeil dans la chûte du second hémistiche *ferme l'œil, et s'endort.*

L'homme de goût remarquera sans-doute que le poëte a quatre actions à peindre, et que son vers est divisé en quatre membres; que les deux dernières actions sont si voisines l'une de l'autre, qu'on ne discerne presque point d'intervalles entre elles; et que, des quatre membres du vers, les deux derniers, unis par une conjonction et par la vîtesse de la prosodie de l'avant-dernier, sont aussi presque indivisibles; que chacune de ces actions prend, de la durée totale du vers, la quantité qui lui convient par la nature; et qu'en les renfermant toutes quatre dans un seul vers, le poëte a satisfait à la promptitude avec laquelle elles ont coutume de se succéder. Voilà, Monsieur, un de ces problêmes que le génie poëtique résout sans se les proposer. Mais cette solution est-elle à la portée de tous les lecteurs? Non, Monsieur, non; aussi je m'attends bien que ceux qui n'ont pas saisi d'eux-mêmes ces hiéroglyphes en lisant le vers de Despréaux (et ils seront en grand nombre) riront de mon commentaire, se rappelleront celui du *chef-d'œuvre d'un inconnu*, et me traiteront de visionnaire.

Je croyois, avec tout le monde, qu'un poëte pouvoit être traduit par un autre: c'est une erreur, et me voilà désabusé. On rendra la pensée ; on aura peut-être le bonheur de trouver l'équivalent d'une expression ; Homère aura dit : ἔκλαγξαν δ'ἄρ ὀϊστοί, et l'on rencontrera *tela sonant humeris* ; c'est quelque chose, mais ce n'est pas tout. L'emblême délié, l'hiéroglyphe subtil qui règne dans une description entière, et qui dépend de la distribution des longues et des brèves dans les langues à quantité marquée, et de distribution des voyelles entre les consonnes dans les mots de toute langue : tout cela disparoît nécessairement dans la meilleure traduction.

Virgile dit d'Euryale blessé d'un coup mortel :

<pre>
             Pulchrosque per artus
    It cruor, inque humeros cervix collapsa recumbit ;
    Purpureus veluti cum flos succisus aratro
    Languescit moriens ; lassove papavera collo
    Demisère caput, pluviâ cum forte gravantur.
</pre>

Je ne serois guère plus étonné de voir ces vers s'engendrer par quelque jet fortuit de caractères, que d'en voir passer toutes les beautés hiéroglyphiques dans une traduction ; et l'image d'un jet de sang, *it cruor* ; et celle de la tête d'un moribond qui retombe sur son épaule, *cervix collapsa recumbit* ; et le bruit d'une faulx (*)

(*) *Aratrum* ne signifie point une faulx ; mais on verra plus bas pourquoi je le traduis ainsi.

qui scie, *succisus* ; et la défaillance de *languescit moriens* ; et la mollesse de la tige du pavot, *lassove papavera collo* ; et le *demisére caput*, et le *gravantur* qui finit le tableau. *Demisére* est aussi mou que la tige d'une fleur ; *gravantur* pèse autant que son calice chargé de pluie ; *collapsa* marque effort et chûte. Le même hiéroglyphe double se trouve à *papavera*. Les deux premières syllabes tiennent la tête du pavot droite, et les deux dernières l'inclinent : car vous conviendrez que toutes ces images sont renfermées dans les quatre vers de Virgile, vous qui m'avez paru quelquefois si touché de l'heureuse parodie qu'on lit dans Pétrone, du *lassove papavera collo* de Virgile, appliqué à la foiblesse d'Ascylte au sortir des bras de Circé ; vous n'auriez pas été si agréablement affecté de cette application, si vous n'eussiez reconnu dans le *lasso papavera collo* une peinture fidelle du désastre d'Ascylte.

Sur l'analyse du passage de Virgile, on croiroit aisément qu'il ne me laisse rien à désirer, et qu'après y avoir remarqué plus de beautés peut-être qu'il n'y en a, mais plus, à coup-sûr que le poëte n'y en a voulu mettre, mon imagination et mon goût doivent être pleinement satisfaits. Point-du-tout, Monsieur ; je vais risquer de me donner deux ridicules à-la-fois, celui d'avoir vu des beautés qui ne sont pas, et celui de reprendre des défauts qui ne sont pas davantage. Vous le dirai-je ? je trouve le *gravantur* un peu trop lourd pour la tête légère d'un pavot, et l'*aratro* qui suit le *succisus* ne me paroît pas en achever la peinture hiéroglyphique. Je suis presque sûr qu'Homère eût placé à la fin de son vers un mot qui eût continué à mon oreille le bruit d'un instrument qui scie, ou peint à mon imagination la chûte molle du sommet d'une fleur.

C'est la connoissance ou plutôt le sentiment vif de ces expressions hiéroglyphiques de la poésie, perdues pour les lecteurs ordinaires, qui décourage les imitateurs de génie. C'est là ce qui faisoit dire à Virgile, qu'il étoit aussi difficile d'enlever un vers à Homère, que d'arracher un clou à la massue d'Hercule. Plus un poëte est chargé de ces hiéroglyphes, plus il est difficile à rendre ; et les vers d'Homère en fourmillent. Je n'en veux pour exemple, que ceux où Jupiter aux sourcils d'ébenne confirme à Thétis aux épaules d'ivoire la promesse de venger l'injure faite à son fils.

ἦ, καὶ κυανέησιν ἐπ' ὀφρύσι νεῦσε Κρονίων.
Ἀμϐρόσιαι δ' ἄρα χαῖται ἐπερρώσαντο ἄνακτος,
Κρατὸς ἀπ' ἀθανάτοιο. Μέγαν δ' ἐλέλιξεν ὄλυμπον.

Combien d'images dans ces trois vers ! On voit le froncement des sourcils de Jupiter dans ἐπ'ὀφρύσι, dans νεῦσε Κρονίων, et sur-tout dans le redoublement heureux des K, d'ἦ καὶ κυανέησιν : la descente et les ondes de ses cheveux dans ἐπερρώσαντο ἄνακτος; la tête immortelle du dieu, majestueusement relevée par l'élision d'ἀπο dans κρατὸς ἀπ'ἀθανάτοιο; l'ébranlement de l'Olympe dans les deux premières syllabes d'ἐλέλιξεν; la masse et le bruit de l'Olympe, dans les dernières de μέγαν et d'ἐλέλιξεν, et dans le dernier mot entier où l'*Olympe ebranlé retombe avec le vers*, ολυμπον.

Ce vers, qui s'est rencontré au bout de ma plume, rend foiblement, à-la-vérité, deux hiéroglyphes, l'un de Virgile, et l'autre d'Homère; l'un d'ébranlement, et l'autre de chûte.

Où l'Olympe ébranlé retombe avec le vers.
Hom. ἐλέλιξεν ολυμπον, *Virg.* Procumbit humi bos.

C'est le retour des λ dans ἐλέλιξεν ολυμπον qui réveille l'idée d'ébranlement. Le même retour des *L* se fait dans *où l'Olympe ébranlé*, mais avec cette différence, que les *L* y étant plus éloignées les unes des autres, que dans ἐλέλιξεν ολυμπον, l'ébranlement est moins prompt et moins analogue au mouvement des sourcils. *Retombe avec le vers*, rendroit assez bien le *procumbit humi bos*, sans la prononciation de *vers* qui est moins sourde et moins amphatique que celle de *Bos*, qui, d'ailleurs, se sépare beaucoup mieux d'avec *humi*, que *vers* ne se sépare d'avec l'article *le*; ce qui rend le monosyllabe de Virgile plus isolé que le *mien*; et la chûte de son *Bos*, plus complète et plus lourde que celle de mon *vers*.

Une réflexion qui ne seroit guère plus déplacée ici, que la harangue de l'empereur du Mexique dans le chapitre des coches de Montaigne, c'est qu'on avoit une étrange vénération pour les anciens, et une grande frayeur de Despréaux, lorsqu'on s'avisa de demander s'il falloit ou non entendre les deux vers suivans d'Homère, comme Longin les a entendus, et comme Boileau et la Motte les ont traduits.

Jupiter pater, sed tu libera à caligine filios Archivoru

Ζευ πάτερ, ἀλλὰ σὺ ῥῦσαι ὑπ' ἠέρος υἶας ἀχαιῶν.

Fac serenitatem, daque oculis videre.

Ποίησον δ' αἴθρην, δὸς δ' ὀφθαλμοῖσιν ἰδέσθαι.

Et in lucem perde nos, quando quidem tibi placuit ita.

Ἐν δὲ φάει καὶ ὄλεσσον, ἐπεὶ νύ τοι εὔαδεν οὕτως.

Grand dieu ! chasse la nuit qui nous couvre les yeux,
Et combats contre nous à la clarté des cieux.

BOILEAU.

Voilà, s'écrie Boileau, avec le rhéteur Longin, les véritables sentimens d'un guerrier. Il ne demande pas la vie : un héros n'étoit pas capable de cette bassesse ; mais comme il ne voit point d'occasion de signaler son courage au milieu de l'obscurité, il se fâche de ne point combattre ; il demande donc en hâte que le jour paroisse pour faire au-moins une fin digne de son grand cœur, quand il devroit avoir à combattre Jupiter même.

Grand dieu, rends-nous le jour, et combats contre nous.
LA MOTTE.

Eh ! Messieurs, répondrai-je à Longin et à Boileau, il ne s'agit point des sentimens que doit avoir un guerrier, ni du discours qu'il doit tenir dans la circonstance où se trouve Ajax : Homère savoit apparemment ces choses aussi bien que vous ; mais de traduire fidélement deux vers d'Homère. Et si, par hazard, il n'y avoit rien dans ces vers de ce que vous y louez, que deviendroient vos éloges et vos réflexions ? Que faudroit-il penser de Longin, de la Motte et de Boileau, si, par hasard, ils avoient supposé des fanfaronades impies, où il n'y a qu'une prière sublime et pathétique ? et c'est justement ce qui leur est arrivé. Qu'on lise et qu'on relise tant qu'on voudra les deux vers d'Homère, on n'y verra pas autre chose que : Père des dieux et des hommes, $Ζεῦ πατερ$, chasse la nuit qui nous couvre les yeux ; et, puisque tu as résolu de nous perdre, perds-nous du moins à la clarté des cieux.

Faudra-t-il, sans combats, terminer sa carrière ?
Grand dieu ! chassez la nuit qui nous couvre les yeux.
Et que nous périssions à la clarté des cieux.

Si cette traduction ne rend pas le pathétique

des vers d'Homère, du-moins on n'y trouve plus le contre-sens de celle de la Motte et de Boileau.

Il n'y a là aucun défi à Jupiter; on n'y voit qu'un héros prêt à mourir, si c'est la volonté de Jupiter, et qui ne lui demande d'autre grace que celle de mourir en combattant : Ζεῦ πατερ, *Jupiter! Pater!* Est-ce ainsi que le philosophe Ménippe s'adresse à Jupiter.

Aujourd'hui, qu'on est à l'abri des hémistiches du redoutable Despréaux; et que l'esprit philosophique nous a appris à ne voir dans les choses que ce qui y est, et à ne louer que ce qui est véritablement beau, j'en appelle à tous les savans et à tous les gens de goût, à M. de Voltaire, à M. de Fontenelle, etc...; et je leur demande si Despréaux et la Motte n'ont pas défiguré l'Ajax d'Homère, et si Longin n'a pas trouvé qu'il n'en étoit que plus beau. Je sais quels hommes ce sont, que Longin, Despréaux et la Motte. Je reconnois tous ces auteurs pour mes maîtres; et ce n'est point eux que j'attaque; c'est Homère que j'ose défendre.

L'endroit du serment de Jupiter, et mille autres que j'aurois pu citer, prouvent assez qu'il n'est pas nécessaire de prêter des beautés à Homère; et celui du discours d'Ajax ne prouve que trop qu'en lui en prêtant, on risque de lui ôter celles qu'il a. Quelque génie qu'on ait, on ne dit pas mieux qu'Homère, quand il dit bien. Entendons-le

du-moins avant que de tenter d'enchérir sur lui.
Mais il est tellement chargé de ces hiéroglyphes
poëtiques dont je vous entretenois tout-à-l'heure,
que ce n'est pas à la dixième lecture qu'on peut
se flatter d'y avoir tout vu. On pourroit dire que
Boileau a eu dans la littérature le même sort que
Descartes en philosophie ; et que ce sont eux qui
nous ont appris à relever les petites fautes qui
leur sont échappées.

Si vous me demandez en quel temps l'hiéroglyphe syllabique s'est introduit dans le langage ; si c'est une propriété du langage naissant, ou du langage formé, ou du langage perfectionné; je vous répondrai que les hommes, en instituant les premiers élémens de leur langue, ne suivirent, selon toute apparence, que le plus ou le moins de facilité qu'ils rencontrèrent dans la conformation des organes de la parole, pour prononcer certaines syllabes plutôt que d'autres, sans consulter le rapport que les élémens de leurs mots pouvoient avoir ou par leur quantité, ou par leurs sons, avec les qualités physiques des êtres qu'ils devoient désigner. Le son de la voyelle A se prononçant avec beaucoup de facilité, fut le premier employé; et on le modifia en mille manières différentes avant que de recourir à un autre son. La langue hébraïque vient à l'appui de cette conjecture. La plupart de ces mots ne sont que des modifications de la voyelle A ; et cette singularité du langage ne dément point ce que l'histoire nous apprend de l'ancienneté du peuple. Si l'on examine l'hébreu avec attention, on prendra nécessairement des dispositions à le reconnoître pour le langage des premiers habitans de la terre. Quant aux Grecs, il y avoit long-temps qu'ils parloient; et ils devoient avoir les organes de la prononciation très-exercés, lorsqu'ils introduisirent dans leurs mots la quantité, l'harmonie et l'imitation syllabique des mouvemens et des bruits physiques. Sur le penchant qu'on remarque dans les enfans, quand ils ont à désigner un être dont ils ignorent le nom, de suppléer au nom par quelqu'une des qualités sensibles de l'être, je présume que ce fut en passant de l'état de langage naissant à celui de langage formé, que la langue s'enrichit de l'harmonie syllabique, et que l'harmonie périodique s'introduisit dans les ouvrages, plus ou moins marquée, à mesure que le langage s'avança de l'état de langage formé, à celui de langage perfectionné.

Quoi qu'il en soit de ces dates, il est constant que celui à qui l'intelligence des propriétés hiéroglyphiques des mots n'a pas été donnée, ne saisira souvent dans les épithètes que le matériel, et sera sujet à les trouver oisives; il accusera des idées d'être lâches, ou des images d'être éloignées, parce qu'il n'appercevra pas le lien subtil qui les resserre; il ne verra pas que, dans l'*it cruor* de Virgile, l'*it* est en-même-temps analogue au jet du sang et au petit mouvement des gouttes d'eau sur les feuilles d'une fleur ; et il perdra une de ces bagatelles qui règlent les rangs entre les écrivains excellens.

La lecture des poëtes les plus clairs a donc aussi sa difficulté ? Oui, sans doute ; et je puis assurer qu'il y a mille fois plus de gens en état d'entendre un géomètre qu'un poëte ; parce qu'il y a mille gens de bon sens contre un homme de goût ; et mille personnes de goût contre une d'un goût exquis.

On m'écrit que dans un discours prononcé par M. l'abbé de Bernis, le jour de la réception de M. de Bissy à l'académie française, Racine est accusé d'avoir manqué de goût dans l'endroit où il dit d'Hypolite :

> Il suivoit, tout pensif, le chemin de Mycènes ;
> Sa main sur les chevaux laissoit flotter les rênes :
> Ses superbes coursiers qu'on voyoit autrefois
> Pleins d'une ardeur si noble obéir à sa voix,
> L'œil morne maintenant et la tête baissée,
> Sembloient se conformer à sa triste pensée.

Si c'est la description en elle-même que M. l'abbé de Bernis attaque, ainsi qu'on me l'assure, et non le hors de propos, il seroit difficile de vous donner une preuve plus récente et plus forte de ce que je viens d'avancer sur la difficulté de la lecture des poëtes.

On n'apperçoit rien, ce me semble, dans les

vers précédens qui ne caractérise l'abbattement et chagrin.

> Il suivoit, tout pensif, le chemin de Mycènes ;
> Sa main sur les chevaux laissoit flotter les rênes.

Les chevaux est bien mieux que *ses chevaux*; mais combien l'image de ce qu'étoient ces superbes coursiers n'ajoute-t-elle pas à l'image de ce qu'ils sont devenus ! La nutation de tête d'un cheval qui chemine attristé, n'est-elle pas imitée dans une certaine nutation syllabique du vers.

> L'œil morne maintenant et la tête baissée.

Mais voyez comme le poëte ramène les circonstances à son héros.....

> ...... Ses superbes coursiers, etc.
> Sembloient se conformer à sa triste pensée.

Le *sembloient* me paroît trop sage pour un poëte ; car il est constant que les animaux qui s'attachent à l'homme sont sensibles aux marques extérieures de sa joie et de sa tristesse: l'éléphant s'afflige de la mort de son conducteur ; le chien mêle ses cris à ceux de son maître ; et le cheval s'attriste, si celui qui le guide est chagrin.

La description de Racine est donc fondée dans la nature ; elle est noble ; c'est un tableau poëtique qu'un peintre imiteroit avec succès. La poésie, a peinture, le bon goût et la vérité concourent donc à venger Racine de la critique de M. l'abbé de Bernis.

Mais si l'on nous faisoit remarquer à *Louis-le-Grand* toutes les beautés de cet endroit de la tragédie de Racine, on ne manquoit pas de nous avertir en-même-temps qu'elles étoient déplacées dans la bouche de Théramène, et que Thésée auroit eu raison de l'arrêter et de lui dire : Eh ! laissez-là le char et les chevaux de mon fils ; et parlez-moi de lui. Ce n'est pas ainsi, nous ajoutoit le célèbre Porée, qu'Antiloche annonce à Achille la mort de Patrocle. Antiloche s'approche du Héros, les larmes aux yeux, et lui apprend en deux mots la terrible nouvelle :

Δάκρυα θερμά χέων, φάτο δ'αγγελίεν ἀλεγεινήν·
Κεῖται Πάτροκλος. ect.

« Patrocle n'est plus. On combat pour son ca- » davre. Hector a ses armes ». Il y a plus de sublime dans ces deux vers d'Homère que dans toute la pompeuse déclamation de Racine : « Achille, » vous n'avez plus d'ami, et vos armes sont per- » dues.... ». A ces mots, qui ne sent qu'Achille doit voler au combat ? Lorsqu'un morceau pèche contre le décent et le vrai, il n'est beau ni dans la tragédie, ni dans le poëme épique. Les détails de celui de Racine ne convenoient que dans la bouche d'un poëte parlant en son nom, et décrivant la mort d'un de ses héros.

C'est ainsi que l'habile rhéteur nous instruisoit. Il avoit, certes, de l'esprit et du goût ; et l'on peut dire de lui que *ce fut le dernier des Grecs*. Mais ce *Philopœmen* des rhéteurs faisoit ce qu'on fait aujourd'hui ; il remplissoit d'esprit ses ouvrages, et il sembloit réserver son goût pour juger des ouvrages des autres.

Je reviens à M. l'abbé de Bernis. A-t-il prétendu seulement que la description de Racine etoit déplacée ? C'est précisément ce que le père Porée nous apprenoit il y a trente à quarante ans. A-t-il accusé de mauvais goût l'endroit que je viens de citer ? L'idée est nouvelle ; mais est-elle juste ?

Au-reste, on m'écrit encore qu'il y a dans le discours de M. l'abbé de Bernis des morceaux bien pensés, bien exprimés, et en grand nombre : vous en devez savoir là-dessus plus que moi, vous, Monsieur, qui ne manquez aucune de ces occasions où l'on se promet d'entendre de belles choses. Si, par hasard, il ne se trouvoit dans le discours de M. l'abbé de Bernis rien de ce que j'y viens de reprendre, et qu'on m'eût fait un rapport infidèle, cela n'en prouveroit que mieux l'utilité d'une bonne lettre à l'usage de ceux qui entendent et qui parlent.

Par-tout où l'hiéroglyphe accidentel aura lieu, soit dans un vers, soit sur un obélisque, comme il est ici l'ouvrage de l'imagination, et là celui du mystère, il exigera, pour être entendu, ou une imagination, ou une sagacité peu communes. Mais s'il est si difficile de bien entendre des vers, combien ne l'est-il pas davantage d'en faire ! on me dira peut-être : *Tout le monde fait des vers* ; et je répondrai simplement : *Presque personne ne fait des vers.* Tout art d'imitation ayant ses hiéroglyphes particuliers, je voudrois bien que quelque esprit instruit et délicat s'occupât un jour à les comparer entre eux.

Balancer les beautés d'un poëte avec celles d'un autre poëte, c'est ce qu'on a fait mille fois. Mais rassembler les beautés communes de la poésie, de la peinture et de la musique ; en montrer les analogies ; expliquer comment le poëte, le peintre et le musicien rendent la même image ; saisir les emblêmes fugitifs de leur expression ; examiner s'il n'y auroit pas quelque similitude entre ces emblêmes, etc., c'est ce qui reste à faire, et ce que je vous conseille d'ajouter à vos beaux-arts réduits à un même principe. Ne manquez pas non plus de mettre à la tête de cet ouvrage un chapitre sur ce que c'est que la belle nature ; car je trouve des gens qui me soutiennent que, faute de l'une de ces choses, votre traité reste sans fondement ; et que, faute de l'autre, il manque d'applications. Apprenez-leur, Monsieur, une bonne fois, comment chaque art imite la nature dans un même objet ; et démontrez-leur qu'il est faux, ainsi qu'ils le prétendent, que toute nature soit belle, et qu'il n'y ait de laide nature que celle qui n'est pas à sa place. Pourquoi, me disent-ils, un vieux chêne gercé, tortu, ébranché, et que je ferois couper s'il étoit à ma porte, est-il précisément celui que le peintre y planteroit, s'il avoit à peindre ma chaumière ? Ce chêne est-il beau ? est-il laid ? qui a raison, du propriétaire ou du peintre ? Il n'est pas un seul objet d'imitation sur lequel ils ne fassent la même difficulté, et beaucoup d'autres. Ils veulent que je leur dise encore pourquoi une peinture admirable dans un poëme deviendroit ridicule sur la toile ? Par quelle singularité le peintre qui se proposeroit de rendre avec son pinceau ces beaux vers de Virgile :

> Intereà magno misceri murmura Pontum,
> Emissamque hiemem sensit Neptunus et imis,
> Stagna refusa vadis ; graviter commotus et alto
> Prospiciens, summâ placidum caput extulit undâ.

Par quelle singularité, disent-ils, ce peintre ne pourroit prendre le moment frappant, celui où Neptune élève sa tête hors des eaux ? Pourquoi le dieu, ne paroissant alors qu'un homme décollé, sa tête, si majestueuse dans le poëme, feroit-elle un mauvais effet sur les ondes ? Comment arrive-t-il que ce qui ravit notre imagination déplaise à nos yeux ? La belle nature n'est donc pas une pour le peintre et pour le poëte, continuent-ils ? Et dieu sait les conséquences qu'ils tirent de cet aveu ! En attendant que vous me délivriez de ces

SUR LES SOURDS ET MUETS. 313

raisonneurs importuns, je vais m'amuser sur un seul exemple de l'imitation de la nature dans un même objet, d'après la poésie, la peinture et la musique.

Cet objet d'imitation des trois arts est une femme mourante. Le poète dira :

> Illa graves oculos conata attollere, rursùs
> Deficit. Infixum stridet sub pectore vulnus.
> Ter sese attollens cubitoque innixa levavit ;
> Ter revoluta toro est ; oculisque errantibus, alte
> Quæsivit cœlo lucem, ingemuitque repertâ.
>   VIRG.

Ou

>   Vita quoque omnis
> Omnibus è nervis atque ossibus exsolvatur.
>   LUCRET.

Le musicien (*) commencera par pratiquer

(*) EXEMPLE.

Je me meurs; à mes yeux le jour ces-se de

Mathématiques.

un intervalle de semi-ton en descendant (*a*) : *Illa graves oculos conata attollere, rursus deficit.* Puis il montera par un intervalle de fausse quinte ; et après un repos, par l'intervalle encore plus pénible de Triton (*b*) ; *Ter sese attollens :* suivra un petit intervalle de semi-ton en montant (*c*) : *Oculis errantibus alto quæsivit cœlo lucem.* Ce petit intervalle en montant sera le rayon de lumière. C'étoit le dernier effort de la moribonde ; elle ira ensuite toujours en déclinant par des dégrés conjoints (*d*) : *Revoluta toro est.* Elle expirera enfin, et s'éteindra par un intervalle de demi-ton (*e*) : *Vita quoque omnis omnibus è nervis atque ossibus exsolvatur.* Lucrèce peint la résolution des forces par la lenteur de deux spondées : *Exsolvatur ;* et le musicien la rendra par deux blanches en dégrés conjoints (*f*) ; la cadence sur la seconde de ces blanches sera une

imitation très-frappante du mouvement vacillant d'une lumière qui s'éteint.

Parcourez maintenant des yeux l'expression du peintre, vous y reconnoîtrez par-tout l'*exsolvatur* de Lucrèce dans les jambes, dans la main gauche, dans le bras droit. Le peintre, n'ayant qu'un moment, n'a pu rassembler autant de symptômes mortels que le poète ; mais en revanche ils sont bien plus frappans : c'est la chose même que le peintre montre ; les expressions du musicien et du poète n'en sont que des hiéroglyphes. Quand le musicien saura son art, les parties d'accompagnement concourront, ou à fortifier l'expression de la partie chantante, ou à ajouter de nouvelles idées que le sujet demandoit, et que la partie chantante n'aura pu rendre. Aussi les premières mesures de la basse seront-elles ici d'une harmonie très-lugubre, qui résultera d'un accord de septième superflue (*g*) mise comme hors des règles ordinaires, et suivie d'un autre accord dissonant de fausse quinte (*h*). Le reste sera un enchaînement de sixtes et de tierces molles (*k*) qui caractériseront l'épuisement des forces, et qui conduiront à leur extinction. C'est l'équivalent des spondées de Virgile : *Alto quæsivit cœlo lucem.*

Au reste, j'ébauche ici ce qu'une main plus habile peut achever. Je ne doute point que l'on ne trouvât dans nos peintres, nos poètes et nos musiciens, des exemples, et plus analogues encore les uns aux autres, et plus frappans, du sujet même que j'ai choisi. Mais je vous laisse le soin de les chercher et d'en faire usage, à vous, monsieur, qui devez être peintre, poète, philosophe et musicien ; car vous n'auriez pas tenté de réduire les beaux-arts à un même principe, s'ils ne vous étoient pas tous à-peu-près également connus.

Comme le poète et l'orateur savent quelquefois tirer parti de l'harmonie du style, et que le musicien rend toujours sa composition plus parfaite, quand il en bannit certains accords, et des accords qu'il emploie, certains intervalles ; je loue le soin de l'orateur et le travail du musicien et du poète, autant que je blâme cette noblesse prétendue qui nous a fait exclure de notre langue un grand nombre d'expressions énergiques. Les Grecs, les Latins qui ne connoissent guère cette fausse délicatesse, disoient en leur langue ce qu'ils vouloient, et comme ils le vouloient. Pour nous, à force de raffiner, nous avons appauvri la nôtre, et n'ayant souvent qu'un terme propre à rendre une idée, nous aimons mieux affoiblir l'idée que de ne pas employer un terme noble. Quelle perte pour ceux d'entre nos écrivains qui ont l'imagination forte, que celle de tant de mots que nous revoyons avec plaisir dans Amyot et dans Montaigne. Ils ont commencé par être rejetés du beau style, parce qu'ils avoient passé dans le peuple; et ensuite, rebutés par le peuple même, qui à la longue est toujours le singe des grands, ils sont devenus tout-à-fait inusités. Je ne doute point que nous n'ayons bientôt, comme les Chinois, la langue *parlée* et la langue *écrite*. Ce sera, monsieur, presque ma dernière réflexion. Nous avons fait assez de chemin ensemble; et je sens qu'il est temps de se séparer. Si je vous arrête encore un moment à la sortie du labyrinthe où je vous ai promené, c'est pour vous en rappeler en peu de mots les détours.

J'ai cru que, pour bien connoître la nature des inversions, il étoit à propos d'examiner comment le langage oratoire s'étoit formé.

J'ai inféré de cet examen, 1°. que notre langue étoit pleine d'inversions, si on la comparoit avec le langage animal, ou avec le premier état du langage oratoire, l'état où ce langage étoit sans cas, sans régime, sans déclinaisons, sans conjugaisons, en un mot, sans syntaxe; 2°. que, si nous n'avions dans notre langue presque rien de ce que nous appelons *inversion* dans les langues anciennes, nous en étions peut-être redevables au péripatétisme moderne, qui, réalisant les êtres abstraits, leur avoit assigné dans le discours la place d'honneur.

En appuyant sur ces premières vérités, j'ai

pensé que, sans remonter à l'origine du langage oratoire, on pourroit s'en assurer par l'étude seule de la langue des gestes.

J'ai proposé deux moyens de connoître la langue des gestes, les expériences sur un muet de convention, et la conversation assidue avec un sourd et muet de naissance.

L'idée du muet de convention, ou celle d'ôter la parole à un homme, pour s'éclairer sur la formation du langage ; cette idée, dis-je, un peu généralisée, m'a conduit à considérer l'homme distribué en autant d'êtres distincts et séparés qu'il a de sens ; et j'ai conçu que, si, pour bien juger de l'intonation d'un acteur, il falloit l'écouter sans le voir, il étoit naturel de le regarder sans l'entendre, pour bien juger de son geste.

A l'occasion de l'énergie du geste, j'en ai rapporté quelques exemples frappans, qui m'ont engagé dans la considération d'une sorte de sublimé que j'appelle *sublime de situation*.

L'ordre qui doit régner entre les gestes d'un sourd et muet de naissance, dont la conversation familière m'a paru préférable aux expériences sur un muet de convention ; et la difficulté qu'on a de transmettre certaines idées à ce sourd et muet, m'ont fait distinguer entre les signes oratoires, les *premiers* et les *derniers* institués.

J'ai vu que les signes qui marquoient dans le discours les parties indéterminées de la *quan-*

tité, et sur-tout celles *du temps*, avoient été du nombre des derniers institués ; et *j'ai compris* pourquoi quelques langues manquoient de plusieurs *temps*, et pourquoi d'autres langues faisoient un double emploi du même *temps*.

Ce manque de *temps* dans une langue, et cet abus des *temps* dans une autre, m'ont fait distinguer dans toute langue en général trois états différens ; l'état de *naissance*, celui de *formation*, et l'état de *perfection*.

J'ai vu sous la langue formée l'esprit enchaîné par la syntaxe, et dans l'impossibilité de mettre entre ses concepts l'ordre qui règne dans les périodes grecques et latines ; d'où j'ai conclu, 1°. que, quel que soit l'ordre des termes dans une langue ancienne ou moderne, l'esprit de l'écrivain a suivi l'ordre didactique de la syntaxe françoise ; 2°. que, cette syntaxe étant la plus simple de toutes, la langue françoise avoit à cet égard et à plusieurs autres l'avantage sur les langues anciennes.

J'ai fait plus. *J'ai démontré* par l'introduction et par l'utilité de l'article *hic*, *ille* dans la langue latine et *le* dans la langue françoise, et par la nécessité d'avoir plusieurs perceptions à-la-fois pour former un jugement ou un discours, que, quand l'esprit ne seroit point subjugué par les syntaxes grecque et latine, la suite de ces vues ne s'éloigneroit guère de l'arrangement didactique de nos expressions.

En suivant le passage de l'état de langue formée à l'état de langue perfectionnée, *j'ai rencontré* l'harmonie.

J'ai comparé l'harmonie du style à l'harmonie musicale ; et *je me suis convaincu*, 1°. que dans les mots la première étoit un effet de la *quantité* et d'un certain entrelacement des voyelles avec les consonnes, suggéré par l'instinct ; et que dans la période, elle résultoit de l'arrangement des mots ; 2°. que l'harmonie syllabique et l'harmonie périodique engendroient une espèce d'hiéroglyphe particulier à la poésie ; et *j'ai considéré* cet hiéroglyphe dans l'analyse de trois ou quatre morceaux des plus grands poètes.

Sur cette analyse, *j'ai cru pouvoir assurer* qu'il étoit impossible de rendre un poète dans une autre langue ; et qu'il étoit plus commun de bien entendre un géomètre, qu'un poète.

J'ai prouvé par deux exemples la difficulté de bien entendre un poète. Par l'exemple de Longin, de Boileau et de la Motte, qui se sont trompés sur un endroit d'Homère ; et par l'exemple de M. l'abbé de Bernis, qui m'a paru s'être trompé sur un endroit de Racine.

Après avoir fixé la date de l'introduction de l'hiéroglyphe syllabique dans une langue, quelle qu'elle soit, *j'ai remarqué* que chaque art d'imitation avoit son hiéroglyphe ; et qu'il seroit à souhaiter qu'un écrivain instruit et délicat en entreprît la comparaison.

Dans cet endroit, *j'ai tâché*, monsieur, de vous faire entendre que quelques personnes attendoient de vous ce travail, et que ceux qui ont lu vos beaux-arts réduits à l'imitation de la belle nature, se croyoient en droit d'exiger que vous leur expliquâssiez clairement ce que c'est que la *belle nature*.

En attendant que vous fissiez la comparaison des hiéroglyphes, de la poésie, de la peinture et de la musique, *j'ai osé* la tenter sur un même sujet.

L'harmonie musicale qui entroit nécessairement dans cette comparaison, m'a ramené à l'harmonie oratoire. *J'ai dit* que les entraves de l'une et de l'autre étoient beaucoup plus supportables, que je ne sais quelle prétendue délicatesse qui tend de jour en jour à appauvrir notre langue; et je le répétois, lorsque je me suis retrouvé dans l'endroit où je vous avois laissé.

N'allez pas vous imaginer, monsieur, sur ma dernière réflexion, que je me repente d'avoir préféré notre langue à toutes les langues anciennes, et à la plupart des langues modernes. Je persiste dans mon sentiment ; et je pense toujours que le françois a sur le grec, le latin, l'italien, l'anglois, etc., l'avantage de l'utile sur l'agréable.

L'on m'objectera, peut-être, que si, de mon aveu, les langues anciennes et celles de nos voisins servent mieux à l'agrément, il est d'expérience qu'on n'en est pas abandonné dans les occasions utiles. Mais je répondrai que, si notre langue est admirable dans les choses utiles, elle sait aussi se prêter aux choses agréables. Y a-t-il quelque caractère qu'elle n'ait pris avec succès ? Elle est folâtre dans Rabelais, naïve dans La Fontaine et Brantome, harmonieuse dans Malherbe et Fléchier, sublime dans Corneille et Bossuet. Que n'est-elle point dans Boileau, Racine, Voltaire, et une foule d'autres écrivains en vers et en prose ! Ne nous plaignons donc pas. Si nous savons nous en servir, nos ouvrages seront aussi précieux pour la postérité que les ouvrages des anciens le sont pour nous. Entre les mains d'un homme ordinaire, le grec, le latin, l'anglois, l'italien ne produiront que des choses communes; le françois produira des miracles sous la plume d'un homme de génie. En quelque langue que ce soit, l'ouvrage que le génie soutient ne tombe jamais.

ADDITIONS

Pour servir d'éclaircissement à quelques endroits de la lettre sur les sourds et muets.

L'AUTEUR DE LA LETTRE PRÉCÉDENTE

A M. B.... SON LIBRAIRE.

Rien de plus dangereux, monsieur, que de faire la critique d'un ouvrage qu'on n'a point lu ; et à plus forte raison, d'un ouvrage qu'on ne connoît que par *ouï-dire*. C'est précisément le cas où je me trouve.

Une personne qui avoit assisté à la dernière assemblée publique de l'académie française, m'avoit assuré que M. l'abbé de Bernis avoit repris, non comme simplement déplacés, mais comme mauvais en eux-mêmes, ces vers du récit de Théramène :

> Ses superbes coursiers, qu'on voyoit autrefois
> Pleins d'une ardeur si noble obéir à sa voix,
> L'œil morne maintenant, et la tête baissée,
> Sembloient se conformer à sa triste pensée.

J'ai cru, sans aucun dessein de désobliger M. l'abbé de Bernis, pouvoir attaquer un sentiment que j'avois lieu de regarder comme le sien. Mais il me revient de tous côtés dans ma solitude, que M. l'abbé de Bernis n'a prétendu blâmer dans ces vers de Racine que *le hors de propos*, et non l'image en elle-même. On ajoute que bien loin de donner sa critique pour nouvelle, il n'a cité les vers dont il s'agit, que comme l'exemple le plus connu et par conséquent le plus propre à convaincre de la foiblesse que les grands-hommes ont quelquefois de se laisser entraîner au mauvais goût.

Je crois donc, monsieur, devoir déclarer publiquement que je suis entièrement de l'avis de M. l'abbé de Bernis, et rétracter en conséquence une critique prématurée.

Je vous envoie ce désaveu si convenable à un philosophe qui n'aime et ne cherche que la vérité. Je vous prie de le joindre à ma lettre même, afin qu'ils subsistent ou qu'ils soient oubliés ensemble, et sur-tout de le faire parvenir à M. l'abbé Raynal, pour qu'il en puisse faire mention dans son Mercure, et à M. l'abbé de Bernis, que je n'ai jamais eu l'honneur de voir, et qui m'est seulement connu par la réputation que lui ont méritée son amour pour les lettres, son talent distingué pour la poésie, la délicatesse de son goût, la douceur de ses mœurs, et l'agrément de son commerce. Voilà sur quoi je n'aurai point à me rétracter, tout le monde étant de même avis.

Je suis très-sincèrement,

Monsieur,

Votre très, etc.

A V. ce 3 mars 1751.

AVIS

A PLUSIEURS HOMMES.

Les questions, auxquelles on a tâché de satisfaire dans la lettre qui suit, ont été proposées par la personne même à qui elle est adressée; et elle n'est pas la centième femme, à Paris, qui soit en état d'en entendre les réponses.

LETTRE A MADEMOISELLE...

Non, mademoiselle, je ne vous ai point oubliée. J'avoue seulement que le moment de loisir, qu'il me falloit pour arranger mes idées, s'est fait attendre assez long-temps. Mais enfin il s'est présenté entre le premier et le second volume du grand ouvrage qui m'occupe ; et j'en profite comme d'un intervalle de beau temps dans des jours pluvieux.

Vous ne concevez pas, dites-vous, comment, dans la supposition singulière d'un homme distribué en autant de parties pensantes que nous avons de sens, il arriveroit que chaque sens devint géomètre ; et qu'il se formât jamais entre les cinq sens une société où l'on parleroit de tout, et où l'on ne s'entendroit qu'en géométrie. Je vais tâcher d'éclaircir cet endroit ; car, toutes les fois que vous aurez de la peine à m'entendre, je dois penser que c'est ma faute.

L'odorat voluptueux n'aura pu s'arrêter sur des fleurs ; l'oreille délicate, être frappée des sons ; l'œil prompt et rapide, se promener sur différens objets; le goût inconstant et capricieux, changer de saveurs ; le toucher pesant et matériel, s'appuyer sur des solides, sans qu'il reste à chacun de ces observateurs la mémoire ou la conscience d'une, de deux, trois, quatre, etc. perceptions différentes, ou celle de la même perception, une, deux, trois, quatre fois reitérée, et par conséquent la notion des nombres *un, deux, trois, quatre*, etc. Les expériences fréquentes qui nous constatent l'existence des êtres ou de leurs qualités sensibles, nous conduisent en-même-temps à la notion abstraite des nombres ; et quand le toucher, par exemple, dira : « J'ai saisi deux » globes, un cylindre » ; de deux choses l'une, ou il ne s'entendra pas, ou avec la notion de globe et de cylindre, il aura celle des nombres, *un* et *deux*, qu'il pourra séparer, par abstraction, des corps auxquels il les appliquoit, et se former un objet de méditation et de calculs ; de calculs arithmétiques, si les symboles de ses notions numériques ne désignent ensemble ou séparément qu'une collection d'unités déterminée ; de calculs algébriques, si, plus généraux, ils s'étendent chacun indéterminément à toute collection d'unités.

Mais la vue, l'odorat et le goût sont capables des mêmes progrès scientifiques. Nos sens, distribués en autant d'êtres pensans, pourroient donc s'élever tous aux spéculations les plus sublimes de l'arithmétique et de l'algèbre ; sonder les profondeurs de l'analyse ; se proposer entre eux les problèmes les plus compliqués sur la nature des équations ; et les résoudre comme s'ils étoient des Diophantes. C'est peut-être ce que fait l'huître dans sa coquille.

Quoi qu'il en soit, il s'ensuit que les mathématiques pures entrent dans notre ame par tous les sens, et que les notions abstraites nous devroient être bien familières. Cependant, ramenés nous-mêmes sans cesse par nos besoins et par nos plaisirs, de la sphère des abstractions vers les êtres réels, il est à présumer que nos sens personnifiés ne feroient pas une longue conversation sans rejoindre les qualités des êtres à la notion abstraite des nombres. Bientôt l'œil bigarera son discours et ses calculs de couleur ; et l'oreille dira de lui : « Voilà *sa folie qui le tient* ». Le goût : « *C'est bien dommage* ». L'odorat : « *Il entend l'analyse à merveille* ». Et le toucher : « *Mais il est fou à lier quand il en est sur ses couleurs* ». Ce que j'imagine de l'œil, convient également aux quatre autres sens. Ils se trouveront tous un ridicule ; et pourquoi nos sens ne feroient-ils pas, séparés, ce qu'ils font bien quelquefois réunis ?

Mais les notions des nombres ne seront pas les seules qu'ils auront communes. L'odorat devenu géomètre, et regardant la fleur comme un centre, trouvera la loi selon laquelle l'odeur s'affoiblit en s'en éloignant ; et il n'y en a pas un des autres qui ne puisse s'élever, si-non au calcul, du-moins à la notion des *intensités* et des *rémissions*. On pourroit former une table assez curieuse des qualités sensibles et des notions abstraites, communes et particulières à chacun des sens ; mais ce n'est pas ici mon affaire. Je remarquerai seulement que, plus un sens seroit riche, plus il auroit de notions particulières, et plus il paroîtroit extravagant aux autres. Il traiteroit ceux-ci d'êtres bornés ; mais en revanche ces êtres bornés le prendroient sérieusement pour un fou ; que le plus sot d'entre eux se croiroit infailliblement le plus sage ; qu'un sens ne seroit guère contredit que sur ce qu'il sauroit le mieux ; qu'ils seroient presque toujours quatre contre un ; ce qui doit donner bonne opinion des jugemens de la multitude ; qu'au-lieu de faire de nos sens personnifiés une société de cinq personnes, si on en compose un peuple, ce peuple se divisera nécessairement en cinq sectes, la secte des yeux, celle des nez, la secte des palais, celle des oreilles, et la secte des mains ; que ces sectes auront toutes la même origine, l'ignorance et l'intérêt ; que l'esprit d'intolérance et de persécution se glissera bientôt entre elles ; que les yeux seront condamnés aux petites-maisons, comme des visionnaires ; les nez, regardés comme des imbécilles ; les palais, évités comme des gens insupportables par leurs caprices et leur fausse délicatesse ; les oreilles, détestées pour leur curiosité et leur orgueil ; et les mains, méprisées pour leur matérialisme ; et que si quelque puissance supérieure secondoit les intentions droites et charitables de chaque parti, en un instant la nation entière seroit exterminée.

Il me semble qu'avec la légéreté de La Fontaine et l'esprit philosophique de la Motte, on feroit une fable excellente de ces idées; mais elle ne seroit pas meilleure que celle de Platon. Platon suppose que nous sommes tous assis dans une caverne, le dos tourné à la lumière, et le visage vers le fond; que nous ne pouvons presque remuer la tête, et que nos yeux ne se portent jamais que sur ce qui se passe devant nous. Il imagine entre la lumière et nous une longue muraille, au-dessus de laquelle paroissent, vont, viennent, avancent, reculent et disparoissent toutes sortes de figures, dont les ombres sont projetées vers le fond de la caverne. Le peuple meurt, sans jamais avoir apperçu que ces ombres. S'il arrive à un homme sensé de soupçonner le prestige; de vaincre, à force de se tourmenter, la puissance qui lui tenoit la tête tournée; d'escalader la muraille et de sortir de la caverne; qu'il se garde bien, s'il y rentre jamais, d'ouvrir la bouche de ce qu'il aura vu. Belle leçon pour les philosophes ! Permettez, mademoiselle, que j'en profite comme si je l'étois devenu, et que je passe à d'autres choses.

Vous me demandez ensuite comment nous avons plusieurs perceptions à-la-fois. Vous avez de la peine à le concevoir ; mais concevez-vous plus facilement que nous puissions former un jugement, ou comparer deux idées, à-moins que l'une ne nous soit présente par la perception, et l'autre par la mémoire ? Plusieurs fois, dans le dessein d'examiner ce qui se passoit dans ma tête, et de *prendre mon esprit sur le fait*, je me suis jeté dans la méditation la plus profonde, me retirant en moi-même avec toute la contention dont je suis capable ; mais ces efforts n'ont rien produit. Il m'a semblé qu'il faudroit être tout-à-la-fois au-dedans et hors de soi ; et faire en-même-temps le rôle d'observateur et celui de la machine observée. Mais il en est de l'esprit comme de l'œil ; il ne se voit pas. Il n'y a que Dieu qui sache comment le syllogisme s'exécute en nous. Il est l'auteur de la pendule ; il a placé l'ame ou le *mouvement* dans la boîte ; et les heures se marquent en sa présence. Un monstre à deux têtes, emmanchées sur un même col, nous apprendroit peut-être quelque nouvelle. Il faut donc attendre que la nature qui combine tout, et qui amène avec les siècles les phénomènes les plus extraordinaires, nous donne un *dicéphale* qui se contemple lui-même, et dont une des têtes fasse des observations sur l'autre.

Je vous avoue que je ne suis pas en état de répondre aux questions que vous me proposez sur les sourds et muets de naissance. Il faudroit recourir au muet, mon ancien ami; ou, ce qui vaudroit encore mieux, consulter M. Pereire. Mais les occupations continuelles qui m'obsèdent, ne m'en laissent pas le loisir. Il ne faut qu'un instant pour former un système; les expériences demandent du temps. J'en viens donc tout-de-suite à la difficulté que vous me faites sur l'exemple que j'ai tiré du premier livre de l'Enéide.

Je prétends, dans ma lettre, que le beau moment du poète n'est pas toujours le beau moment du peintre; et c'est aussi votre avis. Mais vous ne concevez pas que cette tête de Neptune, qui dans le poëme s'élève si majestueusement sur les flots, fit un mauvais effet sur la toile. Vous dites: « J'admire la tête de Nep-
» tune dans Virgile, parce que les eaux ne dé-
» robent point à mon imagination le reste de la
» figure; et pourquoi ne l'admirerois-je pas aussi
» sur la toile de Carle, si son pinceau sait donner
» de la transparence aux flots »?

Je peux, ce me semble, vous en apporter plusieurs raisons. La première, et qui n'est pas la meilleure, c'est que tout corps qui n'est plongé qu'en partie dans un fluide, est défiguré par un effet de la réfraction qu'un imitateur fidèle de la nature est obligé de rendre, et qui écarteroit la tête de Neptune de dessus ses épaules. La seconde, c'est que, quelque transparence que le pinceau puisse donner à l'eau, l'image des corps qui y sont plongés est toujours fort affoiblie. Ainsi toute l'attention du spectateur se réunissant sur la tête de Neptune, le Dieu n'en seroit pas moins décolé : mais je vais plus loin. Je suppose qu'un peintre puisse, sans conséquence, négliger l'effet de la réfraction, et que son pinceau sache rendre toute la limpidité naturelle des eaux. Je crois que son tableau seroit encore défectueux, s'il choisissoit le moment où Neptune élève sa tête sur les flots. Il pêcheroit contre une règle, que les grands maîtres observent inviolablement, et que la plupart de ceux qui jugent de leurs productions, ne connoissent pas assez. C'est que dans les occasions sans nombre, où des figures projetées sur une figure humaine, ou plus généralement sur une figure animale, doivent en couvrir une partie, cette partie, dérobée par la projection, ne doit jamais être entière et complète. En effet, si c'étoit un poing ou un bras, la figure paroîtroit manchotte ; si c'étoit un autre membre, elle paroîtroit mutilée de ce membre, et par conséquent estropiée. Tout peintre, qui craindra de rappeler à l'imagination des objets désagréables, évitera l'apparence d'une amputation chirurgicale. Il ménagera la disposition relative de ses figures, de manière que quelque portion visible des membres cachés annonce toujours l'existence du reste.

Cette maxime s'étend, quoique avec moins de sévérité, à tous les autres objets. Brisez vos colonnes, si vous voulez; mais ne les sciez pas. Elle est ancienne, et nous la trouvons constamment observée dans les bustes. On leur a donné, avec le col entier, une partie des épaules et de la poitrine. Les artistes scrupuleux diroient donc encore, dans l'exemple dont il s'agit, que les flots découlent Neptune; aussi aucun ne s'est-il avisé de prendre cet instant. Il ont tous préféré la seconde image du poète, le moment suivant, où le Dieu est presque tout entier hors des eaux, et où l'on commence à appercevoir les roues légères de son char.

Mais si vous continuez d'être mécontente de cet exemple, le même poète m'en fournira d'autres qui prouveront mieux que la poésie nous fait admirer des images dont la peinture seroit insoutenable, et que notre imagination est moins scrupuleuse que nos yeux. En effet, qui pourroit supporter sur la toile la vue de Poliphême faisant craquer sous ses dents les os d'un des compagnons d'Ulysse? Qui verroit sans horreur un géant tenant un homme en travers dans sa bouche énorme, et le sang ruisselant sur sa barbe et sur sa poitrine? Ce tableau ne récréera que des cannibales; cette nature sera admirable pour des antropopages, mais détestable pour nous.

Je suis étonné, quand je pense à combien d'élémens différens tiennent les règles de l'imagination et du goût, et la définition de la belle nature.

Il me semble qu'avant que de prononcer sur ces objets, il faudroit avoir pris parti sur une infinité de questions relatives aux mœurs, aux coutumes, au climat, à la religion et au gouvernement. Toutes les voûtes sont surbaissées en Turquie. Le musulman imite des croissans par-tout; son goût même est subjugué, et la servitude des peuples se remarque jusque dans la forme des dômes. Mais tandis que le despotisme affaisse les voûtes et les cintres, le culte brise les figures humaines, et les bannit de l'architecture, de la peinture et des palais.

Quelque autre, mademoiselle, vous fera l'histoire des opinions différentes des hommes sur le goût, et vous expliquera, ou par des raisons, ou par des conjectures, d'où naît la bizarre irrégularité que les Chinois affectent par-tout; je vais tâcher, pour moi, de vous développer en peu de mots l'origine de ce que nous appelons le goût en général, vous laissant à vous-même le soin d'examiner à combien de vicissitudes les principes en sont sujets.

La perception des rapports est un des premiers pas de notre raison. Les rapports sont simples ou composés; ils constituent la symmétrie. La perception des rapports simples étant plus facile que celle des rapports composés; et entre tous les rapports celui d'égalité étant le plus simple, il étoit naturel de le préférer; et c'est ce qu'on a fait. C'est par

Mathématiques. P

cette raison, que les ailes d'un bâtiment sont égales, et que les côtés des fenêtres sont parallèles. Dans les arts, par exemple en architecture, s'écarter souvent des rapports simples et des symmétries qu'ils engendrent, c'est faire une machine, un labyrinthe, et non pas un palais. Si les raisons d'utilité, de variété, d'emplacement, etc. nous contraignent de renoncer au rapport d'égalité et à la symmétrie la plus simple, c'est toujours à regret; et nous nous hâtons d'y revenir par des voies qui paroissent entièrement arbitraires aux hommes superficiels. Une statue est faite pour être vue de loin; on lui donnera un piédestal: il faut qu'un piédestal soit solide. On lui choisira entre toutes les figures régulières celle qui oppose le plus de surface à la terre. C'est un cube; ce cube sera plus ferme encore, si ces faces sont inclinées. On les inclinera. Mais en inclinant les faces du cube, on détruira la régularité du corps, et avec elle les rapports d'égalité. On y reviendra par la plinthe et les moulures. Les moulures, les filets, les galbes, les plinthes, les corniches, les panneaux, etc. ne sont que des moyens suggérés par la nature, pour s'écarter du rapport d'égalité, et pour y revenir insensiblement. Mais faudra-t-il conserver dans un piédestal quelque idée de légéreté? on abandonnera le cube pour le cylindre. S'agira-t-il de caractériser l'inconstance? on trouvera dans le cylindre une stabilité trop marquée, et l'on cherchera une figure que la statue ne touche qu'en un point. C'est ainsi que la Fortune sera placée sur un globe ; et le Destin, sur un cube.

Ne croyez pas, mademoiselle, que ces principes ne s'étendent qu'à l'architecture ; le goût en général consiste dans la perception des rapports. Un beau tableau, un poëme, une belle musique ne nous plaisent, que par les rapports que nous y remarquons. Il en est même d'une belle vie comme d'un beau concert. Je me souviens d'avoir fait, ailleurs, une application assez heureuse de ces principes aux phénomènes les plus délicats de la musique ; et je crois qu'ils embrassent tout.

Tout a sa raison suffisante ; mais il n'est pas toujours facile de la découvrir. Il ne faut qu'un événement, pour l'éclipser sans retour. Les seules ténèbres que les siècles laissent après eux, suffisent pour cela ; et dans quelques milliers d'années, lorsque l'existence de nos pères aura disparu dans la nuit des temps, et que nous serons les plus anciens habitans du monde auxquels l'histoire profane puisse remonter, qui devinera l'origine de ces têtes de béliers que nos architectes ont transportés des temples payens sur nos édifices ?

Vous voyez, mademoiselle, sans attendre si long-temps, dans quelles recherches s'engageroit dès aujourd'hui celui qui entreprendroit un traité historique et philosophique sur le goût. Je ne me sens pas fait pour surmonter ces difficultés, qui demandent encore plus de génie que de connoissances. Je jette mes idées sur le papier; et elles deviennent ce qu'elles peuvent.

Votre dernière question porte sur un si grand nombre d'objets différens, et d'un examen si délicat, qu'une réponse qui les embrasseroit tous, exigeroit plus de temps, et peut-être aussi plus de pénétration et de connoissances que je n'en ai. Vous paroissez douter *qu'il y ait beaucoup d'exemples où la poésie, la peinture et la musique fournissent des hiéroglyphes qu'on puisse comparer.* D'abord il est certain qu'il y en a *d'autres* que celui que j'ai rapporté. Mais y en a-t-il *beaucoup?* c'est ce qu'on ne peut apprendre que par une lecture attentive des grands musiciens et des meilleurs poètes, jointe à une connoissance étendue du talent de la peinture et des ouvrages des peintres.

Vous pensez que, *pour comparer l'harmonie musicale avec l'harmonie oratoire, il faudroit qu'il y eût dans celle-ci un équivalent de la dissonance;* et vous avez raison : mais la rencontre des voyelles et des consonnes qui s'élident, le retour d'un même son, et l'emploi de l'*h* aspirée, ne font-ils pas cette fonction; et ne faut-il pas en poésie le même art ou plutôt le même génie qu'en musique, pour user de ces ressources? Voici, mademoiselle, quelques exemples de dissonances oratoires ; votre mémoire vous en offrira sans-doute un grand nombre d'autres.

Gardez qu'une voyelle à courir trop hâtée,
Ne soit d'une voyelle en son chemin heurtée.
BOILEAU.

Monstrum, horrendum, informe, ingens, cui lumen ademptum.
VIRG.

Cum Saganâ majore ululantem. . . . .
. . . . *Serpentes atque videres*
Infernas errare canes. . . . .
. . . . *Quo pacto alterna loquentes*
Umbræ cum Saganâ resonarent triste et acutum.
HORAT.

Tous ces vers sont pleins de dissonances ; et celui qui ne les sent pas n'a point d'oreille.

« Il y a, ajoutez-vous enfin, des morceaux
» de musique auxquels on n'attache point d'ima-
» ges, qui ne forment ni pour vous ni pour
» personne aucune peinture hiéroglyphique, et
» qui font cependant un grand plaisir à tout le
» monde ».

Je conviens de ce phénomène ; mais je vous prie de considérer que ces morceaux de musique qui vous affectent agréablement sans réveiller en vous ni peinture ni perception distincte de rapports, ne flattent votre oreille que comme l'arc-en-ciel plaît à vos yeux, d'un plaisir de sensation pure et simple ; et qu'il s'en faut beaucoup qu'ils aient toute la perfection que vous en pourriez exiger, et qu'ils auroient, si la vérité de l'imitation s'y trouvoit jointe aux charmes de l'harmonie. Convenez, mademoiselle, que, si les astres ne perdoient rien de leur éclat sur la toile, vous les y trouveriez plus beaux qu'au firmament ; le plaisir réfléchi qui naît de l'imitation s'unissant au plaisir direct et naturel de la sensation de l'objet. Je suis sûr que jamais clair de lune ne vous a autant affectée dans la nature, que dans une des nuits de Vernet.

En musique, le plaisir de la sensation dépend d'une disposition particulière, non-seulement de l'oreille, mais de tout le système des nerfs. S'il y a des têtes sonnantes, il y a aussi des corps que j'appellerois volontiers harmoniques ; des hommes en qui toutes les fibres oscillent avec tant de promptitude et de vivacité, que sur l'expérience des mouvemens violens que l'harmonie leur cause, ils sentent la possibilité de mouvemens plus violens encore, et atteignent à l'idée d'une sorte de musique qui les feroit mourir de plaisir. Alors leur existence leur paroît comme attachée à une seule fibre tendue, qu'une vibration trop forte peut rompre. Ne croyez pas, mademoiselle, que ces êtres si sensibles à l'harmonie soient les meilleurs juges de l'expression. Ils sont presque toujours au-delà de cette émotion douce, dans laquelle le sentiment ne nuit point à la comparaison. Ils ressemblent à ces ames foibles qui ne peuvent entendre l'histoire d'un malheureux sans lui donner des larmes, et pour qui il n'y a point de tragédies mauvaises.

Au reste, la musique a plus besoin de trouver en nous ces favorables dispositions d'organes, que ni la peinture, ni la poésie. Son hiéroglyphe est si léger et si fugitif; il est si facile de le perdre ou de le mésinterpréter, que le plus beau morceau de symphonie ne feroit pas un grand effet, si le plaisir infaillible et subit de la sensation pure et simple n'étoit infiniment au-dessus de celui d'une expression souvent équivoque. La peinture montre l'objet même, la poésie le décrit, la musique en excite à-peine une idée; elle n'a de ressource que dans les intervalles et la durée des sons. Et quelle analogie y a-t-il entre cette espèce de crayons et le printemps, les ténèbres, la solitude, etc, et la plupart des objets? Comment se fait-il donc que, des trois arts imitateurs de la nature, celui dont l'expression est la plus arbitraire et la moins précise, parle le plus fortement à l'ame? Seroit-ce que, montrant moins les objets, il laisse plus de carrière à notre imagination; ou qu'ayant besoin de secousses pour être émus, la musique est plus propre que la peinture et la poésie à produire en nous cet effet tumultueux ?

Ces phénomènes m'étonneroient beaucoup moins, si notre éducation ressembloit davantage à celle des Grecs. Dans Athènes, les jeunes gens donnoient, presque tous, dix à douze ans à l'étude de la musique; et un musicien n'ayant pour auditeurs et pour juges que des musiciens, un morceau sublime devoit naturellement jeter toute une assemblée dans la même frénésie dont sont agités ceux qui font exécuter leurs ouvrages dans nos concerts. Mais il est de la nature de tout enthousiasme de se communiquer et de s'accroître par le nombre des enthousiastes. Les hommes ont alors une action réciproque les uns sur les autres, par l'image énergique et vivante qu'ils s'offrent tous de la passion dont chacun d'eux est transporté; de-là cette joie insensée de nos fêtes publiques, la fureur de nos émeutes populaires, et les effets surprenans de la musique chez les anciens; effets que le quatrième acte de Zoroastre eût renouvellés parmi nous, si notre parterre eût été rempli d'un peuple aussi musicien et aussi sensible que la jeunesse athénienne.

Il ne me reste plus qu'à vous remercier de vos observations. S'il vous en vient quelques autres, faites-moi la grace de me les communiquer; mais que ce soit pourtant sans suspendre vos occupations. J'apprends que vous mettez en notre langue le Banquet de Xénophon; et que vous avez dessein de le comparer avec celui de Platon. Je vous exhorte à finir cet ouvrage. Ayez, mademoiselle, le courage d'être savante. Il ne faut que des exemples tels que le vôtre, pour inspirer le goût des langues anciennes, ou pour prouver du-moins que ce genre de littérature est encore un de ceux dans lesquels votre sexe peut exceller. D'ailleurs, il n'y auroit que les connoissances que vous aurez acquises qui pussent vous consoler dans la suite du motif singulier que vous avez aujourd'hui de vous instruire. Que vous êtes heureuse! Vous avez trouvé le grand art, l'art ignoré de presque toutes les femmes, celui de n'être point trompée, et de devoir plus que vous ne pourrez jamais acquitter. Votre sexe n'a pas coutume d'entendre ces vérités; mais j'ose vous les dire, parce que vous les pensez comme moi.

J'ai l'honneur d'être avec un profond respect,

MADEMOISELLE,

Votre très-humble et très-obéissant serviteur * * * *.

OBSERVATIONS

Sur l'extrait que le journaliste de Trévoux a fait de la lettre sur les sourds et muets ; mois d'avril, art. 42, page 841.

On lit, *page* 842 du journal : « La doctrine » de l'auteur paroîtra, sans-doute, trop peu » sensible au commun des lecteurs. La plupart » diront, après avoir lu cette lettre : que nous » reste-il dans l'idée ? quelles traces de lumière » et d'érudition ces considérations abstraites laissent-elles à leur suite » ?

Observation. Je n'ai point écrit pour le commun des lecteurs ; il me suffisoit d'être à la portée de l'auteur des beaux-arts réduits à un seul principe, du journaliste de Trévoux, et de ceux qui ont déjà fait quelques progrès dans l'étude des lettres et de la philosophie. « J'ai dit moi-» même : le titre de ma lettre est équivoque. Il » convient indistinctement au grand nombre de » ceux qui parlent sans entendre, au petit nombre » de ceux qui entendent sans parler, et au très-» petit nombre de ceux qui savent parler et

» entendre, quoique ma lettre ne soit proprement
» qu'à l'usage de ces derniers »; et je pourrois
ajouter sur le suffrage des connoisseurs, que,
si quelque bon esprit se demande, après m'avoir
lu: « Quels traits de lumière et d'érudition ces
» considérations ont-elles laissés à leur suite »?
rien n'empêchera qu'il ne se réponde; on m'a
fait voir (*),

1°. Comment le langage oratoire a pu se former.

2°. Que ma langue est pleine d'inversions, si
on la compare au langage animal.

3°. Que, pour bien entendre comment le langage
oratoire s'est formé, il seroit à propos d'étudier
la langue des gestes.

4°. Que la connoissance de la langue des gestes
suppose, ou des expériences sur un sourd et muet
de convention, ou des conversations avec un
sourd et muet de naissance.

5°. Que l'idée du muet de convention conduit
naturellement à examiner l'homme distribué en
autant d'êtres distincts et séparés, qu'il a de sens;
et à rechercher les idées communes et particulières
à chacun des sens.

6°. Que, si pour juger de l'intonation d'un
acteur il faut écouter sans voir; il faut regarder
sans entendre, pour bien juger de son geste.

(*) Je répète ici malgré moi ce que j'ai déjà dit
à la fin de ma lettre.

7°. Qu'il y a un sublime de geste capable de produire sur la scène les grands effets du discours.

8°. Que l'ordre qui doit régner entre les gestes d'un sourd et muet de naissance est une histoire assez fidelle de l'ordre dans lequel les signes oratoires auroient pu être substitués aux gestes.

9°. Que la difficulté de transmettre certaines idées à un sourd et muet de naissance caractérise entre les signes oratoires les premiers et les derniers inventés.

10°. Que les signes, qui marquent les parties indéterminées du temps, sont du nombre des derniers inventés.

11°. Que c'est là l'origine du manque de certains temps dans quelques langues, et du double emploi d'un même temps dans quelques autres.

12°. Que ces bizarreries conduisent à distinguer, dans toute langue, trois états différens, celui de naissance, l'état de formation, et celui de perfection.

13°. Que, sous l'état de langue formée, l'esprit enchaîné par la syntaxe ne peut mettre entre ses concepts l'ordre qui règne dans les périodes grecques et latines : d'où l'on peut inférer que, quel que soit l'arrangement des termes dans une langue formée, l'esprit de l'écrivain suit l'ordre de la syntaxe françoise ; et que, cette syntaxe étant la plus simple de toutes, le françois doit avoir, à cet égard, de l'avantage sur le grec et sur le latin.

14°. Que l'introduction de l'article dans toutes les langues, et l'impossibilité de discourir sans avoir plusieurs perceptions à-la-fois, achèvent de confirmer que la marche de l'esprit d'un auteur grec et latin ne s'éloignoit guère de celle de notre langue.

15°. Que l'harmonie oratoire s'est engendrée sur le passage de l'état de langue formée à celui de langue perfectionnée.

16°. Qu'il faut la considérer dans les mots et dans la période ; et que c'est du concours de ces deux harmonies que résulte l'hiéroglyphe poétique.

17°. Que cet hiéroglyphe rend tout excellent poète difficile à bien entendre, et presque impossible à bien traduire.

18°. Que tout art d'imitation a son hiéroglyphe; ce qu'on m'a démontré, par un essai de comparaison des hiéroglyphes de la musique, de la peinture et de la poésie.

Voilà, se répondroit à lui-même un bon esprit, *ce que des considérations abstraites ont amené ; voilà les traces qu'elles ont laissées à leur suite ;* et c'est quelque chose.

On lit, *même page* du journal : « Mais qui » pourra nous répondre qu'il n'y a, là-dedans, ni » paradoxes, ni sentimens arbitraires, ni critiques » déplacées » ?

Observation. Y a-t-il quelque livre, sans en excepter les journaux de Trévoux, dont on ne puisse dire : « Mais qui nous répondra qu'il n'y
» a, là-dedans, ni paradoxes, ni sentimens arbi-
» traires, ni critiques déplacées »?

On lit, *page suivante* du journal : « Tels
» seront les raisonnemens, du-moins les soupçons
» de quelques personnes qui sont bien aises de
» trouver dans un ouvrage des traits faciles à
» saisir, qui aiment les images, les descriptions,
» les applications frappantes, en un mot tout
» ce qui met en jeu les ressorts de l'imagination et
» du sentiment ».

Observation. Les personnes qui ne lisent point pour apprendre, ou qui veulent apprendre sans s'appliquer, sont précisément celles que l'auteur de la lettre sur les sourds et muets ne se soucie d'avoir ni pour lecteurs ni pour juges. Il leur conseille même de renoncer à Locke, à Bayle, à Platon, et en général à tout ouvrage de raisonnement et de métaphysique. Il pense qu'un auteur a rempli sa tâche, quand il a su prendre le ton qui convient à son sujet : en effet y a-t-il un lecteur de bon sens, qui, dans un chapitre de Locke sur l'abus qu'on peut faire des mots, ou dans une lettre sur les inversions, s'avise de desirer *des images, des descriptions, des applications frappantes, et ce qui met en jeu les ressorts de l'imagination et du sentiment ?*

Aussi lit-on, *même page* du journal : « Il ne
» faut pas que les philosophes pensent ainsi ; ils
» doivent entrer avec courage dans la matière
» des inversions. Y a-t-il des inversions ; n'y en
» a-t-il point dans notre langue ? Qu'on ne croie
» pas que ce soit une question de grammaire ;
» ceci s'élève jusqu'à la plus subtile métaphysique,
» jusqu'à la naissance même de nos idées ».

Observation. Il seroit bien étonnant qu'il en fût autrement : les mots dont les langues sont formées, ne sont que les signes de nos idées ; et le moyen de dire quelque chose de philosophique sur l'institution des uns, sans remonter à la naissance des autres ? Mais l'intervalle n'est pas grand ; et il seroit difficile de trouver deux objets de spéculation plus voisins, plus immédiats et plus étroitement liés, que la naissance des idées, et l'invention des signes destinés à les représenter. La question des inversions, ainsi que la plupart des questions de grammaire, tient donc à la métaphysique la plus subtile : j'en appelle à M. du Marsais, qui n'eût pas été le premier de nos grammairiens, s'il n'eût pas été en-même-temps un de nos meilleurs métaphysiciens ; c'est par l'application de la métaphysique à la grammaire, qu'il excelle.

On lit, *page* 874 du journal ; « L'auteur exa-
» mine en quel rang nous placerions naturellement
» nos idées ; et comme notre langue ne s'astreint
» pas à cet ordre, il juge qu'en ce sens elle

» use d'inversions ; ce qu'il prouve aussi par le
» langage des gestes, article un peu entrecoupé
» de digressions. Nous devons même ajouter que
» bien des lecteurs, à la fin de ce morceau,
» pourront se demander à eux-mêmes, s'ils en
» ont saisi tous les rapports, s'ils ont compris
» comment et par où les sourds et muets con-
» firment l'existence des inversions dans notre
» langue. Cela n'empêche pas qu'on ne puisse
» prendre beaucoup de plaisir, » etc. La suite
est une sorte d'éloge, que l'auteur partage avec
le Père Castel.

Observation. Il y a, je le répète, des lecteurs
dont je ne veux ni ne voudrois jamais ; je n'écris
que pour ceux avec qui je serois bien aise de
m'entretenir. J'adresse mes ouvrages aux philosophes ; il n'y a guère d'autres hommes au monde
pour moi. Quant à ces lecteurs qui cherchent
un objet qu'ils ont sous les yeux, voici ce que
je leur dis pour la première et la dernière fois
que j'aie à leur parler.

Vous demandez comment le langage des gestes
est lié à la question des inversions ; et comment
les sourds et muets confirment l'existence des inversions dans notre langue ? Je vous réponds que
le sourd et muet, soit de naissance, soit de convention, indique, par l'arrangement de ses gestes,
l'ordre selon lequel les idées sont placées dans
la langue animale ; qu'il nous éclaire sur la date

de la substitution successive des signes oratoires aux gestes ; qu'il ne nous laisse aucun doute sur les premiers et les derniers inventés d'entre les signes ; et qu'il nous transmet ainsi les notions les plus justes que nous puissions espérer de l'ordre primitif des mots et de la phrase ancienne, avec laquelle il faut comparer la nôtre, pour savoir si nous avons des inversions ou si nous n'en avons pas. Car il est nécessaire de connoître ce que c'est que l'ordre naturel, avant que de rien prononcer sur l'ordre renversé.

On lit, *page suivante* du journal, *que pour bien entendre la lettre, il faut se souvenir que l'ordre d'institution, l'ordre scientifique, l'ordre didactique, l'ordre de syntaxe, sont synonymes.*

Observation. On n'entendroit point la lettre, si l'on prenoit toutes ces expressions pour synonymes. *L'ordre didactique* n'est synonyme à aucun des trois autres. *L'ordre de syntaxe*, celui d'institution, *l'ordre scientifique*, conviennent à toutes les langues. *L'ordre didactique* est particulier à la nôtre et à celles qui ont une marche uniforme comme la sienne. *L'ordre didactique* n'est qu'une espèce *d'ordre de syntaxe*. Ainsi on diroit très-bien : *L'ordre de notre syntaxe est didactique.* Quand on relève des bagatelles, on ne peut mettre trop d'exactitude dans ses critiques.

On lit, journal, *page* 851 : « Le morceau où
» l'auteur compare la langue françoise avec les

» langues grecque, latine, italienne et angloise,
» ne sera pas approuvé dans l'endroit où il dit
» qu'il faut parler françois dans la société et dans
» les écoles de philosophie; grec, latin, anglais
» dans les chaires et sur les théâtres ». Le journaliste remarque « qu'il faut destiner pour la chaire,
» ce lieu si vénérable, la langue qui explique le
» mieux les droits de la raison, de la sagesse,
» de la religion, en un mot, de la vérité ».

Observation. Je serai désapprouvé, sans-
doute, par tous ces froids discoureurs, par tous
ces rhéteurs futiles qui annoncent la parole de
Dieu sur le ton de Sénèque ou de Pline; mais
le serai-je par ceux qui pensent que l'éloquence
véritable de la chaire est celle qui touche le
cœur, qui arrache le repentir et les larmes, et
qui renvoie le pêcheur troublé, abattu, cons-
terné. *Les droits de la raison, de la sagesse, de
la religion et de la vérité,* sont assurément les
grands objets du prédicateur; mais doit-il les
exposer dans de froides analyses, s'en jouer dans
des antithèses, les embarrasser dans un amas de
synonymes, et les obscurcir par des termes re-
cherchés, des tours subtils, des pensées louches,
et le vernis académique? Je traiterois volontiers
cette éloquence de *blasphématoire.* Aussi n'est-ce
pas celle de Bourdaloue, de Bossuet, de Mas-
caron, de la Rue, de Massillon, et de tant d'autres,
qui n'ont rien épargné pour vaincre la lenteur

et la contrainte d'une langue didactique par la sublimité de leurs pensées, la force de leurs images et le pathétique de leurs expressions. La langue françoise se prêtera facilement à la dissertation théologique, au catechisme, à l'instruction pastorale; mais au discours oratoire, c'est autre chose.

Au reste, je m'en rapporte à ceux qui en savent là-dessus plus que nous; et je leur laisse à décider laquelle des deux langues, dont l'une seroit naturellement uniforme et tardive; l'autre variée, abondante, impétueuse, pleine d'images et d'inversions, seroit la plus propre à remuer des ames assoupies sur leurs devoirs; à effrayer des pêcheurs endurcis, sur les suites de leurs crimes; à annoncer des vérités sublimes; à peindre des actes héroïques; à rendre le vice odieux et la vertu attrayante; et à manier tous les grands sujets de la religion d'une manière qui frappe et instruise, mais qui frappe sur-tout; car il est moins question dans la chaire d'apprendre *aux fidèles* ce qu'ils ignorent, que de les résoudre à la pratique de ce qu'ils savent.

Nous ne ferons aucune observation sur les deux critiques de la *page* 852; nous n'aurions presque rien à ajouter à ce que le journaliste en dit lui-même. Il vaut mieux que nous nous hâtions d'arriver à l'endroit important de son extrait, l'endroit auquel il nous apprend qu'il a donné *une attention particulière*. Le voici mot pour mot :

On lit *page* 854 du journal : « Tout le monde
» connoît les trois beaux vers du dix-septième
» livre de l'Iliade, lorsque Ajax se plaint à Jupiter
» des ténèbres qui enveloppent les Grecs ».

Ζευ πάτερ, ἀλλὰ σὺ ῥῦσαι ὑπ' ἠέρος υἷας ἀχαιῶν.
Ποίησον δ'αἴθρην, δὸς δ' ὀφθαλμοῖσιν ἰδέσθαι.
Ἐν δὲ φάει καὶ ὄλεσσον, ἐπεί νύ τοι εὔαδεν οὕτως.

» Boileau les traduit ainsi :

Grand dieu ! chasse la nuit qui nous couvre les yeux,
Et combats contre nous à la clarté des cieux.

» M. de la Motte se contente de dire :

Grand dieu, rends-nous le jour, et combats contre nous.

« Or l'auteur de la lettre précédente dit que ni
» Longin, ni Boileau, ni la Motte n'ont entendu
» le texte d'Homère ; que ces vers doivent se
» traduire ainsi » :

Père des dieux et des hommes, chasse la nuit qui
nous couvre les yeux ; et puisque tu as résolu de
nous perdre, perds-nous du-moins à la clarté des
cieux.

« Qu'il ne se trouve là aucun défi à Jupiter ;
» qu'on n'y voit qu'un héros prêt à mourir,
» si c'est la volonté du dieu ; et qui ne lui de-
» mande d'autre grace que celle de mourir en
» combattant.

« L'auteur confirme de plus en plus sa pensée,
» et paroît avoir eu ce morceau extrêmement à
» cœur. Sur quoi nous croyons devoir faire aussi
» les observations suivantes :

« 1°. La traduction qu'on donne ici, et que
» nous venons de rapporter, est littérale, exacte
» et conforme au sens d'Homère.

« 2°. Il est vrai que dans le texte de ce grand
» poète, il n'y a point de défi fait à Jupiter par
» Ajax. Eustathe n'y a rien vu de semblable; et il
» observe seulement que ces mots : *Perds-nous*
» *à la clarté des cieux*, ont fondé un proverbe,
» pour dire : Si je dois périr, que je périsse du
» moins d'une manière moins cruelle.

« 3°. Il faut distinguer Longin de nos deux
» poètes françois, Boileau et la Motte. Longin,
» considéré en lui-même et dans son propre texte,
» nous paroît avoir bien pris le sens d'Homère ;
» et il seroit en effet assez surprenant que nous
» crussions entendre mieux ce poète grec que
» ne l'entendoit un savant qui parloit la même
» langue, et qui l'avoit lue toute sa vie.

» Ce rhéteur rapporte les vers d'Homère, puis
» il ajoute : C'est-là véritablement un sentiment
» digne d'Ajax. Il ne demande pas de vivre, c'eût
» été une demande trop basse pour un héros;
» mais voyant qu'au milieu de ces épaisses té-
» nèbres il ne peut faire usage de sa valeur, il
» s'indigne de ne pas combattre ; il demande que

» la lumière lui soit *promptement* rendue, afin
» de mourir d'une manière digne de son grand
» cœur, quand même Jupiter lui seroit opposé
» de front.

» Telle est la traduction littérale de cet en-
» droit : on n'y voit point que Longin mette aucun
» défi dans la pensée ni dans les vers d'Homère.
» Ces mots : *Quand même Jupiter lui seroit*
» *opposé de front,* se lient à ce qui est dans
» le même livre de l'Iliade, lorsque le poète peint
» Jupiter armé de son égide, dardant ses éclairs,
» ébranlant le mont Ida, et épouvantant les Grecs.
» Dans ces funestes circonstances, Ajax croit que
» le père des dieux dirige lui-même les traits des
» Troyens; et l'on conçoit que ce héros, au milieu
» des ténèbres, peut bien demander, non d'entrer
» en lice avec le dieu, mais de voir la lumière du
» jour, pour faire une fin digne de son grand
» cœur, quand même il devroit être en butte
» aux traits de Jupiter, *quand même Jupiter*
» *lui seroit opposé de front.* Ces idées ne se
» croisent point. Un brave comme Ajax pouvoit
» espérer qu'il se trouveroit quelque belle action
» à faire, un moment avant que de périr sous
» les coups de Jupiter irrité et déterminé à perdre
» les Grecs.

» 4°. Boileau prend dans un sens trop étendu
» le texte de son auteur, lorsqu'il dit : *Quand*
» *il devroit avoir à combattre Jupiter.* Voilà

» ce qui présente un air de défi, dont Longin
» ne donne point d'exemple. Mais ce trop d'étendue
» ne paroît pas si marqué dans la traduction du
» demi-vers d'Homère. Cet hémistiche : *Et com-*
» *bats contre nous*, ne présente pas un défi dans
» les formes, quoiqu'il eut été mieux d'exprimer
» cette pensée : *Et perds-nous, puisque tu le*
» *veux*. Nous ne devons rien ajouter sur le vers
» de la Motte, qui est peut-être encore moins
» bien que celui de Boileau.

» De tout ceci, il s'ensuit que si nos deux
» poëtes françois méritent en tout ou en partie
» la censure de notre auteur, Longin du moins
» ne la mérite pas; et qu'il suffit, pour s'en
» convaincre, de lire son texte ».

Voilà très-fidèlement tout l'endroit du journaliste sur Longin, sans rien ôter à la force des raisonnemens, ni à la manière élégante et précise dont ils sont exposés.

Observations. Le journaliste abandonne la Motte et Boileau; il ne combat que pour Longin; et ce qu'il oppose en sa faveur se réduit aux propositions suivantes :

1°. Longin parlant la même langue qu'Homère, et ayant lu toute sa vie ce poète, il devoit l'entendre mieux que nous.

2°. Il y a dans la traduction de Boileau un air *de défi*, dont Longin ne donne point l'exemple; et les expressions, *quand Jupiter même lui seroit opposé de front*; et *quand il devroit avoir à combattre Jupiter lui même*, ne sont point synonymes.

3°. La première de ces expressions, *quand Jupiter même lui seroit opposé de front*, est relative aux circonstances dans lesquelles Homère a placé son héros.

Je réponds à la première objection, que Longin a pu entendre Homère infiniment mieux que nous, et se tromper sur un endroit de l'Iliade.

Je réponds à la seconde objection, que l'expression, *quand même il devroit avoir à combattre Jupiter*, et celle que le journaliste lui substitue, pour rendre la traduction plus exacte et plus littérale, *quand même Jupiter lui seroit opposé de front*, me paraîtront synonymes, à moi, et, je crois, à bien d'autres, jusqu'à ce qu'on nous ait montré qu'elles ne le sont pas. Nous continuerons de croire, qu'*il m'étoit opposé de front dans cette action*, ou ne signifie rien, ou signifie, *je devois avoir à le combattre*. Le dernier semble même moins fort que l'autre. Il ne présente qu'un *peut être*, et l'autre énonce un *fait*. Pour avoir deux synonymes, il faudroit retrancher *devroit* de la phrase de Boileau : on auroit alors, *quand même il auroit à combattre Jupiter*, qui rendroit avec la dernière précision, *quand même Jupiter lui seroit opposé de front*. Mais on auroit exclu, avec le verbe *devroit*, l'idée d'une nécessité fatale qui rend à plaindre le héros, et qui tempère son discours.

Mais Dieu n'est pour un soldat chrétien, que ce que Jupiter étoit pour Ajax. S'il arrivoit donc à un de nos poètes de placer un soldat dans les mêmes circonstances qu'Ajax, et de lui faire dire à Dieu : « Rends-moi donc promptement le jour ; et que » je cherche une fin digne de moi, quand même tu » me serois opposé de front » ; que le journaliste me dise s'il ne trouveroit dans cette apostrophe ni impiété ni défi ?

Ou plutôt, je lui demande en grace de négliger tout ce qui précède, et de ne s'attacher qu'à ce qui suit.

Je vais passer à sa troisième objection, et lui démontrer que dans tout le discours de Longin il n'y a pas un mot qui convienne aux circonstances dans lesquelles Homère a placé son héros ; et que la phrase entière du rhéteur est à contresens.

J'ai tant de confiance dans mes raisons, que j'abandonne au journaliste même la décision de ce procès littéraire ; mais qu'il décide, qu'il me dise que j'ai tort, c'est tout ce que je lui demande.

Je commence par admettre sa traduction. Je dis ensuite : si les sentimens de l'Ajax de Longin sont les sentimens de l'Ajax d'Homère, on peut mettre le discours de l'Ajax de Longin dans la bouche de l'Ajax d'Homère ; car si la paraphrase du rhéteur est juste, elle ne sera qu'un plus grand développement de l'ame du héros du poète. Voici donc, en suivant la traduction du journaliste, ce qu'Ajax eût dit à Jupiter par la bouche de » Longin : « Grand Dieu ! je ne te demande » pas la vie ; cette prière est au-dessous d'Ajax. » Mais comment se défendre ? Quel usage faire de » sa valeur dans les ténèbres dont tu nous en— » vironnes ? Rends-nous donc promptement le » jour ; et que je cherche une fin digne de moi, » quand même tu me serois opposé de front ».

1°. Quels sont les sentimens qui forment le caractère de ce discours ? L'indignation, la fierté, la valeur, la soif des combats, la crainte d'un trépas obscur, et le mépris de la vie. Quel seroit le ton de celui qui le déclameroit ? Ferme et véhément. L'attitude de corps ? noble et altière. L'air du visage ? Indigné. Le port de la tête ? Relevé. L'œil ? Sec. Le regard ? Assuré. J'en appelle aux premiers acteurs de la scène françoise. Celui d'entre eux qui s'aviseroit d'accompagner ou de terminer ce discours par des larmes, feroit éclater de rire, et le parterre, et l'amphithéâtre, et les loges.

2°. Quel mouvement ce discours doit-il exciter ? Est-ce bien celui de la pitié ? et fléchira-t-on le dieu, en lui criant d'une voix ferme, à la suite de plusieurs propos voisins de la bravade : « Rends-moi donc *promptement* le jour ; et que

» je cherche une fin digne de moi, quand même tu me serois opposé de front »? Ce *promptement*, sur-tout, seroit bien placé.

Le discours de Longin, mis dans la bouche d'Ajax, ne permet donc ni au héros de répandre des larmes, ni aux dieux d'en avoir pitié; ce n'est donc qu'une amplification gauche des trois vers pathétiques d'Homère. En voici la preuve dans le quatrième :

ως φατο; τὸν δὲ πατὴρ ολοφύρατο δακρυ χεοντα.

« Il dit, et le père des dieux et des hommes eut
» pitié du héros qui répandoit les larmes ».

Voilà donc un héros en larmes, et un dieu fléchi; deux circonstances que le discours de Longin excluoit du tableau. Et qu'on ne croie pas que ces pleurs sont de rage ! des pleurs de rage ne conviennent pas même à l'Ajax de Longin, car il est indigné, mais non furieux; et elles quadrent bien moins encore avec la pitié de Jupiter.

Remarquez, 1°. qu'il a fallu affoiblir le récit de Longin, pour le mettre avec quelque vraisemblance dans la bouche d'Ajax; 2°. que la rapidité de ως φατο; τὸν δὲ πατὴρ ολοφύρατο, etc. ne laisse aucun intervalle entre le discours d'Ajax et la pitié de Jupiter.

Mais, après avoir peint Ajax d'après la paraphra de Longin, je vais l'esquisser d'après les r.ⁱˢ vers d'Homère.

L'Ajax d'Homère a le regard tourné vers le ciel, des larmes tombent de ses yeux, ses bras sont suppliants, son ton est pathétique et touchant; il dit : « Père des dieux et des hommes, Ζεῦ πάτηρ, » chasse la nuit qui nous environne; δὸς ἰδέσθαι, » et perds-nous du-moins à la lumière, si c'est ta » volonté de nous perdre, ἐπεὶ νύ τοι εὔαδεν οὕτως.

Ajax s'adresse à Jupiter, comme nous nous adressons à Dieu dans la plus simple et la plus sublime de toutes les prières. Aussi le père des dieux et des hommes, ajoute Homère, eut pitié des larmes que répandoit le héros. Toutes ces images se tiennent : il n'y a plus de contradiction entre les parties du tableau; l'attitude, l'intonation, le geste, le discours, son effet, tout est ensemble.

Mais, dira-t-on, y a-t-il un moment où il soit dans le caractère d'un héros farouche, tel qu'Ajax, de s'attendrir ? Sans doute, il y en a un. Heureux le poète, doué du génie divin qui le lui suggérera. La douleur d'un homme touche plus que celle d'une femme; et la douleur d'un héros est bien d'un autre pathétique que celle d'un homme ordinaire. Le Tasse n'a pas ignoré cette source du sublime; et voici un endroit de sa Jérusalem qui ne le cède en rien à celui du dix-septième livre d'Homère.

Tout le monde connoît Argant. On n'ignore p. que ce héros du Tasse est modelé sur l'Ajax d'Homère. Jérusalem est prise. Au milieu du sac de cette ville, Tancrède apperçoit Argant environné d'une foule d'ennemis, et prêt à périr par des mains obscures. Il vole à son secours; il le couvre de son bouclier, et le conduit sous les murs de la ville, comme si cette grande victime lui étoit réservée. Ils marchent, ils arrivent; Tancrède se met sous les armes; Argant, le terrible Argant, oubliant le péril et sa vie, laisse tomber les siennes, et tourne ses regards pleins de douleur sur les murs de Jérusalem que la flamme parcourt : « A » quoi penses-tu, lui crie Tancrède ? Seroit- » ce que l'instant de la mort est venue ? c'est » trop tard. Je pense, lui répond Argant, que » c'en est fait de cette capitale ancienne des villes » de Judée; que c'est en vain que je l'ai défendue; » et que ta tête, que le ciel me destine sans » doute, est une trop petite vengeance pour tout » le sang qu'on y verse ».

 Or qual pensier t'hà preso ?
Pensi ch'è giunta l'ora a te prescritta ?
Se, antivedendo ciò, timido stai,
È il tuo timore intempestivo omai.

 Penso, risponde, alla città del regno
Di Giudea antichissima regina,
Che vinta or cade ; e indarno esser sostegno
Io procurai della fatal ruina;

 E ch'è poca vendetta al mio disdegno
Il capo tuo, che'l cielo or mi destina.
Tacque.
Jérusal. déliv. chant 19.

Mais revenons à Longin et au journaliste de Trévoux. On vient de voir que la paraphrase de Longin ne s'accorde point avec ce qui suit le discours d'Ajax dans Homère. Je vais montrer qu'elle s'accorde encore moins avec ce qui le précède.

Patrocle est tué. On combat pour son corps. Minerve descendue des cieux anime les Grecs. « Quoi ! dit-elle à Ménélas, le corps de l'ami » d'Achille sera dévoré des chiens sous les murs » de Troye » ! Ménélas se sent un courage nouveau et des forces nouvelles. Il s'élance sur les Troyens ; il perce Podès d'un coup de dard, et se saisit du corps de Patrocle. Il l'enlevoit ; mais Apollon, sous la ressemblance de Phénope, crie à Hector : « Hector, ton ami Podès est sans vie ; » Ménélas emporte le corps de Patrocle, et tu » fuis » ! Hector, pénétré de douleur et de honte, revient sur ses pas. Mais à l'instant « Jupiter, » armé de son égide, dardant ses éclairs, ébranlant » de son tonnerre le mont Ida, épouvante les » Grecs et les couvre de ténèbres ».

Cependant l'action continue : une foule de Grecs sont étendus sur la poussière. Ajax ne s'appercevant que trop que le sort des armes a changé, s'écrie à ceux qui l'environnent, ποποι : « Hélas ! » Jupiter est pour les Troyens ; il dirige leurs » coups ; tous leurs traits portent, même ceux » des plus lâches. Les nôtres tombent à terre et

» restent sans effet. Nos amis consternés nous
» regardent comme des hommes perdus. Mais
» allons; consultons entre nous sur les moyens
» de finir leurs alarmes et de sauver le corps
» de Patrocle. Ah ! qu'Achille n'est-il instruit du
» sort de son ami. Mais je ne vois personne à lui
» dépêcher. Les ténèbres nous environnent de
» toutes parts. Père des dieux et des hommes,
» Ζεῦ πάτηρ, chasse la nuit qui nous couvre
» les yeux ; et perds-nous du-moins à la lumière,
» si c'est ta volonté de nous perdre ». Il dit ; le père des dieux et des hommes fut touché des larmes qui couloient de ses yeux ; et le jour se fit.

Je demande maintenant s'il y a un seul mot du discours de l'Ajax de Longin qui convienne en pareil cas ? s'il y a là une seule circonstance dont le journaliste puisse tirer parti en faveur du rhéteur ; et s'il n'est pas évident que Longin, Despréaux et la Motte, uniquement occupés du caractère général d'Ajax, n'ont fait aucune attention aux conjonctures qui le modifioient.

Quand un sentiment est vrai, plus on le médite, plus il se fortifie. Qu'on se rappelle le discours de Longin : « Grand dieu ! je ne te demande
» pas la vie ; cette prière est au-dessous d'A-
» jax, etc. » Et qu'on me dise ce qu'il doit faire aussi-tôt que la lumière lui est rendue ; cette lumière qu'il ne desiroit, si l'on en croit le jour-

naliste, « que dans l'espoir qu'il se couvriroit de
» l'éclat de quelque belle action, un moment avant
» que de périr sous les coups de Jupiter irrité
» et déterminé à perdre les Grecs ». Il se bat
apparemment ; il est sans-doute aux prises avec
Hector ; il venge, à la clarté des cieux, tant de
sang grec versé dans les ténèbres. Car peut-on
attendre autre chose des sentimens que lui prête
Longin ; et d'après lui, le journaliste ?

Cependant l'Ajax d'Homère ne fait rien de pareil ; il tourne les yeux autour de lui ; il apperçoit
Ménélas : « Fils de Jupiter, lui dit-il, cherchez
» promptement Antiloque; et qu'il porte à Achille
» la fatale nouvelle ».

Ménélas obéit à regret ; il crie en s'éloignant,
aux Ajax et à Mérion : « N'oubliez pas que Pa-
» trocle étoit votre ami ». Il parcourt l'armée ;
il apperçoit Antiloque, et s'acquitte de sa commission. Antiloque part ; Ménélas donne un chef
à la troupe d'Antiloque, revient, et rend compte
aux Ajax. « Cela suffit, lui répond le fils de
» Télamon. Allons ; Mérion, et vous, Ménélas,
» saisissez le corps de Patrocle ; et tandis que
» vous l'emporterez, nous assurerons votre retraite, en faisant face à l'ennemi ».

Qui ne reconnoît, à cette analyse, un héros
bien plus occupé du corps de Patrocle que de tout
autre objet ? Qui ne voit que le déshonneur dont
l'ami d'Achille étoit menacé, et qui pouvoit re-

jaillir sur lui-même, est presque l'unique raison de ses larmes ? Qui ne voit à-présent qu'il n'y a nul rapport entre l'Ajax de Longin et celui d'Homère ? entre les vers du poète et la paraphrase du rhéteur ? entre les sentimens du héros de l'un, et la conduite du héros de l'autre ? entre les exclamations douloureuses: ω ποποι, le ton de la prière et d'invocation Ζεῦ πατηρ, et cette fierté voisine de l'arrogance et de l'impiété que Longin donne à son Ajax si clairement, que Boileau même s'y est trompé, et après lui M. de la Motte.

Je le répète, la méprise de Longin est pour moi d'une telle évidence ; et j'espère qu'elle en aura tant pour ceux qui lisent les anciens sans partialité, que j'abandonne au journaliste la décision de notre différend ; mais qu'il décide. Encore une fois, je ne demande pas qu'il me démontre que je me suis trompé ; je demande seulement qu'il me le dise.

Je me suis étendu sur cet endroit, parce que le journaliste, en m'avertissant qu'il l'avoit examiné avec *une attention particulière*, m'a fait penser qu'il en valoit la peine. D'ailleurs le bon goût n'avoit pas moins de part que la critique dans cette discussion; et c'étoit une occasion de montrer combien, dans un petit nombre de vers, Homère a renfermé de traits sublimes, et de présenter au public quelques lignes d'un *essai sur la manière de composer des anciens, et de lire leurs ouvrages.*

On lit, *page* 860 de son journal : « Nous ne pouvons pas nous instruire également de la critique qu'on trouve ici sur un discours lu par M. l'abbé de Bernis à l'académie françoise ».

Observation. On peut voir à la fin de la lettre même sur les sourds et muets, le sentiment de l'auteur sur cette critique prématurée. Tous ceux qui jugent des ouvrages d'autrui, sont invités à le parcourir; ils y trouveront le modèle de la conduite qu'ils auront à tenir, lorsqu'ils se seront trompés.

Le journaliste ajoute « que la pièce de M. l'abbé de Bernis, qui fut extrêmement applaudie dans le moment de la lecture, n'a point encore été rendue publique; et que, de sa part, ce seroit combattre, comme Ajax dans les ténèbres, que d'attaquer ou de défendre sur un terrain dont il n'a pas assez de connoissance ».

Observation. Cela est très-sage; mais la comparaison n'est pas juste. Il ne paroît pas dans Homère qu'Ajax ait combattu dans les ténèbres, mais tout au plus qu'il a demandé du jour pour combattre. Il ne falloit pas dire : « Ce seroit combattre comme Ajax, dans les ténèbres, etc. »,

mais « nous demanderons, comme Ajax, de
» la lumière, ou pour défendre ou pour combattre ». Je relève ici une bagatelle ; le journaliste
m'en a donné l'exemple.

On lit enfin, *page 863 et dernière* de cet
extrait : « Notre auteur nous fait espérer que, si
» nous savons nous servir de notre langue, nos
» ouvrages seront aussi précieux pour la postérité
» que les ouvrages des anciens le sont pour nous.
» Ceci est une bonne nouvelle; mais nous crai-
» gnons qu'elle ne nous promette trop, et....
» Aurons-nous des orateurs tels que Ciceron,
» des poètes tels que Virgile et Horace, et....
» et si nous mettions le pied dans la Grèce, com-
» ment pourrions-nous n'être pas tentés de dire,
» malgré la défense d'Epictète : Hélas ! nous
» n'aurons jamais d'honneur; nous ne serons jamais
» rien ».

Observation. Nous avons déjà dans presque
tous les genres des ouvrages à comparer à ce
qu'Athènes et Rome ont produit de plus beau.
Euripide ne désavoueroit pas les tragédies de Racine. Cinna, Pompée, les Horaces, etc. feroient
honneur à Sophocle. La Henriade a des morceaux
qu'*on peut opposer de front* à ce que l'Iliade et
l'Enéide ont de plus magnifique. Molière, réunissant les talens de Térence et de Plaute, a
laissé bien loin derrière lui les comiques de la
Grèce et de l'Italie. Quelle distance entre les

fabulistes grecs et latins, et le nôtre! Bourdaloue et Bossuet le disputent à Démosthène. Varron n'étoit pas plus savant que Hardouin, Kircher et Pétau. Horace n'a pas mieux écrit de l'art poétique que Despréaux. Théophraste ne dépare pas la Bruyère. Il faudroit être bien prévenu pour ne pas se plaire autant à la lecture de l'Esprit des Loix qu'à la lecture de la République de Platon. Il étoit donc assez inutile de mettre Epictète à la torture, pour en arracher une injure contre notre siècle et notre nation.

« Comme il est très-difficile de faire un bon
» ouvrage, et très-aisé de critiquer ; parce que
» l'auteur a eu tous les défilés à garder, et que
» le critique n'en a qu'un à forcer, il ne faut point
» que celui-ci ait tort ; et s'il arrivoit qu'il eût
» continuellement tort, il seroit inexcusable ».
Déf. de l'Esp. des Loix, page 177.

RECHERCHES PHILOSOPHIQUES

SUR

L'ORIGINE ET LA NATURE DU BEAU.

RECHERCHES PHILOSOPHIQUES

SUR

L'ORIGINE ET LA NATURE DU BEAU.

Avant que d'entrer dans la recherche difficile de l'origine du beau, je remarquerai d'abord, avec tous les auteurs qui en ont écrit, que par une sorte de fatalité, les choses dont on parle le plus parmi les hommes, sont assez ordinairement celles qu'on connoît le moins; et que telle est, entre beaucoup d'autres, la nature du beau. Tout le monde raisonne du beau; on l'admire dans les ouvrages de la nature; on l'exige dans les productions des arts; on accorde ou l'on refuse cette qualité à tout moment : cependant, si l'on demande aux hommes du goût le plus sûr et le plus exquis, quelle est son origine, sa nature, sa notion précise, sa véritable idée, son exacte définition; si c'est quelque chose d'absolu ou de relatif; s'il y a un beau essentiel, éternel, immuable, règle et modèle du beau subalterne; ou s'il en est de la beauté comme des modes, on voit aussi-tôt les sentimens partagés; et les uns avouent leur ignorance, les autres se jettent dans le scepticisme. Comment se fait-il que presque tous les hommes soient d'accord qu'il y a un beau ; qu'il y en ait tant d'entre eux qui le sentent vivement où il est, et que si peu sachent ce que c'est ?

Pour parvenir, s'il est possible, à la solution de ces difficultés, nous commencerons par exposer les différens sentimens des auteurs qui ont écrit le mieux sur le beau : nous proposerons ensuite nos idées sur le même sujet ; et nous terminerons ce morceau par des observations générales sur l'entendement humain et ses opérations relatives à la question dont il s'agit.

Platon a écrit deux dialogues du beau ; le *Phèdre* et le *grand Hippias* : dans celui-ci il enseigne plutôt ce que le beau n'est pas, que ce qu'il est ; et dans l'autre, il parle moins du beau que de l'amour naturel qu'on a pour lui. Il ne s'agit dans le *grand Hippias*, que de confondre la vanité d'un sophiste ; et dans le *Phèdre*, que de passer quelques momens agréables avec un ami dans un lieu délicieux.

Saint Augustin avoit composé un traité sur le beau ; mais cet ouvrage est perdu ; et il ne nous reste de saint Augustin sur cet objet important, que quelques idées éparses dans ses écrits, par lesquelles on voit que ce rapport exact des parties d'un tout entre elles, qui le constitue *un*, étoit, selon lui, le caractère distinctif de la beauté.

Si je demande à un architecte, dit ce grand homme, pourquoi ayant élevé une arcade à une des ailes de son bâtiment, il en fait autant à l'autre, il me répondra sans-doute; que *c'est afin que les membres de son architecture symmétrisent bien ensemble.* Mais pourquoi cette symmétrie vous paroît-elle nécessaire ? *Par la raison qu'elle plaît.* Mais qui êtes-vous pour vous ériger en arbitre de ce qui doit plaire ou ne pas plaire aux hommes ? Et d'où savez-vous que la symmétrie nous plaît ? *J'en suis sûr, parce que les choses ainsi disposées ont de la décence, de la justesse, de la grace ; en un mot, parce que cela est beau.* Fort bien ; mais dites-moi, cela est-il beau, parce qu'il plaît ? ou cela plaît-il, parce qu'il est beau ? *Sans difficulté, cela plaît, parce qu'il est beau.* Je le crois comme vous ; mais je vous demande encore, pourquoi cela est-il beau ? et si ma question vous embarrasse, parce qu'en effet les maîtres de votre art ne vont guère jusque-là, vous conviendrez du-moins sans peine que la similitude, l'égalité, la convenance des parties de votre bâtiment, réduit tout à une espèce d'unité qui contente la raison. *C'est ce que je voulois dire.* Oui ; mais prenez-y garde, il n'y a point de vraie unité dans les corps, puisqu'ils sont tous composés d'un nombre innombrable de parties, dont chacune est encore composée d'une infinité d'autres. Où la voyez-vous donc cette unité, qui vous dirige dans la construction de votre dessein ; cette unité, que vous regardez dans votre art comme une loi inviolable; cette unité, que votre édifice doit imiter pour être beau, mais que rien sur la terre ne peut imiter parfaitement, puisque rien sur la terre ne peut être parfaitement *un* ? Or, de-là que s'ensuit-il ? ne faut-il pas reconnoître qu'il y a au-dessus de nos esprits une certaine unité originale, souveraine, éternelle, parfaite, qui est la règle essentielle du beau, et que vous cherchez dans la pratique de votre art ? D'où saint Augustin conclut dans un autre ouvrage, que *c'est l'unité qui constitue, pour ainsi dire, la forme et l'essence du beau en tout genre. Omnis porro pulchritudinis forma, unitas est.*

M. Wolf dit, dans sa psychologie, qu'il y a des choses qui nous plaisent, d'autres qui nous déplaisent ; et que cette différence est ce qui constitue le *beau* et le *laid;* que ce qui nous plaît s'appelle *beau,* et que ce qui nous déplaît est *laid.*

Il ajoute que la beauté consiste dans la perfection ; de manière que par la force de cette perfection, la chose qui en est revêtue est propre à produire en nous du plaisir.

Il distingue ensuite deux sortes de beautés ; la vraie et l'apparente : la *vraie* est celle qui naît d'une perfection réelle ; et l'*apparente,* celle qui naît d'une perfection apparente.

Il est évident que saint Augustin avoit été beaucoup plus loin dans la recherche du beau que le philosophe léibnitien : celui-ci semble prétendre d'abord qu'une chose est belle, parce qu'elle nous plaît ; au-lieu qu'elle ne nous plaît, que parce qu'elle est belle, comme Platon et saint Augustin l'ont très-bien remarqué. Il est vrai qu'il fait ensuite entrer la perfection dans l'idée de la beauté ; mais qu'est-ce que la perfection ? le parfait est-il plus clair et plus intelligible que le beau ?

Tous ceux qui, se piquant de ne pas parler simplement par coutume et sans réflexion, dit M. Crouzas, voudront descendre dans eux-mêmes, et faire attention à ce qui s'y passe, à la manière dont ils pensent, et à ce qu'ils sentent lorsqu'ils s'écrient, *cela est beau*, s'appercevront qu'ils expriment par ce terme un certain rapport d'un objet avec des sentimens agréables ou avec des idées d'approbation, et tomberont d'accord que dire *cela est beau*, c'est dire, j'apperçois quelque chose que j'approuve ou qui me fait plaisir.

On voit que cette définition de M. Crouzas n'est point prise de la nature du beau, mais de l'effet seulement qu'on éprouve à sa présence : elle a le même défaut que celle de M. Wolf. C'est ce que M. Crouzas a bien senti ; aussi s'occupe-t-il ensuite à fixer les caractères du beau :

il en compte cinq, *la variété, l'unité, la régularité, l'ordre, la proportion.*

D'où il s'ensuit, ou que la définition de saint Augustin est incomplète, ou que celle de M. Crouzas est redondante. Si l'idée d'*unité* ne renferme pas les idées de *variété*, de *régularité*, d'*ordre* et de *proportion*; et si ces qualités sont essentielles au beau, saint Augustin n'a pas dû les omettre : si l'idée d'*unité* les renferme, M. Crouzas n'a pas dû les ajouter.

M. Crouzas ne définit point ce qu'il entend par *variété* : il semble entendre par *unité* la relation de toutes les parties à un seul but; il fait consister la *régularité* dans la position semblable des parties entre elles ; il désigne par *ordre* une certaine dégradation de parties, qu'il faut observer dans le passage des unes aux autres ; et il définit la *proportion, l'unité assaisonnée de variété, de régularité* et *d'ordre dans chaque partie.*

Je n'attaquerai point cette définition du beau par les choses vagues qu'elle contient ; je me contenterai seulement d'observer ici qu'elle est particulière, et qu'elle n'est applicable qu'à l'architecture, ou tout au plus à de grands touts dans les autres genres, à une pièce d'éloquence, à un drame, etc. mais non pas à *un mot*, à *une pensée*, à *une portion d'objet*.

M. Hutcheson, célèbre professeur de philosophie morale dans l'université de Glasgow, s'est fait un système particulier : il se réduit à penser qu'il ne faut pas plus demander *qu'est-ce que le beau ?* que demander *qu'est-ce que le visible ?* On entend par *visible*, ce qui est fait pour être apperçu par l'œil ; et M. Hutcheson entend par *beau* ce qui est fait pour être saisi par le sens interne du *beau*. Son sens interne du *beau* est une faculté par laquelle nous distinguons les belles choses, comme le sens de la vue est une faculté par laquelle nous recevons la notion des couleurs et des figures. Cet auteur et ses sectateurs mettent tout en œuvre, pour démontrer la réalité et la nécessité de ce *sixième sens*; et voici comment ils s'y prennent :

1°. Notre ame, disent-ils, est passive dans le plaisir et dans le déplaisir. Les objets ne nous affectent pas précisément comme nous le souhaiterions ; les uns font sur notre ame une impression nécessaire de plaisir ; d'autres nous déplaisent nécessairement : tout le pouvoir de notre volonté se réduit à rechercher la première sorte d'objets et à fuir l'autre : c'est la constitution même de notre nature, quelquefois individuelle, qui nous rend les uns agréables et les autres désagréables.

2°. Il n'est peut-être aucun objet, qui puisse affecter notre ame, sans lui être plus ou moins une occasion nécessaire de plaisir ou de déplaisir. Une figure, un ouvrage d'architecture ou de peinture, une composition de musique, une action, un sentiment, un caractère, une expression, un discours, toutes ces choses nous plaisent ou nous déplaisent de quelque manière. Nous sentons que le plaisir ou le déplaisir s'excite nécessairement par la contemplation de l'idée qui se présente alors à notre esprit avec toutes ses circonstances. Cette impression se fait, quoiqu'il n'y ait rien dans quelques-unes de ces idées de ce qu'on appelle ordinairement *perceptions sensibles*; et dans celles qui viennent des sens, le plaisir ou le déplaisir qui les accompagne naît de l'ordre ou du désordre, de l'arrangement ou du défaut de symmétrie, de l'imitation ou de la bizarrerie qu'on remarque dans les objets, et non des idées simples de la couleur, du son et de l'étendue, considérées solitairement.

3°. Cela posé, j'appelle, dit M. Hutcheson, du nom de *sens internes*, ces déterminations de l'ame à se plaire ou à se déplaire à certaines formes ou à certaines idées, quand elle les considère : et pour distinguer les *sens internes* des facultés corporelles connues sous ce nom, j'appelle *sens interne du beau*, la faculté qui discerne le *beau* dans la régularité, l'ordre et l'harmonie; et *sens internes du bon*, celle qui approuve les affections, les actions, les caractères des agens raisonnables et vertueux.

4°. Comme les déterminations de l'ame à se

plaire à certaines formes ou à certaines idées, quand elle les considère, s'observent dans tous les hommes, à-moins qu'ils ne soient stupides ; sans rechercher encore ce que c'est que le beau, il est constant qu'il y a dans tous les hommes un *sens naturel* et propre pour cet objet; qu'ils s'accordent à trouver de la beauté dans les figures, aussi généralement qu'à éprouver de la douleur à l'approche d'un trop grand feu, ou du plaisir à manger quand ils sont pressés par l'appétit, quoiqu'il y ait entre eux une diversité de goûts infinie.

5°. Aussi-tôt que nous naissons, nos *sens externes* commencent à s'exercer et à nous transmettre des perceptions des objets sensibles; et c'est-là, sans doute, ce qui nous persuade qu'ils sont naturels. Mais les objets de ce que j'appelle les *sens internes*, ou les *sens du beau et du bon*, ne se présentent pas si-tôt à notre esprit. Il se passe du temps avant que les enfans réfléchissent, ou du-moins qu'ils donnent des indices de réflexion sur les proportions, ressemblances et symmétries, sur les affections et les caractères: ils ne connoissent qu'un peu tard les choses qui excitent le goût ou la répugnance intérieure; et c'est là ce qui fait imaginer que ces facultés que j'appelle les *sens internes du beau et du bon*, viennent uniquement de l'instruction et de l'éducation. Mais, quelque notion qu'on ait de la *vertu* et de la *beauté*, un objet *vertueux* ou *bon* est une occasion d'approbation et de plaisir, aussi naturellement que des mets sont les objets de notre appétit. Et qu'importe que les premiers objets se soient présentés tôt ou tard. Si les sens ne se développoient en nous que peu à peu et les uns après les autres, en seroient-ils moins des sens et des facultés ? Et serions-nous bien venus à prétendre qu'il n'y a vraiment dans les objets visibles, ni couleur, ni figure, parce que nous aurions eu besoin de temps et d'instruction pour les y appercevoir, et qu'il n'y auroit pas, entre nous tous, deux personnes qui les y appercevroient de la même manière ?

6°. On appelle *sensations*, les perceptions qui s'excitent dans notre ame à la présence des objets extérieurs, et par l'impression qu'ils font sur nos organes. Et, lorsque deux perceptions diffèrent entièrement l'une de l'autre, et qu'elles n'ont de commun que le nom générique de *sensations*; les facultés par lesquelles nous recevons ces différentes perceptions, s'appellent des *sens différens*. La vue et l'ouïe, par exemple, désignent des facultés différentes, dont l'une nous donne les idées de couleur, et l'autre les idées de son : mais quelque différence que les sons aient entre eux, et les couleurs entre elles, on rapporte à un même sens toutes les couleurs, et à un autre sens tous les sons ; et il paroît que nos sens ont chacun leur organe. Or, si vous appliquez l'observation précédente au *bon* et au *beau*, vous verrez qu'ils sont exactement dans ce cas.

7°. Les défenseurs du *sens interne* entendent par *beau*, l'idée que certains objets excitent dans notre ame; et par le *sens interne du beau*, la faculté que nous avons de recevoir cette idée: et ils observent que les animaux ont des facultés semblables à nos sens extérieurs, et qu'ils les ont même quelquefois dans un degré supérieur à nous; mais qu'il n'y en a pas un, qui donne un signe de ce qu'on entend ici par *sens interne*. Un être, continuent-ils, peut donc avoir en entier la même sensation extérieure que nous éprouvons, sans observer entre les objets les ressemblances et les rapports; il peut même discerner ces ressemblances et ces rapports, sans en ressentir beaucoup de plaisir; d'ailleurs, les idées seules de la figure et les formes, etc. sont quelque chose de distinct du plaisir. Le plaisir peut se trouver où les proportions ne sont ni considérées ni connues; il peut manquer, malgré toute l'attention qu'on donne à l'ordre et aux proportions. Comment nommerons-nous donc cette faculté qui agit en nous, sans que nous sachions bien pourquoi? *Sens interne*.

8°. Cette dénomination est fondée sur le rapport de la faculté qu'elle désigne avec les autres facultés. Ce rapport consiste principalement en ce que le plaisir, que le sens interne nous fait éprouver, est différent de la connoissance des principes. La connoissance des principes peut l'accroître ou le diminuer ; mais cette connoissance n'est pas lui ni sa cause. Ce sens a des plaisirs nécessaires ; car la *beauté* et la *laideur* d'un objet est toujours la même pour nous, quelque dessein que nous puissions former d'en juger autrement. Un objet désagréable, pour être utile, ne nous en paroît pas plus *beau* ; un bel objet, pour être nuisible, ne nous paroît pas plus *laid*. Proposez-nous le monde entier, pour nous contraindre par la récompense à trouver belle la laideur, et laide la beauté ; ajoutez à ce prix les plus terribles menaces ; vous n'apporterez aucun changement à nos perceptions et au jugement du *sens interne* : notre bouche louera ou blâmera à votre gré ; mais le sens interne restera incorruptible.

9°. Il paroît de là, continuent les mêmes systématiques, que certains objets sont immédiatement et par eux-mêmes les occasions du plaisir que donne la beauté ; que nous avons un sens propre à le goûter ; que ce plaisir est individuel ; et qu'il n'a rien de commun avec l'intérêt. En effet, n'arrive-t-il pas en cent occasions qu'on abandonne l'utile pour le beau ? cette généreuse préférence ne se remarque-t-elle pas quelquefois dans les conditions les plus méprisées ? Un honnête artisan se livrera à la satisfaction de faire un chef-d'œuvre qui le ruine, plutôt qu'à l'avantage de faire un mauvais ouvrage qui l'enrichiroit.

10º. Si on ne joignoit pas à la considération de l'utile, quelque sentiment particulier, quelque effet subtil d'une faculté différente de l'entendement et de la volonté, on n'estimeroit une maison que pour son utilité, un jardin que pour sa fertilité, un habillement que pour sa commodité. Or, cette estimation étroite des choses n'existe pas même dans les enfans et dans les sauvages. Abandonnez la nature à elle-même ; et le sens interne exercera son empire : peut-être se trompera-t-il dans son objet ; mais la sensation de plaisir n'en sera pas moins réelle. Une philosophie austère, ennemie du luxe, brisera les statues, renversera les obélisques, transformera nos palais en cabanes, et nos jardins en forêts ; mais elle n'en sentira pas moins la beauté réelle de ces objets ; le sens interne se révoltera contre elle ; et elle sera réduite à se faire un mérite de son courage.

C'est ainsi, dis-je, que Hutcheson et ses sectateurs s'efforcent d'établir la nécessité *du sens interne du beau ;* mais ils ne parviennent qu'à démontrer qu'il y a quelque chose d'obscur et d'impénétrable dans le plaisir que le beau nous cause ; que ce plaisir semble indépendant de la connoissance des rapports et des perceptions ; que la vue de l'utile n'y entre pour rien ; et qu'il fait des enthousiastes que ni les récompenses ni les menaces ne peuvent ébranler.

Du reste, ces philosophes distinguent, dans les êtres corporels, un *beau absolu* et un *beau relatif*. Ils n'entendent point, par un *beau absolu*, une qualité tellement inhérente dans l'objet, qu'elle le rend beau par lui-même, sans aucun rapport à l'ame qui le voit et qui en juge. Le terme *beau*, semblable aux autres noms des idées sensibles, désigne proprement, selon eux, la perception d'un esprit, comme le froid et le chaud, le doux et l'amer sont des sensations de notre ame, quoique sans doute il n'y ait rien qui ressemble à ces sensations dans les objets qui les excitent, malgré la prévention populaire qui en juge autrement. On ne voit pas, disent-il, comment les objets pourroient être appelés beaux, s'il n'y avoit pas un esprit doué du *sens de beauté* pour leur rendre hommage. Ainsi, par le *beau absolu*, ils n'entendent que celui qu'on reconnoît en quelques objets, sans les comparer à aucune chose extérieure dont ces objets soient l'imitation et la peinture. Telle est, disent-ils, la beauté que nous appercevons dans les ouvrages de la nature, dans certaines formes artificielles, et dans les figures, les solides, les surfaces : et par *beau relatif*, ils entendent celui qu'on apperçoit dans les objets considérés communément comme des imitations et des images de quelques autres. Ainsi leur division a plutôt son fondement dans les différentes sources du plaisir que le beau nous cause, que dans les objets ; car il est constant que le *beau absolu* a, pour ainsi dire, *un beau relatif* ; et le *beau relatif*, un *beau absolu*.

Du beau absolu, selon Hutcheson et ses sectateurs.

Nous avons fait sentir, disent-ils, la nécessité d'un *sens propre*, qui nous avertit par le plaisir de la présence du beau : voyons maintenant quelles doivent être les qualités d'un objet pour émouvoir ce sens. Il ne faut pas oublier, ajoutent-ils, qu'il ne s'agit ici de ces qualités que relativement à l'homme ; car il y a certainement bien des objets qui font sur eux l'impression de beauté, et qui déplaisent à d'autres animaux. Ceux-ci ayant des sens et des organes autrement conformés que les nôtres, s'ils étoient juges du beau, en attacheroient des idées à des formes toutes différentes. L'ours peut trouver sa caverne commode ; mais il ne la trouve ni belle ni laide : peut-être, s'il avoit le *sens interne du beau*, la regarderoit-il comme une retraite délicieuse. Remarquez, en passant, qu'un être bien malheureux, ce seroit celui qui auroit le *sens interne du beau*, et qui ne reconnoîtroit jamais le beau que dans des objets qui lui seroient nuisibles : la providence y a pourvu par rapport à nous ; et une chose vraiment belle est assez ordinairement une chose bonne.

Pour découvrir l'occasion générale des idées du

beau parmi les hommes, les sectateurs d'Hutcheson examinent les êtres les plus simples, par exemple, les figures ; et ils trouvent qu'entre les figures, celles que nous nommons belles, offrent à nos sens l'uniformité dans la variété. Ils assurent qu'un triangle équilatéral est moins beau qu'un quarré ; un pentagone moins beau qu'un hexagone, et ainsi de suite ; parce que les objets également uniformes sont d'autant plus variés, qu'ils ont plus de côtés comparables. Il est vrai, disent-ils, qu'en augmentant beaucoup le nombre des côtés, on perd de vue les rapports qu'ils ont entre eux et avec le rayon ; d'où il s'ensuit que la beauté de ces figures n'augmente pas toujours comme le nombre des côtés. Ils se font cette objection ; mais ils ne se soucient guère d'y répondre. Ils remarquent seulement que le défaut de parallélisme dans les côtés des eptagones et des autres polygones impairs en diminue la beauté ; mais ils soutiennent toujours que, tout étant égal d'ailleurs, une figure régulière à vingt côtés surpasse en beauté celle qui n'en a que douze ; que celle-ci l'emporte sur celle qui n'en a que huit, et cette dernière sur le quarré. Ils font le même raisonnement sur les surfaces et sur les solides. De tous les solides réguliers, celui qui a le plus grand nombre de surfaces est pour eux le plus beau ; et ils pensent que la beauté de ces corps va toujours en décroissant jusqu'à la pyramide régulière.

Mais si, entre les objets également uniformes, les plus variés sont les plus beaux ; selon eux, réciproquement entre les objets également variés, les plus beaux seront les plus uniformes : ainsi le triangle équilatéral ou même isocèle est plus beau que le scalène ; le quarré plus beau que le rhombe ou losange. C'est le même raisonnement pour les corps solides réguliers, et en général pour tous ceux qui ont quelque uniformité, comme les cylindres, les prismes, les obélisques, etc. Et il faut convenir avec eux que ces corps plaisent certainement plus à la vue que des figures grossières, où l'on n'apperçoit ni uniformité, ni symmétrie, ni unité.

Pour avoir des raisons composées du rapport de l'uniformité et de la variété, ils comparent les cercles et les sphères avec les ellipses et les sphéroïdes plus excentriques ; et ils prétendent que la parfaite uniformité des uns est compensée par la variété des autres, et que leur beauté est à-peu-près égale.

Le beau, dans les ouvrages de la nature, a le même fondement, selon eux. Soit que vous envisagiez, disent-ils, les formes des corps célestes, leurs révolutions, leurs aspects ; soit que vous descendiez des cieux sur la terre, et que vous consideriez les plantes qui la couvrent, les couleurs dont les fleurs sont peintes, la structure des animaux, leurs espèces, leurs mouvemens, la proportion de leurs parties, le rapport de leur mécanisme à leur bien-être; soit que vous vous élanciez dans les airs, et que vous examiniez les oiseaux et les météores; ou que vous vous plongiez dans les eaux, et que vous compariez entre eux les poissons; vous rencontrerez par-tout l'uniformité dans la variété; par-tout vous verrez ces qualités compensées dans les êtres également beaux, et la raison composée des deux, inégale dans les êtres de beauté inégale : en un mot, s'il est permis de parler encore la langue des géomètres, vous verrez dans les entrailles de la terre, au fond des mers, au haut de l'atmosphère, dans la nature entière et dans chacune de ses parties, l'uniformité dans la variété, et la beauté toujours en raison composée de ces deux qualités.

Ils traitent ensuite de la beauté des arts, dont on ne peut regarder les productions comme une véritable imitation, telle que l'architecture, les arts mécaniques, et l'harmonie naturelle; ils font tous leurs efforts pour les assujettir à leur loi de l'uniformité dans la variété; et si leur preuve pèche, ce n'est pas par le défaut de l'énumération; ils descendent depuis le palais le plus magnifique jusqu'au plus petit édifice, depuis l'ouvrage le plus précieux jusqu'aux bagatelles, montrant le caprice par-tout où manque l'uniformité, et l'insipidité où manque la variété.

Mais il est une classe d'êtres fort différens des

précédens, dont les sectateurs d'Hutcheson sont embarrassés ; car on y reconnoît de la beauté ; et cependant la règle de l'uniformité dans la variété ne leur est pas applicable : ce sont les démonstrations des vérités abstraites et universelles. Si un théorême contient une infinité de vérités particulières qui n'en sont que le développement, ce théorême n'est proprement que le corollaire d'un axiome d'où découle une infinité d'autres théorêmes ; cependant on dit : voilà un *beau théorême* ; et l'on ne dit pas : voilà un *bel axiome*.

Nous donnerons plus bas la solution de cette difficulté dans d'autres principes. Passons à l'examen du *beau relatif*, de ce beau qu'on apperçoit dans un objet considéré comme l'imitation d'un original, selon ceux d'Hutcheson et de ses sectateurs.

Cette partie de son système n'a rien de particulier. Selon cet auteur, et selon tout le monde, ce beau ne peut consister que dans la conformité qui se trouve entre le modèle et la copie.

D'où il s'ensuit que, pour le *beau relatif*, il n'est pas nécessaire qu'il y ait aucune beauté dans l'original. Les forêts, les montagnes, les précipices, le chaos, les rides de la vieillesse, la pâleur de la mort, les effets de la maladie, plaisent en peinture ; ils plaisent aussi en poésie : ce qu'Aristote appelle un caractère moral, n'est point celui d'un homme vertueux ; et ce qu'on entend par *fabula benè morata*, n'est autre chose qu'un poëme épique ou dramatique, où les actions, les sentimens et les discours sont d'accord avec les caractères bons ou mauvais.

Cependant on ne peut nier que la peinture d'un objet qui aura quelque *beauté absolue*, ne plaise ordinairement davantage que celle d'un objet qui n'aura point ce beau. La seule exception qu'il y ait peut-être à cette règle, c'est le cas où la conformité de la peinture avec l'état du spectateur gagnant tout ce qu'on ôte à la *beauté absolue* du modèle, la peinture en devient d'autant plus intéressante ; cet intérêt qui naît de l'imperfection, est la raison pour laquelle on a voulu que le héros d'un poëme épique ou héroïque ne fût point sans défaut.

La plupart des autres beautés de la poésie et de l'éloquence suivent la loi du *beau relatif*. La conformité avec le vrai rend les comparaisons, les métaphores, les allégories belles, lors même qu'il n'y a aucune *beauté absolue* dans les objets qu'elles représentent.

Hutcheson insiste ici sur le penchant que nous avons à la comparaison. Voici, selon lui, quelle en est l'origine. Les passions produisent presque toujours dans les animaux les mêmes mouvemens qu'en nous ; et les objets inanimés de la nature ont souvent des positions qui ressemblent aux attitudes du corps humain dans certains états de l'ame. Il n'en a pas fallu davantage, ajoute l'auteur que nous analysons, pour rendre le lion symbole de la fureur, le tigre celui de la cruauté ; un chêne droit, et dont la cime orgueilleuse s'élève jusques dans la nue, l'emblême de l'audace ; les mouvemens d'une mer agitée, la peinture de l'agitation de la colère ; et la molesse de la tige d'un pavot, dont quelques gouttes de pluie ont fait pencher la tête, l'image d'un moribond.

Tel est le système de Hutcheson, qui paroîtra sans-doute plus singulier que vrai. Nous ne pouvons cependant trop recommander la lecture de son ouvrage, sur-tout dans l'original ; on y trouvera grand nombre d'observations délicates sur la manière d'atteindre la perfection dans la pratique des beaux-arts. Nous allons maintenant exposer les idées du Père André, jésuite. *Son essai sur le beau* est le système le plus suivi, le plus étendu et le mieux lié que je connoisse. J'oserois assurer qu'il est dans son genre ce que le traité des *beaux-arts réduits à un seul principe* est dans le sien. Ce sont deux bons ouvrages, auxquels il n'a manqué qu'un chapitre pour être excellens ; et il en faut savoir d'autant plus mauvais gré à ces deux auteurs de l'avoir omis. M. l'abbé Batteux rappelle tous les principes des beaux-arts à l'imitation de la belle nature. Le Père André distribue, avec beaucoup de sagacité et de philosophie, le beau en général dans ses différentes espèces ; il les définit toutes avec précision : mais on ne trouve la définition du genre, celle du beau en général, dans aucun endroit de son livre, à-moins qu'il ne le fasse consister dans l'unité, comme saint Augustin. Il parle sans cesse d'ordre, de proportion, d'harmonie, etc. ; mais il ne dit pas un mot de l'origine de ces idées.

Le Père André distingue les notions générales de l'esprit pur, qui nous donnent les règles éternelles du beau ; les jugemens naturels de l'ame, où le sentiment se mêle avec les idées purement spirituelles, mais sans les détruire ; et les préjugés de l'éducation et de la coutume, qui semblent quelquefois les renverser les uns et les autres. Il distribue son ouvrage en quatre chapitres. Le premier est du *beau visible ;* le second, du *beau dans les mœurs ;* le troisième, du *beau dans les ouvrages d'esprit ;* et le quatrième, *du beau musical.*

Il agite trois questions sur chacun de ces objets ; il prétend qu'on y découvre un *beau essentiel,* absolu, indépendant de toute institution, même divine ; un *beau naturel* dépendant de l'institution du créateur, mais indépendant de nos opinions et de nos goûts ; un *beau artificiel,* et en quelque sorte arbitraire, mais toujours avec quelque dépendance des loix éternelles.

Il fait consister le *beau essentiel* dans la régularité, l'ordre, la proportion, la symmétrie, observés dans les êtres de la nature ; le *beau artificiel*, dans la régularité, l'ordre, la symmétrie, les proportions, observés dans nos productions mécaniques, nos parures, nos bâtimens, nos jardins. Il remarque que ce dernier beau est mêlé d'arbitraire et d'absolu. En architecture, par exemple, il apperçoit deux sortes de règles : les unes qui découlent de la notion indépendante de nous, du *beau original et essentiel*, et qui exigent indispensablement la perpendicularité des colonnes, le parallélisme des étages, la symmétrie des membres, le dégagement et l'élégance du dessein, et l'unité dans le tout ; les autres qui sont fondées sur des observations particulières, que les maîtres ont faites en divers temps, et par lesquelles ils ont déterminé les proportions des parties dans les cinq ordres d'architecture : c'est en conséquence de ces règles que dans le toscan la hauteur de la colonne contient sept fois le diamètre de sa base, dans le dorique huit fois, neuf dans l'ionique, dix dans le corinthien, et dans le composite autant ; que les colonnes ont un renflement depuis leur naissance jusqu'au tiers du fût ; que dans les deux autres tiers elles diminuent peu-à-peu en fuyant le chapiteau : que les entre-colonnemens sont au-plus de huit modules, et au-moins de trois ; que la hauteur des portiques, des arcades des portes et des fenêtres, est double de leur largeur.

Ces règles, n'étant fondées que sur des observations à l'œil, et sur des exemples équivoques, sont toujours un peu incertaines, et ne sont pas tout-à-fait indispensables. Aussi voyons-nous quelquefois que les grands architectes se mettent au-dessus d'elles, y ajoutent, en rabattent, et en imaginent de nouvelles selon les circonstances.

Voilà donc, dans les productions des arts, un *beau essentiel*, un *beau de création humaine*, et un *beau de systéme* : un *beau essentiel* qui consiste dans l'ordre ; un *beau de création humaine*, qui consiste dans l'application libre et dépendante de l'artiste des loix de l'ordre, ou, pour parler plus clairement, dans le choix de tel ordre ; et un *beau de systéme*, qui naît des observations, et qui donne des variétés même entre les plus savans artistes, mais jamais au préjudice du *beau essentiel*, qui est une barrière qu'on ne doit jamais franchir. *Hic murus aheneus esto*. S'il est arrivé quelquefois aux grands maîtres de se laisser emporter par leur génie au-delà de cette barrière ; c'est dans les occasions rares où ils ont prévu que cet écart ajouteroit plus à la beauté qu'il ne lui ôteroit : mais ils n'en ont pas moins fait une faute qu'on peut leur reprocher.

Le *beau arbitraire* se sous-divise, selon le même auteur, en un *beau de génie*, un *beau de goût*, et un *beau de pur caprice* : un *beau de génie*, fondé sur la connoissance du *beau essen-*

tiel, qui donne des règles inviolables; un *beau de goût*, fondé sur la connoissance des ouvrages de la nature et des productions des grands maîtres, qui dirige dans l'application et l'emploi du *beau essentiel;* un *beau de caprice*, qui, n'étant fondé sur rien, ne doit être admis nulle part.

Que devient le système de Lucrèce et des pyrrhoniens dans le système du Père André? Que reste-t-il d'abandonné à l'arbitraire? presque rien: aussi, pour toute réponse à l'objection de ceux qui prétendent que la beauté est d'éducation et de préjugé, il se contente de développer la source de leur erreur. Voici, dit-il, comment ils ont raisonné; ils ont cherché dans les meilleurs ouvrages des exemples du *beau de caprice*; et ils n'ont pas eu de peine à y en rencontrer, et à démontrer que le *beau* qu'on y reconnoissoit étoit de caprice : ils ont pris des exemples du *beau de goût;* et ils ont très-bien démontré qu'il y avoit aussi de l'arbitraire dans ce *beau;* et sans aller plus loin, ni s'appercevoir que leur énumération étoit incomplette, ils ont conclu que tout ce qu'on appelle *beau* étoit arbitraire et de caprice : mais on conçoit aisément que leur conclusion n'étoit juste que par rapport à la troisième branche du *beau artificiel;* et que leur raisonnement n'attaquoit ni les deux autres branches de ce *beau*, ni le *beau naturel*, ni le *beau essentiel.*

Le Père André passe ensuite à l'application de

ses principes aux mœurs, aux ouvrages d'esprit et à la musique ; et il démontre qu'il y a dans ces trois objets du *beau* un *beau essentiel*, absolu et indépendant de toute institution, même divine, qui fait qu'une chose est une; un *beau naturel* dépendant de l'institution du créateur mais indépendant de nous; un *beau arbitraire* dépendant de nous, mais sans préjudice du *beau essentiel*.

Un *beau essentiel* dans les mœurs, dans les ouvrages d'esprit, et dans la musique, fondé sur l'ordonnance, la régularité, la proportion, la justesse, la décence, l'accord, qui se remarquent dans une *belle action*, une *bonne pièce*, un *beau concert*, et qui font que les productions morales, intellectuelles et harmoniques sont *unes*.

Un *beau naturel* qui n'est autre chose dans les mœurs que l'observation du *beau essentiel* dans notre conduite, relative à ce que nous sommes entre les êtres de la nature; dans les ouvrages d'esprit, que l'imitation et la peinture fidelle des productions de la nature en tout genre; dans l'harmonie, qu'une soumission aux loix que la nature a introduites dans les corps sonores, leur résonnance et la conformation de l'oreille.

Un *beau artificiel*, qui consiste, dans les mœurs, à se conformer aux usages de sa nation, au génie de ses concitoyens, à leurs loix; dans les ouvrages d'esprit, à respecter les règles du discours à connoître la langue, et à suivre le goût dominant; dans la musique, à insérer à propos la dissonnance, à conformer ses productions aux mouvemens et aux intervalles reçus.

D'où il s'ensuit que, selon le Père André, le *beau essentiel* et la vérité ne se montrent nulle part avec tant de profusion que dans l'univers; le *beau moral* que dans le philosophe chrétien; et le *beau intellectuel* que dans une tragédie accompagnée de musique et de décorations.

L'auteur qui nous a donné l'*Essai sur le mérite et la vertu*, rejette toutes ces distinctions du *beau*, et prétend avec beaucoup d'autres, qu'il n'y a qu'un *beau*, dont l'utile est le fondement: ainsi, tout ce qui est ordonné de manière à produire le plus parfaitement l'effet qu'on se propose, est suprêmement *beau*. Si vous lui demandez qu'est-ce qu'un *bel homme*, il vous répondra que c'est celui dont les membres bien proportionnés conspirent de la façon la plus avantageuse à l'accomplissement des fonctions animales de l'homme. Voyez *l'Essai sur le mérite et la vertu*, page 44. L'homme, la femme, le cheval, et les autres animaux, continuera-t-il, occupent un rang dans la nature: or, dans la nature ce rang détermine les devoirs à remplir; les devoirs déterminent l'organisation; et l'organisation est plus ou moins parfaite ou belle, selon le plus ou le moins de facilité que l'animal en reçoit pour vaquer à ses fonctions. Mais cette facilité n'est pas arbitraire, ni par conséquent les formes qui la constituent, ni la beauté qui dépend de ces formes. Puis descendant de-là aux objets les plus communs, aux chaises, aux tables, aux portes, etc. il tâchera de vous prouver que la forme de ces objets ne nous plaît qu'à proportion de ce qu'elle convient mieux à l'usage auquel on les destine : et si nous changeons si souvent de mode, c'est-à dire, si nous sommes si peu constans dans le goût pour les formes que nous leur donnons; c'est, dira-t-il, que cette conformation, la plus parfaite relativement à l'usage, est très-difficile à rencontrer; c'est qu'il y a là une espèce de *maximum* qui échappe à toutes les finesses de la géométrie naturelle et artificielle, et autour duquel nous tournons sans cesse; nous nous appercevons à merveille quand nous en approchons et quand nous l'avons passé; mais nous ne sommes jamais sûrs de l'avoir atteint. De là, cette révolution perpétuelle dans les formes; ou nous les abandonnons pour d'autres, ou nous disputons sans fin sur celles que nous conservons. D'ailleurs ce point n'est pas partout au même endroit; ce *maximum* a dans mille occasions des limites plus étendues ou plus étroites: quelques exemples suffiront pour éclaircir sa pensée. Tous les hommes, ajoutera-t-il, ne sont pas capables de la même attention, n'ont pas la même force d'esprit ; ils sont tous plus ou moins patiens, plus ou moins instruits, etc. Que produira cette diversité ? c'est qu'un spectacle composé d'académiciens trouvera l'intrigue d'*Héraclius* admirable, et que le peuple la traitera d'embrouillée ; c'est que les uns restreindront l'étendue d'une comédie à trois actes, et les autres prétendront qu'on peut l'étendre à sept ; et ainsi du reste. Avec quelque vraisemblance que ce système soit exposé, il ne m'est pas possible de l'admettre.

Je conviens, avec l'auteur, qu'il se mêle dans tous nos jugemens un coup-d'œil délicat sur ce que nous sommes, un retour imperceptible vers nous-mêmes, et qu'il y a mille occasions où nous croyons n'être enchantés que par les belles formes, et où elles sont en effet la cause principale, mais non la seule, de notre admiration : je conviens que cette admiration n'est pas toujours aussi pure que nous l'imaginons ; mais comme il ne faut qu'un fait pour renverser un système, nous sommes contraints d'abandonner celui de l'auteur que nous venons de citer, quelque attachement que nous ayons eu jadis pour ses idées ; et voici nos raisons.

Il n'est personne qui n'ait éprouvé que notre attention se porte principalement sur la similitude des parties, dans les choses mêmes où cette similitude ne contribue point à l'utilité : pourvu que les pieds d'une chaise soient égaux et solides, qu'importe qu'ils aient la même figure ? ils peuvent différer en ce point, sans être moins utiles. L'un pourra donc être droit, et l'autre en pied de biche ; l'un courbe en dehors, et l'autre en dedans. Si l'on fait une porte en forme de bière, sa forme paroîtra peut-être mieux assortie à la figure de l'homme qu'aucune des formes qu'on suit. De quelle utilité sont en architecture les imitations de la nature et de ses productions ? A quelle fin placer une colonne et des guirlandes où il ne faudroit qu'un poteau de bois ou qu'un massif de pierre ? A quoi bon ces cariatides ? Une colonne est-elle destinée à faire la fonction d'un homme ; ou un homme a-t-il jamais été destiné à faire l'office d'une colonne dans l'angle d'un vestibule ? Pourquoi imite-t-on dans les entablemens des objets naturels ? Qu'importe que ces imitations soient bien ou mal observées ? Si l'utilité est le seul fondement de la *beauté*, les bas-reliefs, les cannelures, les vases, et en général tous les ornemens deviennent ridicules ou superflus.

Mais le goût de l'imitation se fait sentir dans les choses, dont le but unique est de plaire ; et nous admirons souvent des formes, sans que la notion de l'utile nous y porte. Quand le propriétaire d'un cheval ne le trouveroit jamais beau que quand il compare la forme de cet animal au service qu'il prétend en tirer, il n'en est pas de même du passant à qui il n'appartient pas. Enfin, on discerne tous les jours de la *beauté* dans des fleurs, des plantes et mille ouvrages de la nature dont l'usage nous est inconnu.

Je sais qu'il n'y a aucune des difficultés que je viens de proposer contre le système que je combats, à laquelle on ne puisse répondre ; mais je pense que ces réponses seroient plus subtiles que solides.

Il suit, de ce qui précède, que Platon s'étant moins proposé d'enseigner la vérité à ses disciples, que de désabuser ses concitoyens sur le compte des sophistes, nous offre dans ses ouvrages, à chaque ligne, des exemples du *beau*, nous montre très-bien ce que ce n'est point, mais ne nous dit rien de ce que c'est.

Que saint Augustin a réduit toute *beauté* à l'unité ou au rapport exact des parties d'un tout entre elles, et au rapport exact des parties d'une partie considérée comme tout, et ainsi à l'infini ; ce qui me semble constituer plutôt l'essence du parfait que du *beau*.

Que M. Wolf a confondu le *beau* avec le plaisir qu'il occasionne, et avec la perfection ; quoiqu'il y ait des êtres qui plaisent sans être *beaux*, d'autres qui sont *beaux* sans plaire ; que tout être soit susceptible de la dernière perfection, et qu'il y en ait qui ne sont pas susceptibles de la moindre *beauté* : tels sont tous les objets de l'odorat et du goût, considérés relativement à ce sens.

Que M. Crouzas, en chargeant sa définition du *beau*, ne s'est pas apperçu que plus il multiplioit les caractères du *beau*, plus il le particularisoit ; et que s'étant proposé de traiter du *beau* en général, il a commencé par en donner une notion, qui n'est applicable qu'à quelques espèces de *beaux* particuliers.

Que Hutcheson, qui s'est proposé deux objets ; le premier, d'expliquer l'origine du plaisir que nous éprouvons à la présence du *beau* ; et le second, de rechercher les qualités que doit avoir un être pour occasionner en nous ce plaisir individuel, et par conséquent nous paroître *beau*, a moins prouvé la *réalité de son sixième sens*, que fait sentir la difficulté de développer sans ce secours la source du plaisir que nous donne le *beau* ; et que son principe de *l'uniformité dans la variété* n'est pas général ; qu'il en fait aux figures de la géométrie une application plus subtile que vraie ; et que ce principe ne s'applique point du tout à une autre sorte de *beau*, celui des démonstrations des vérités abstraites et universelles.

Que le système proposé dans l'*Essai sur le*

mérite et sur la vertu, où l'on prend l'utile pour le seul et unique fondement du *beau*, est plus défectueux encore qu'aucun des précédens.

Enfin, que le Père André, jésuite, ou l'auteur de l'*Essai sur le beau*, est celui qui, jusqu'à-présent, a le mieux approfondi cette matière, et en a le mieux connu l'étendue et la difficulté, en a posé les principes les plus vrais et les plus solides, et mérite le plus d'être lu.

La seule chose qu'on pût désirer peut-être dans son ouvrage, c'étoit de développer l'origine des notions qui se trouvent en nous de rapport, d'ordre, de symmétrie; car du ton sublime dont il parle de ces notions, on ne sait s'il les croit acquises et factices, ou s'il les croit innées : mais il faut ajouter en sa faveur que la manière de son ouvrage, plus oratoire encore que philosophique, l'éloignoit de cette discussion, dans laquelle nous allons entrer.

Nous naissons avec la faculté de sentir et de penser : le premier pas de la faculté de penser, c'est d'examiner ses perceptions, de les unir, de les comparer, de les combiner, d'appercevoir entre elles des rapports de convenance et de disconvenance, etc. Nous naissons avec des besoins qui nous contraignent de recourir à différens expédiens, entre lesquels nous avons été souvent convaincus, par l'effet que nous en attendions, et par celui qu'ils produisoient, qu'il y en a de bons, de mauvais ; de prompts, de courts ; de complets, d'incomplets, etc. La plupart de ces expédiens étoient un outil, une machine, ou quelque autre invention de ce genre ; mais toute machine suppose combinaison, arrangement de parties tendantes à un même but, etc. Voilà donc nos besoins, et l'exercice le plus immédiat de nos facultés, qui conspirent aussi-tôt que nous naissons, à nous donner des idées d'ordre, d'arrangement, de symmétrie, de mécanisme, de proportion, d'unité : toutes ces idées viennent des sens, et sont factices ; et nous avons passé de la notion d'une multitude d'êtres artificiels et naturels, arrangés, proportionnés, combinés, symmétrisés, à la notion positive et abstraite d'ordre, d'arrangement, de proportion, de combinaison, de rapports, de symmétrie, et à la notion abstraite et négative de disproportion, de désordre et de chaos.

Ces notions sont expérimentales comme toutes les autres ; elles nous sont aussi venues par les sens ; il n'y auroit point de Dieu, que nous ne les aurions pas moins : elles ont précédé de long-temps en nous celle de son existence ; elles sont aussi positives, aussi distinctes, aussi nettes, aussi réelles que celles de longueur, largeur, profondeur, quantité, nombre : comme elles ont leur origine dans nos besoins et l'exercice de nos facultés, y eût-il sur la surface de la terre quelque peuple, dans la langue duquel ces idées n'auroient point de nom, elles n'en existeroient pas moins dans les esprits d'une manière plus ou moins étendue, plus ou moins développée, fondée sur un plus ou moins grand nombre d'expériences, appliquée à un plus ou moins grand nombre d'êtres; car voilà toute la différence qu'il peut y avoir entre un peuple et un autre peuple, entre un homme et un autre homme chez le même peuple; et quelles que soient les expressions sublimes dont on se serve pour désigner les notions abstraites d'ordre, de proportion, de rapports, d'harmonie; qu'on les appelle, si l'on veut, *éternelles, originales, souveraines, règles essentielles du beau*; elles ont passé par nos sens pour arriver dans notre entendement, de même que les notions les plus viles; et ce ne sont que des abstractions de notre esprit.

Mais à-peine l'exercice de nos facultés intellectuelles, et la nécessité de pourvoir à nos besoins par des inventions, des machines, etc., eurent-ils ébauché dans notre entendement les notions d'ordre, de rapports, de proportion, de liaison, d'arrangement, de symmétrie, que nous nous trouvâmes environnés d'êtres, où les mêmes notions étoient, pour ainsi dire, répétées à l'infini; nous ne pûmes faire un pas dans l'univers,

·Mathématiques. S

sans que quelque production ne les réveillât; elles entrèrent dans notre ame à tout instant et de tous côtés : tout ce qui se passoit en nous ; tout ce qui existoit hors de nous ; tout ce qui subsistoit des siècles écoulés ; tout ce que l'industrie, la réflexion, les découvertes de nos contemporains produisoient sous nos yeux, continuoit de nous inculquer les notions d'ordre, de rapports, d'arrangement, de symmétrie, de convenance, de disconvenance, etc. : et il n'y a pas une notion, si ce n'est peut-être celle d'existence, qui ait pu devenir aussi familière aux hommes que celle dont il s'agit.

S'il entre donc dans la notion du *beau*, soit *absolu*, soit *relatif*, soit *général*, soit *particulier*, que les notions d'ordre, de rapports, de proportions, d'arrangement, de symmétrie, de convenance, de disconvenance, ces notions ne découlant point d'une autre source que celles d'existence, de nombre, de longueur, largeur, profondeur, et une infinité d'autres, sur lesquelles on ne conteste point ; on peut, ce me semble, employer les premières dans une définition du *beau*, sans être accusé de susbtituer un terme à la place d'un autre, et de tourner dans un cercle vicieux.

Beau est un terme que nous appliquons à une infinité d'êtres : mais quelque différence qu'il y ait entre ces êtres, il faut ou que nous fassions une fausse application du terme *beau*, ou qu'il y ait dans tous ces êtres une qualité dont le terme *beau* soit le signe.

Cette qualité ne peut être du nombre de celles qui constituent leur différence spécifique ; car ou il n'y auroit qu'un seul être *beau*, ou tout au plus qu'une seule espèce d'êtres.

Mais, entre les qualités communes à tous les êtres que nous appelons *beaux*, laquelle choisirons-nous pour la chose dont le terme *beau* est le signe ? Laquelle ? Il est évident, ce me semble, que ce ne peut être que celle dont la présence les rend tous *beaux* ; dont la fréquence ou la rareté, si elle est susceptible de fréquence et de rareté, les rend plus ou moins *beaux* ; dont l'absence les fait cesser d'être *beaux* ; qui ne peut changer de nature sans faire changer le *beau* d'espèce, et dont la qualité contraire rendroit les plus *beaux* désagréables et laids ; celle, en un mot, par qui la beauté commence, augmente, varie à l'infini, décline et disparoît : or, il n'y a que la notion de *rapports* capable de ces effets.

J'appelle donc *beau* hors de moi, tout ce qui contient en soi de quoi réveiller dans mon entendement l'idée de rapports ; et *beau* par rapport à moi, tout ce qui réveille cette idée.

Quand je dis *tout*, j'en excepte pourtant les qualités relatives au goût et à l'odorat ; quoique ces qualités puissent réveiller en nous l'idée de rapports, on n'appelle point *beaux* les objets en qui elles résident, quand on ne les considère que relativement à ces qualités. On dit *un mets excellent, une odeur délicieuse*; mais non *un beau mets, une belle odeur*. Lors donc qu'on dit, *voilà un beau turbot, voilà une belle rose*, on considère d'autres qualités dans la rose et dans le turbot que celles qui sont relatives au sens du goût et de l'odorat.

Quand je dis : *tout ce qui contient en soi de quoi réveiller dans mon entendement l'idée de rapports*, ou *tout ce qui réveille cette idée*, c'est qu'il faut bien distinguer les formes qui sont dans les objets, et la notion que j'en ai. Mon entendement ne met rien dans les choses, et n'en ôte rien. Que je pense ou ne pense point à la façade du Louvre, toutes les parties qui la composent n'en ont pas moins telle ou telle forme, et tel ou tel arrangement entre elles : qu'il y eût des hommes ou qu'il n'y en eût point, elle n'en seroit pas moins belle; mais seulement pour des êtres possibles constitués de corps et d'esprit comme nous ; car pour d'autres elle pourroit n'être ni *belle* ni *laide*, ou même être *laide*. D'où il s'ensuit que, quoiqu'il n'y ait point de *beau absolu*, il y a deux sortes de *beau* par rapport à nous; un *beau réel*, et un *beau apperçu*.

Quand je dis : *tout ce qui réveille en nous l'idée de rapports*, je n'entends pas que, pour appeler un être beau, il faille apprécier quelle est la sorte de rapports qui y régne; je n'exige pas que celui qui voit un morceau d'architecture soit en état d'assurer ce que l'architecte même peut ignorer, que cette partie est à celle-là comme tel nombre est à tel nombre ; ou que celui qui entend un concert, sache plus quelquefois que ne sait le musicien, que tel son est à tel son dans le rapport de 2 à 4, ou de 4 à 5. Il suffit qu'il apperçoive et sente que les membres de cette architecture, et que les sons de cette pièce de musique ont des rapports, soit entre eux, soit avec d'autres objets. C'est l'indétermination de ces rapports, la facilité de les saisir, et le plaisir qui accompagne leur perception, qui a fait imaginer que le *beau* étoit plutôt une affaire de sentiment que de raison. J'ose assurer que, toutes les fois qu'un principe nous sera connu dès la plus tendre enfance, et que nous en ferons par habitude une application facile et subite aux objets placés hors de nous, nous croirons en juger par sentiment ; mais nous serons contraints d'avouer notre erreur dans toutes les occasions où la complication des rapports et la nouveauté de l'objet suspendront l'application du principe : alors le plaisir attendra pour se faire sentir que l'entendement ait prononcé que l'objet est *beau*. D'ailleurs le jugement en pareil cas est presque toujours du *beau relatif*, et non du *beau réel*.

Ou l'on considère les rapports dans les mœurs,

et l'on a le *beau moral;* ou on les considère dans les ouvrages de littérature, et on a le *beau littéraire;* ou on les considère dans les pièces de musique, et l'on a le *beau musical;* ou on les considère dans les ouvrages de la nature, et l'on a le *beau naturel;* ou on les considère dans les ouvrages mécaniques des hommes, et on a le *beau artificiel;* ou on les considère dans les représentations des ouvrages de l'art ou de la nature, et l'on a le *beau d'imitation.* Dans quelque objet, et sous quelque aspect que vous considériez les rapports dans un même objet, le *beau* prendra différens noms.

Mais un même objet, quel qu'il soit, peut être considéré solitairement et en lui-même, ou relativement à d'autres. Quand je prononce d'une fleur, qu'elle est belle; ou d'un poisson, qu'il est beau; qu'entends-je ? Si je considère cette fleur ou ce poisson solitairement, je n'entends pas autre chose, sinon que j'apperçois entre les parties dont ils sont composés, de l'ordre, de l'arrangement, de la symmétrie, des rapports (car tous ces mots ne désignent que différentes manières d'envisager les rapports mêmes); en ce sens toute fleur est belle, tout poisson est beau; mais de quel beau ? de celui que j'appelle *beau réel.*

Si je considère la fleur et le poisson relativement à d'autres fleurs et à d'autres poissons; quand je dis qu'ils sont beaux, cela signifie qu'entre les êtres de leur genre, qu'entre les fleurs, celle-ci, qu'entre les poissons, celui-là, réveillent en moi le plus d'idées de rapports, et le plus de certains rapports ; car je ne tarderai pas à faire voir que, tous les rapports n'étant pas de la même nature, ils contribuent plus ou moins les uns que les autres à la *beauté*. Mais je puis assurer que sous cette nouvelle façon de considérer les objets, il y a *beau* et *laid* ; mais quel *beau*, quel *laid* ? celui qu'on appelle *relatif*.

Si, au-lieu de prendre une fleur ou un poisson, on généralise, et qu'on prenne une plante ou un animal ; si on particularise, et qu'on prenne une rose et un turbot, on en tirera toujours la distinction du *beau relatif* et du *beau réel*.

D'où l'on voit qu'il y a plusieurs *beaux relatifs*, et qu'une tulipe peut être belle ou laide entre les tulipes, belle ou laide entre les fleurs, belle ou laide entre les plantes, belle ou laide entre les productions de la nature.

Mais on conçoit qu'il faut avoir vu bien des roses et bien des turbots, pour prononcer que ceux-ci sont *beaux* ou *laids* entre les roses et les turbots ; bien des plantes et bien des poissons, pour prononcer que la rose et le turbot sont *beaux* ou *laids* entre les plantes et les poissons ; et qu'il faut avoir une grande connoissance de la nature, pour prononcer qu'ils sont *beaux* ou *laids* entre les productions de la nature.

Qu'est-ce donc qu'on entend, quand on dit à un artiste: *Imitez la belle nature ?* Ou l'on ne sait ce que l'on commande, ou on lui dit : Si vous avez à peindre une fleur, et qu'il vous soit d'ailleurs indifférent laquelle peindre, prenez la plus belle d'entre les fleurs ; si vous avez à peindre une plante, et que votre sujet ne demande point que ce soit un chêne ou un ormeau sec, rompu, brisé, ébranché, prenez la plus belle d'entre les plantes ; si vous avez à peindre un objet de la nature, et qu'il vous soit indifférent lequel choisir, prenez le plus *beau*.

D'où il s'ensuit, 1°. que le principe de l'imitation de la belle nature demande l'étude la plus profonde et la plus étendue de ses productions en tout genre.

2.° Que, quand on auroit la connoissance la plus parfaite de la nature, et des limites qu'elle s'est prescrites dans la production de chaque être, il n'en seroit pas pas moins vrai que le nombre des occasions, où le plus *beau* pourroit être employé dans les arts d'imitation, seroit à celui où il faut préférer le moins *beau*, comme l'unité est à l'infini.

3°. Que, quoiqu'il y ait en effet un *maximum* de *beauté* dans chaque ouvrage de la nature considéré en lui-même ; ou, pour me servir d'un exemple, que, quoique la plus belle rose qu'elle produise n'ait jamais ni la hauteur, ni l'étendue d'un chêne; cependant il n'y a ni *beau* ni *laid* dans ses productions, considérées relativement à l'emploi qu'on en peut faire dans les arts d'imitation.

Selon la nature d'un être, selon qu'il excite en nous la perception d'un plus grand nombre de rapports, et selon la nature des rapports qu'il excite, il est *joli, beau, plus beau, très-beau*, ou *laid; bas, petit, grand, élevé, sublime; outré, burlesque* ou *plaisant;* et ce seroit faire un très-grand ouvrage que d'entrer dans tous ces détails: il nous suffit d'avoir montré les principes; nous abandonnons au lecteur le soin des conséquences et des applications. Mais nous pouvons lui assurer que, soit qu'il prenne ses exemples dans la nature, ou qu'il les emprunte de la peinture, de la morale, de l'architecture, de la musique, il trouvera toujours qu'il donne le nom de *beau réel* à tout ce qui contient en soi de quoi réveiller l'idée de rapports; et le nom de *beau relatif* à tout ce qui réveille les rapports convenables avec les choses auxquelles il en faut faire la comparaison.

Je me contenterai d'en rapporter un exemple, pris de la littérature. Tout le monde sait le mot sublime de la tragédie des Horaces, *qu'il mourût*. Je demande à quelqu'un qui ne connoît point la pièce de Corneille, et qui n'a aucune idée de la réponse du vieil Horace, ce qu'il pense de ce trait, *qu'il mourût?* Il est évident que celui que j'interroge ne sachant ce que c'est que ce *qu'il mourût*, ne pouvant deviner si c'est une phrase complette ou un fragment, et appercevant à-peine entre ces trois termes quelque rapport grammatical, me répondra que cela ne lui paroît ni *beau* ni *laid*. Mais, si je lui dis que c'est la réponse d'un homme consulté sur ce qu'un autre doit faire dans un combat; il commence à appercevoir dans le répondant une sorte de courage, qui ne lui permet pas de croire qu'il soit toujours meilleur de vivre que de mourir; et le *qu'il mourût* commence à l'intéresser. Si j'ajoute qu'il s'agit dans ce combat de l'honneur de la patrie; que le combattant est fils de celui qu'on interroge; que c'est le seul qui lui reste; que le jeune homme avoit affaire à trois ennemis, qui avoient déjà ôté la vie à deux de ses frères; que le vieillard parle à sa fille; que c'est un romain : alors la réponse *qu'il mourût*, qui n'étoit ni belle ni laide, s'embellit à mesure que je développe ses rapports avec les circonstances, et finit par être sublime.

Changez les circonstances et les rapports; et faites passer le *qu'il mourût* du théâtre françois sur la scène italienne, et de la bouche du vieil Horace dans celle de Scapin; le *qu'il mourût* deviendra *burlesque*.

Changez encore les circonstances; et supposez que Scapin soit au service d'un maître dur, avare et bourru; et qu'ils soient attaqués sur un grand chemin par trois ou quatre brigands : Scapin s'enfuit ; son maître se défend ; mais pressé par le nombre il est obligé de s'enfuir aussi ; et l'on vient apprendre à Scapin que son maître a échappé au danger. Comment, dira Scapin trompé dans son attente ! il s'est donc enfui ! ah ! le lâche ! *Mais*, lui repondra-t-on, *seul contre trois, que voulois-tu qu'il fît ? qu'il mourût*, répondra-t-il ; et ce *qu'il mourût* deviendra *plaisant*. Il est donc constant que la *beauté* commence, s'accroît, varie, décline et disparoît avec les rapports, ainsi que nous l'avons dit plus haut.

Mais qu'entendez-vous par un *rapport*, me demandera-t-on ? N'est-ce pas changer l'acception des termes, que de donner le nom de *beau* à ce qu'on n'a jamais regardé comme tel ? Il semble que, dans notre langue, l'idée de *beau* soit toujours jointe à celle de grandeur ; et que ce ne soit pas définir le *beau*, que de placer sa différence spécifique dans une qualité qui convient à une infinité d'êtres qui n'ont ni grandeur ni sublimité. M. Crouzas a péché sans doute, lorsqu'l a chargé sa définition du *beau* d'un si grand nombre de caractères, qu'elle s'est trouvée restreinte à un très-petit nombre d'êtres. Mais n'est-ce pas tomber dans le défaut contraire, que de la rendre si générale, qu'elle semble les embrasser tous, sans en excepter un amas de pierres informes, jetées au hasard sur le bord d'une carrière ? Tous les objets, ajoutera-t-on, sont susceptibles de rapport entre eux, entre leurs parties, et avec d'autres êtres ; il n'y en a point qui ne puissent être arrangés, ordonnés, symmétrisés. La perfection est une qualité qui peut convenir à tous ; mais il n'en est pas de même de la beauté ; elle est d'un petit nombre d'objets.

Voilà, ce me semble, si-non la seule, du-moins la plus forte objection qu'on puisse me faire ; et je vais tâcher d'y répondre.

Le rapport en général est une opération de l'entendement, qui considère soit un être, soit une qualité ; et tant que cet être ou que cette qualité suppose l'existence d'un autre être ou d'une autre qualité. Exemple : Quand je dis que Pierre est un *bon père*, je considère en lui une qualité qui suppose l'existence d'une autre, celle du fils ; et ainsi des autres rapports, tels qu'ils puissent être. D'où il s'ensuit que, quoique le rapport ne soit que dans notre entendement, quant à la perception, il n'en est pas moins son fondement dans les choses : et je dirai qu'une chose contient en elle des rapports réels, toutes les fois qu'elle sera revêtue de qualités qu'un être, constitué de corps et d'esprit comme moi, ne pourroit considérer, sans supposer l'existence ou d'autres êtres, ou d'autres qualités, soit dans la chose même, soit hors d'elle ; et je distribuerai les rapports en *réels*, et en *apperçus*. Mais il y a une troisième sorte de rapports; ce sont les rapports *intellectuels*, ou *fictifs*; ceux que l'entendement humain semble mettre dans les choses. Un statuaire jette l'œil sur un bloc de marbre; son imagination plus prompte que son ciseau en enlève toutes les parties superflues, et y discerne une figure : mais cette figure est proprement imaginaire et fictive; il pourroit faire, sur une portion d'espace terminée par des lignes intellectuelles, ce qu'il vient d'exécuter d'imagination dans un bloc informe de marbre. Un philosophe jette l'œil sur un amas de pierres jetées au hasard; il anéantit par la pensée toutes les parties de cet amas qui produisent l'irrégularité, et il parvient à en faire sortir un globe, un cube, une figure régulière. Qu'est-ce que cela signifie? que, quoique la main de l'artiste ne puisse tracer un dessin que sur des surfaces résistantes, il en peut transporter l'image par la pensée sur tout corps; que dis-je, sur tout corps? dans l'espace et le vide. L'image, ou transportée par la pensée dans les airs, ou extraite par imagination des corps les plus informes, peut être belle ou laide; mais non la toile idéale à laquelle on l'a attachée, ou le corps informe dont on l'a fait sortir.

Quand je dis donc qu'un être est *beau* par les rapports qu'on y remarque, je ne parle point des rapports intellectuels ou fictifs que notre imagination y transporte; mais des rapports réels qui y sont, et que notre entendement y remarque par le secours de nos sens.

En revanche, je prétends que, quels que soient les rapports, ce sont eux qui constitueront la *beauté*, non dans ce sens étroit où le *joli* est l'opposé du *beau*, mais dans un sens, j'ose le dire, plus philosophique et plus conforme à la notion du *beau* en général, et à la nature des langues et des choses.

Si quelqu'un a la patience de rassembler tous les êtres, auxquels nous donnons le nom de *beau*, il s'appercevra bientôt que, dans cette foule, il y en a une infinité où l'on n'a nul égard à la petitesse ou à la grandeur : la petitesse et la grandeur sont comptées pour rien, toutes les fois que l'être est solitaire ; ou qu'étant individu d'une espèce nombreuse, on le considère solitairement. Quand on prononça, de la première horloge ou de la première montre, qu'elle etoit *belle*, faisoit-on attention à autre chose qu'à son mécanisme, ou au rapport de ses parties entre elles ? Quand on prononce aujourd'hui que la montre est *belle*, fait-on attention à autre chose qu'à son usage et à son mécanisme ? Si donc la définition générale du *beau* doit convenir à tous les êtres auxquels on donne cette épithète, l'idée de grandeur en est exclue. Je me suis attaché à écarter de la notion du *beau* la notion de grandeur, parce qu'il m'a semblé que c'étoit celle qu'on lui attachoit plus ordinairement. En mathématique, on entend par un *beau problême* un problême difficile à résoudre, par une *belle solution* la solution simple et facile d'un problême difficile et compliqué. La notion de *grand*, *de sublime*, d'*élevé*, n'a aucun lieu dans ces occasions où on ne laisse pas d'employer le nom de *beau*. Qu'on parcoure de cette manière tous les êtres qu'on nomme *beaux*, l'un excluera la grandeur, l'autre excluera l'utilité, un troisième la symmétrie, quelques-uns même l'apparence marquée d'ordre et de symmétrie; telle seroit la peinture d'un orage, d'une tempête, d'un chaos: et l'on sera forcé de convenir que la seule qualité commune, selon laquelle ces êtres conviennent tous, est la notion de rapports.

Mais quand on demande que la notion générale de *beau* convienne à tous les êtres qu'on nomme tels, ne parle-t-on que de sa langue, ou parle-t-on de toutes les langues? Faut-il que cette définition convienne seulement aux êtres que nous appelons *beaux* en françois, ou à tous les êtres qu'on appelleroit *beaux* en hébreu, en syriaque, en arabe, en chaldéen, en grec, en latin, en anglois, en italien, et dans toutes les langues qui ont existé, qui existent, ou qui existeront? Et, pour prouver que la notion de rapports est la seule qui resteroit après l'emploi d'une règle d'exclusion aussi étendue, le philosophe sera-t-il forcé de les apprendre toutes? Ne lui suffit-il pas d'avoir examiné que l'acception du terme *beau* varie dans toutes les langues ; qu'on le trouve appliqué là à une sorte d'êtres à laquelle il ne s'applique point ici ; mais qu'en quelque idiome qu'on en fasse usage, il suppose la perception de rapports? Les Anglois disent *a fine flavour*, *a fine woman*, une belle femme, une belle odeur. Où en seroit donc un philosophe anglois, si, ayant à traiter du *beau*, il vouloit avoir égard à cette bizarrerie de sa langue? C'est le peuple qui a fait les langues; c'est au philosophe à découvrir l'origine des choses ; et il seroit assez surprenant que les principes de l'une ne se trouvassent pas souvent en contradiction avec les usages de l'autre. Mais le principe de la perception des rapports, appliqué à la nature du *beau*, n'a pas même ici ce désavantage; et il est si général, qu'il est difficile que quelque chose lui échappe.

Chez tous les peuples, dans tous les lieux de la terre, et dans tous les temps, on a eu un nom pour la *couleur* en général, et d'autres noms pour les couleurs en particulier, et pour leurs nuances. Qu'auroit à faire un philosophe à qui l'on proposeroit d'expliquer ce que c'est qu'une *belle couleur*, si-non d'indiquer l'origine de l'application du terme *beau* à une couleur en général, quelle quelle soit, et ensuite d'indiquer les causes qui ont pu faire préférer telle nuance à telle autre ? De même, c'est la perception des rapports qui a donné lieu à l'invention du terme *beau* ; et selon que les rapports et l'esprit des hommes ont varié, on a fait les noms *joli*, *beau*, *charmant* ; *grand*, *sublime*, *divin*, et une infinité d'autres, tant relatifs au physique qu'au moral. Voilà les nuances du *beau*. Mais j'étends cette pensée, et je dis :

Quand on exige que la notion générale de *beau* convienne à tous les êtres *beaux*, parle-t-on seulement de ceux qui portent cette épithète ici et aujourd'hui, ou de ceux qu'on a nommés *beaux* à la naissance du monde, qu'on appeloit *beaux* il y a cinq mille ans, à trois mille lieues, et qu'on appellera tels dans les siècles à venir ; de ceux que nous avons regardés comme tels dans l'enfance, dans l'âge mûr, et dans la vieillesse ; de ceux qui font l'admiration des peuples policés, et de ceux qui charment les sauvages ? La vérité de cette définition sera-t-elle locale, particulière et momentanée ; ou s'étendra-t-elle à tous les êtres, à tous les temps, à tous les hommes, et à tous les lieux ? Si l'on prend le dernier parti, on se rapprochera beaucoup de mon principe ; et l'on ne trouvera guères d'autre moyen de concilier entre eux les jugemens de l'enfant et de l'homme fait ; de l'enfant, à qui il ne faut qu'un vestige de symmétrie et d'imitation pour être récréé ; de l'homme fait, à qui il faut des palais et des ouvrages d'une étendue immense pour être frappé : du sauvage et de l'homme policé ;

du sauvage, qui est enchanté à la vue d'une pendeloque de verre, d'une bague de laiton, ou d'un bracelet de quincaille; et de l'homme policé, qui n'accorde son attention qu'aux ouvrages les plus parfaits; des premiers hommes, qui prodiguoient les noms de *beaux*, de *magnifiques*, etc. à des cabanes, des chaumières et des granges; et des hommes d'aujourd'hui, qui ont restreint ces dénominations aux derniers efforts de la capacité de l'homme.

Placez la *beauté* dans la perception des rapports; et vous aurez l'histoire de ses progrès depuis la naissance du monde jusqu'aujourd'hui : choisissez, pour caractère différentiel du *beau* en général, telle autre qualité qu'il vous plaira; et votre notion se trouvera tout-à-coup concentrée dans un point de l'espace et du temps.

La perception des rapports est donc le fondement du *beau*; c'est donc la perception des rapports qu'on a désignée dans les langues sous une infinité de noms différens, qui tous n'indiquent que différentes sortes de *beau*.

Mais dans la nôtre, et dans presque toutes les autres, le terme *beau* se prend souvent par opposition à *joli*; et, sous ce nouvel aspect, il semble que la question du *beau* ne soit plus qu'une affaire de grammaire, et qu'il ne s'agisse plus que de spécifier exactement les idées qu'on attache à ce terme.

Après avoir tenté d'exposer en quoi consiste

l'origine du *beau*, il ne nous reste plus qu'à rechercher celle des opinions différentes que les hommes ont de la *beauté* : cette recherche achèvera de donner de la certitude à nos principes ; car nous démontrerons que toutes ces différences résultent de la diversité des rapports apperçus ou introduits, tant dans les productions de la nature que dans celle des arts.

Le *beau*, qui résulte de la perception d'un seul rapport, est moindre ordinairement que celui qui résulte de la perception de plusieurs rapports. La vue d'un beau visage ou d'un beau tableau affecte plus que celle d'une seule couleur ; un ciel étoilé, qu'un rideau d'azur ; un paysage, qu'une campagne ouverte ; un édifice, qu'un terrain uni ; une pièce de musique, qu'un son. Cependant il ne faut pas multiplier le nombre des rapports à l'infini ; et la *beauté* ne suit pas cette progression. Nous n'admettons de rapport dans les *belles* choses, que ce qu'un bon esprit en peut saisir nettement et facilement. Mais qu'est-ce qu'un bon esprit ? Où est ce point dans les ouvrages, en-deçà duquel, faute de rapports, ils sont trop unis, et au-delà duquel ils en sont chargés par excès ? Première source de diversité dans les jugemens. Ici commencent les contestations. Tous conviennent qu'il y a un *beau*; qu'il est le résultat des rapports apperçus : mais selon qu'on a plus ou moins de connoissance, d'expérience, d'habitude de juger, de méditer, de voir, plus d'étendue naturelle dans l'esprit, on dit qu'un objet est pauvre ou riche, confus ou rempli, mesquin ou chargé.

Mais combien de compositions, où l'artiste est contraint d'employer plus de rapports, que le grand nombre n'en peut saisir ; et où il n'y a guère que ceux de son art, c'est-à-dire les hommes les moins disposés à lui rendre justice, qui connoissent tout le mérite de ses productions ? Que devient alors le *beau* ? Ou il est présenté à une troupe d'ignorans, qui ne sont pas en état de le sentir; ou il est senti par quelques envieux qui se taisent : c'est là souvent tout l'effet d'un grand morceau de musique. M. d'Alembert a dit, dans le discours préliminaire du Dictionnaire Encyclopédique, discours qui mérite bien d'être cité dans cet article, qu'après avoir fait un art d'apprendre la musique, on en devroit bien faire un de l'écouter: et j'ajoute qu'après avoir fait un art de la poésie et de la peinture, c'est en-vain qu'on en a fait un de lire et de voir ; et qu'il règnera toujours, dans les jugemens de certains ouvrages, une uniformité apparente, moins injurieuse à-la-vérité pour l'artiste que le partage des sentimens, mais toujours fort affligeante.

Entre les rapports, on en peut distinguer une infinité de sortes : il y en a qui se fortifient, s'affoiblissent et se tempèrent mutuellement. Quelle différence dans ce qu'on pensera de la beauté d'un objet, si on les saisit tous, ou si l'on n'en saisit qu'une partie! Seconde source de diversité dans les jugemens. Il y en a d'indéterminés, et de déterminés : nous nous contentons des premiers, pour accorder le nom de *beau*, toutes les fois qu'il n'est pas de l'objet immédiat et unique de la science ou de l'art de les déterminer. Mais si cette détermination est l'objet immédiat et unique d'une science ou d'un art, nous exigeons non-seulement les rapports, mais encore leur valeur. Voilà la raison pour laquelle nous disons un *beau* théorême, et que nous ne disons pas un *bel* axiome, quoiqu'on ne puisse pas nier que l'axiome exprimant un rapport, n'ait aussi sa *beauté réelle*. Quand je dis, en mathématiques, que le tout est plus grand que sa partie, j'énonce assurément une infinité de propositions particulières, sur la quantité partagée: mais je ne détermine rien, sur l'excès juste du tout sur ses portions ; c'est presque comme si je disois : le cylindre est plus grand que la sphère inscrite ; et la sphère, plus grande que le cône inscrit. Mais l'objet propre et immédiat des mathématiques est de déterminer de combien l'un de ces corps est plus grand ou plus petit que l'autre ; et celui qui démontrera qu'ils sont toujours entre eux comme les nombres 3, 2, 1, aura fait un théorême admirable. La beauté qui consiste toujours dans les rapports, sera, dans cette occasion, en raison composée du nombre des rapports, et de la difficulté qu'il y avoit à les appercevoir ; et le théorême qui énoncera que toute ligne qui tombe du sommet d'un triangle isocèle sur le milieu de sa base, partage l'angle en deux angles égaux, ne sera pas merveilleux : mais celui qui dira que les asymptotes d'une courbe s'en approchent sans cesse sans jamais la rencontrer, et que les espaces formés par une portion de l'axe, une portion de la courbe, l'asymptote, et le prolongement de l'ordonnée, sont entre eux comme tel nombre à tel nombre, sera *beau*. Une circonstance qui n'est pas indifférente à la *beauté*, dans cette occasion et dans beaucoup d'autres, c'est l'action combinée de la surprise et des rapports, qui a lieu toutes les fois que le théorême dont on a démontré la vérité passoit auparavant pour une proposition fausse.

Il y a des rapports que nous jugeons plus ou moins essentiels ; tel est celui de la grandeur relativement à l'homme, à la femme et à l'enfant : nous disons d'un enfant qu'il est *beau*, quoiqu'il soit petit ; il faut absolument qu'un bel homme soit grand ; nous exigeons moins cette qualité dans une femme ; et il est plus permis à une petite femme d'être belle, qu'à un petit homme d'être beau. Il me semble que nous considérons alors les êtres, non-seulement en eux-mêmes, mais encore relativement aux lieux qu'ils occupent dans la nature, dans le grand tout ; et selon que ce grand tout est plus ou moins connu, l'échelle qu'on se forme de la grandeur des êtres est plus ou moins exacte : mais nous ne savons jamais bien quand elle est juste. Troisième source de diversité de goûts et de jugemens dans les arts d'imitation. Les grands maîtres ont mieux aimé que leur échelle fût un peu trop grande que trop petite ; mais aucun d'eux n'a la même échelle, ni peut-être celle de la nature.

L'intérêt, les passions, l'ignorance, les préjugés, les usages, les mœurs, les climats, les coutumes, les gouvernemens, les cultes, les événemens, empêchent les êtres qui nous environnent, ou les rendent capables de réveiller en nous plusieurs idées, anéantissent en eux des rapports très-naturels, et y en établissent de capricieux et d'accidentels. Quatrième source de diversité dans les jugemens.

On rapporte tout à son art et à ses connoissances : nous faisons tous plus ou moins le rôle du critique d'Apelle ; et quoique nous ne connoissions que la chaussure ; nous jugeons aussi de la jambe ; ou quoique nous ne connoissions que la jambe, nous descendons aussi à la chaussure : mais nous ne portons pas seulement ou cette témérité ou cette ostentation de détail dans le jugement des productions de l'art ; celles de la nature n'en sont pas exemptes. Entre les tulipes d'un jardin, la plus *belle* pour un curieux sera celle où il remarquera une étendue, des couleurs, une feuille, des variétés peu communes ; mais le peintre, occupé d'effets de lumières, de teintes, de clair-obscur, de formes relatives à son art, négligera tous les caractères que le fleuriste admire, et prendra pour modèle la fleur même méprisée par le curieux. Diversité de talens et de connoissances. Cinquième source de diversité dans les jugemens.

L'ame a le pouvoir d'unir ensemble les idées qu'elle a reçues séparément; de comparer les objets par le moyen des idées quelle en a; d'observer les rapports quelles ont entre elles ; d'étendre ou de resserrer ses idées à son gré ; de considérer séparément chacune des idées simples qui peuvent s'être trouvées réunies dans la sensation qu'elle en a reçue. Cette dernière opération de l'ame s'appelle abstraction. Les idées des substances corporelles sont composées de diverses idées simples, qui ont fait ensemble leurs impressions, lorsque les substances corporelles se sont présentées à nos sens : ce n'est qu'en spécifiant en détail ces idées sensibles, qu'on peut définir les substances. Ces sortes de définitions peuvent exciter une idée assez claire d'une substance dans un homme qui ne l'a jamais immédiatement apperçue ; pourvu qu'il ait autrefois reçu séparément, par le moyen des sens, toutes les idées simples qui entrent dans la composition de l'idée complexe de la substance définie : mais s'il lui manque la notion de quelqu'une des idées simples, dont cette substance est composée, et s'il est privé du sens nécessaire pour les appercevoir, ou si ce sens est dépravé sans retour; il n'est aucune définition qui puisse exciter en lui l'idée dont il n'auroit pas eu précédemment une perception sensible. Sixième source de diversité dans les jugemens que les hommes porteront de la *beauté* d'une description ; car combien entre eux de notions fausses ! combien de demi-notions du même objet !

Mais ils ne doivent pas s'accorder davantage sur les êtres intellectuels; il sont tous représentés par des signes; et il n'y a presque aucun de ces signes qui soit assez exactement défini, pour que l'acception n'en soit pas plus étendue ou plus resserrée dans un homme que dans un autre. La logique et la métaphysique seroient bien voisines de la perfection, si le dictionnaire de la langue étoit bien fait : mais c'est encore un ouvrage à désirer ; et comme les mots sont les couleurs dont la poésie et l'éloquence se servent, quelle conformité peut-on attendre dans les jugemens du tableau, tant qu'on ne saura seulement pas à quoi s'en tenir sur les couleurs et sur les nuances ? Septième source de diversité dans les jugemens.

Quel que soit l'être dont nous jugeons, les goûts et les dégoûts excités par l'instruction, par l'éducation, par le préjugé, ou par un certain ordre factice de nos idées, sont tous fondés sur l'opinion où nous sommes que ces objets ont quelque perfection ou quelque défaut dans des qualités, pour la perception desquelles nous avons des sens ou des facultés convenables. Huitième source de diversité.

On peut assurer que les idées simples, qu'un même objet excite en différentes personnes, sont aussi différentes que les goûts et les dégoûts qu'on leur remarque. C'est même une vérité de sentiment; et il n'est pas plus difficile que plusieurs personnes diffèrent entre elles dans un même instant, relativement aux idées simples, que le même homme ne diffère de lui-même dans des instans différens. Nos sens sont dans un état de vicissitude continuelle: un jour, on n'a point d'yeux; un autre jour, on entend mal; et d'un jour à l'autre on voit, on sent, on entend diversement. Neuvième source de diversité dans les jugemens des hommes d'un même âge, et d'un même homme en différens âges.

Il se joint par accident à l'objet le plus beau, des idées désagréables. Si l'on aime le vin d'Espagne, il ne faut qu'en prendre avec de l'émétique pour le détester. Il ne nous est pas libre d'éprouver ou non des nausées à son aspect : le vin d'Espagne est toujours bon ; mais notre condition n'est pas la même par rapport à lui. De même, ce vestibule est toujours magnifique ; mais mon ami y a perdu la vie. Ce théâtre n'a pas cessé d'être *beau* depuis qu'on n'y a sifflé ; mais je ne peux plus le voir sans que mes oreilles ne soient encore frappées du bruit des sifflets. Je ne vois sous ce vestibule que mon ami expirant ; je ne sens plus sa *beauté*. Dixième source d'une diversité dans les jugemens, occasionnée par ce cortége d'idées accidentelles, qu'il ne nous est pas libre d'écarter de l'idée principale. *Post equitem sedet atra cura.*

Lorsqu'il s'agit d'objets composés, et qui présentent en-même-temps des formes naturelles et des formes artificielles, comme dans l'architecture, les jardins, les ajustemens, etc., notre goût est fondé sur une autre association d'idées, moitié raisonnables, moitié capricieuses : quelque foible analogie avec la démarche, le cri, la forme, la couleur d'un objet malfaisant, l'opinion de notre pays, les conventions de nos compatriotes, etc., tout influe dans nos jugemens. Ces causes tendent-elles à nous faire regarder les couleurs éclatantes et vives comme une marque de vanité ou de quelque autre mauvaise disposition de cœur ou d'esprit ? certaines formes sont-elles en usage parmi les paysans, ou des gens dont la profession, les emplois, le caractère nous sont odieux ou méprisables ? ces idées accessoires reviendront malgré nous, avec celles de la couleur et de la forme ; et nous prononcerons contre cette couleur et ces formes, quoiqu'elles n'aient rien en elles-mêmes de désagréable. Onzième source de diversité.

Quel sera donc l'objet dans la nature sur la *beauté* duquel les hommes seront parfaitement d'accord ? La structure des végétaux ? le mécanisme des animaux ? le monde ? Mais ceux qui sont le plus frappés des rapports, de l'ordre, des symmétries, des liaisons qui règnent entre les parties de ce grand tout, ignorant le but que le créateur s'est proposé en le formant, ne sont-ils pas entraînés à prononcer qu'il est parfaitement *beau*, par les idées qu'ils ont de la divinité ? Et ne regardent-ils pas cet ouvrage comme un chef-d'œuvre, principalement parce qu'il n'a manqué à l'auteur ni la puissance ni la volonté pour le former tel ? Mais combien d'occasions où nous n'avons pas le même droit d'inférer la perfection de l'ouvrage, du nom seul de l'ouvrier, et où nous ne laissons pas que d'admirer ? Ce tableau est de Raphaël; cela suffit. Douzième source, si-non de diversité, du-moins d'erreur dans les jugemens.

Les êtres purement imaginaires, tels que le sphinx, la sirène, le faune, le minotaure, l'homme idéal, etc., sont ceux sur la *beauté* desquels on semble moins partagé ; et cela n'est pas surprenant: ces êtres imaginaires sont, à-la-vérité, formés d'après les rapports que nous voyons observés dans les êtres réels ; mais le modèle auquel ils doivent ressembler, épars entre toutes les productions de la nature, est proprement par-tout et nulle part.

Quoi qu'il en soit de toutes ces causes de diversité dans nos jugemens, ce n'est point une raison de penser que le *beau réel*, celui qui consiste dans la perception des rapports, soit une chimère; l'application de ce principe peut varier à l'infini; et ses modifications accidentelles, occasionner des dissertations et des guerres littéraires; mais le principe n'en est pas moins constant. Il n'y a peut-être pas deux hommes sur la terre, qui apperçoivent exactement les mêmes rapports dans un même objet, et qui le jugent *beau* au même dégré; mais s'il y en avoit un seul qui ne fût affecté des rapports dans aucun genre, ce seroit un stupide parfait : et s'il y étoit insensible seulement dans quelques genres, ce phénomène déceleroit en lui un défaut d'économie animale; et nous serions toujours éloignés du scepticisme, par la condition générale du reste de l'espèce.

Le *beau* n'est pas toujours l'ouvrage d'une cause intelligente : le mouvement établit souvent, soit dans un être considéré solitairement, soit entre plusieurs êtres comparés entre eux, une multitude prodigieuse de rapports surprenans. Les cabinets d'histoire naturelle en offrent un grand nombre d'exemples. Les rapports sont alors des résultats de combinaisons, fortuites, du-moins par rapport à nous. La nature imite, en se jouant dans cent occasions, les productions de l'art; et l'on pourroit demander, je ne dis pas si ce philosophe qui fut jeté par une tempête sur les bords d'une île inconnue, avoit raison de s'écrier, à la vue de quelques figures de géométrie : *Courage, mes amis, voici des pas d'hommes;* mais combien il faudroit remarquer de rapports dans un être, pour avoir une certitude complète qu'il est l'ouvrage d'un artiste ; en quelle occasion un seul défaut de symmétrie prouveroit plus que toute somme donnée de rapports ; comment sont entre eux le temps de l'action de la cause fortuite, et les rapports observés dans les effets produits; et s'il y a des cas où le nombre des rapports ne puisse jamais être compensé par celui des jets. (*Voyez* dans l'Encyclop. méth. Diction. de la philos. anc. et mod. l'article ORDRE DE L'UNIVERS.

TABLE DU TOME II.

Épitre dédicatoire à madame de P***.. page v
Avertissement de l'Auteur, ... vij
Mémoires sur différens sujets de Mathématiques. 1
Lettre sur les Aveugles, à l'usage de ceux qui
    voyent 165
Lettre à Monsieur ***. 249
Lettre sur les Sourds et Muets, à l'usage de ceux
    qui entendent et qui parlent. 253
L'auteur de la lettre précédente, à M. B...., son
    libraire. 325
Avis à plusieurs hommes, ... 327
Lettre à Mademoiselle ***, ... 328
Recherches philosophiques sur l'origine et la
    nature du Beau. 375

FIN DU TOME DEUXIÈME.

www.ingramcontent.com/pod-product-compliance
Lightning Source LLC
Chambersburg PA
CBHW071105230426
43666CB00009B/1837